"경영평가 고득점부터 업무혁신까지,
공공기관 AI 실전 매뉴얼"

공공기관 업무혁신을 위한
AI 플레이북

6G웰니스

"경영평가 고득점부터 업무혁신까지, 공공기관 AI 실전 매뉴얼"

공공기관 업무혁신을 위한
AI 플레이북

—

초판 1쇄 발행 2025년 11월 1일
지은이 신철, 김용환, 권영우, 최은호, 전영달, 윤기영, 김근오
펴낸이 신철
펴낸곳 6G웰니스

—

인　쇄 (주)다우문화

—

주소 서울시 금천구 범안로 1126, 607
전화 010-2585-3217
팩스 02-857-1919
전자우편 yohan3217@gmail.com
출판등록 제 2025-000046호
©신철, 2025
ISBN 979-11-994205-1-9 (03510)

—

* 이 책의 판권은 저작권자와 6G웰니스에 있습니다.
　이 책 내용의 전부 또는 일부를 재사용하려면 양측의 동의를 받아야 합니다.
* 잘못 만들어진 책은 구입하신 서점에서 바꾸어 드립니다.

머릿말

"AI 혁신의 물결, 공공의 일하는 방식을 다시 쓰다"

대한민국의 행정은 지금 거대한 전환점 위에 서 있다.
정부 혁신의 화두가 단순한 효율 개선에서 'AI 기반의 업무혁신'으로 이동하고 있으며 민간보다 느리다고 평가되던 공공 부문 역시 이제 더 이상 변화를 미룰 수 없는 시대에 직면했다.

2024년 이후 정부는 경영평가 지표를 대폭 개편하며, 혁신성과·생산성·디지털 기반 업무혁신을 핵심 항목으로 강화하였다. 이는 곧 "AI 활용이 곧 기관의 성과이며, AI 혁신이 곧 기관의 경쟁력"임을 의미한다. 이제 공공기관은 'AI를 왜 도입해야 하는가'보다 '어떻게 활용해 실질적 성과로 연결할 것인가'를 고민해야 하는 시점이다.

민원 대응, 보고서 작성, 정책 분석, 내부 협업 등 공공기관의 수많은 업무가 반복과 절차 중심으로 이루어져 있다. 이러한 구조 속에서 생성형 AI(Generative AI)는 가장 실용적인 혁신 도구로 떠오르고 있다. AI는 단순 자동화를 넘어, 문서 초안을 작성하고, 데이터를 분석하며, 정책적 인사이트를 제안하는 '디지털 동료'로 자리잡고 있다. 업무의 속도와 품질이 동시에 향상되고, 국민과의 소통 또한 한층 가까워지고 있다.

그러나 기술만으로는 혁신이 완성되지 않는다.
AI는 사람 중심의 신뢰와 책임 위에서만 진정한 공공가치를 실현할 수 있다. 따라서 공공기관의 AI 혁신은 기술 도입을 넘어 조직문화의 변화, 윤리적 기준의 확립, 데이터 품질의 확보라는 세 축 위에서 추진되어야 한다.

이 책 『공공기관 업무혁신을 위한 AI 플레이북』은 이러한 전환기의 공공기관을 위해 기획되었다. 단순한 기술 설명서가 아니라, 공업무 현장에 바로 적용 가능한 AI 활용 매뉴얼, 경영평가와 직결되는 성과창출 전략 실패하지 않는 AI 도입 로드맵과 윤리 가이드라인을 담았다.

각 장은 실제 기관들이 당면한 과제를 중심으로 구성되었으며, "왜 해야 하는가 → 어디에 쓸 수 있는가 → 어떻게 실행할 것인가"의 흐름으로 설계되었다. 이는 곧 AI 혁신을 '보고서의 언어'가 아닌 '성과의 언어'로 바꾸는 실전 가이드이다.

AI는 더 이상 선택이 아닌 공공의 의무가 되었다.
국민이 체감하는 행정서비스 혁신, 직원이 체감하는 업무 효율 향상, 조직이 체감하는 성과 중심 경영 — 이 세 가지를 동시에 달성하는 유일한 길이 바로 AI다.

이 책이 공공기관의 모든 실무자와 관리자에게 "AI를 어떻게 시작하고, 어디까지 확장할 것인가"를 설계하는 나침반이 되기를 바란다.

이제 공공행정의 미래는 사람과 AI가 함께 일하는 시대로 향하고 있다.
공공의 혁신은 멀리 있는 것이 아니라, 바로 오늘의 한 줄 프롬프트에서 시작된다.

2025년 가을 저자 일동

차례

제1장　총론: 생성형 AI, 공공기관 업무혁신의 새로운 길　9

1. 공공기관이 생성형 AI를 시급히 도입해야 하는 이유　12
　1) 새 정부 국정과제로서 자리매김　12
　2) 경영평가 지표에 반영됨　14

2. 생성형 AI는 공공기관에서 어떤 일을 지원하는가?　15
　1) 생성형 AI의 정의와 특성 : 데이터 품질과 컨텍스트 엔지니어링의 중요성　15
　2) 공공기관별 업무 특성과 생성형 AI가 지원하는 일 : 업무혁신　19
　3) 생성형 AI 도입 전후 업무 성과 비교　22

3. 생성형 AI의 도입, 공공기관이 주저하는 이유와 대책　23
　1) 생성형 AI도입을 가로막는 현실의 장벽들　23
　2) 장벽을 넘어설 실질적 대응 전략　26
　3) 성과 창출의 열쇠 – 모든 임직원 참여　28

4. 생성형 AI를 이용한 공공기관의 고성과 창출 방법　30
　1) 이 책을 무조건 정독하라 : 총 7장　30
　2) 생성형 AI를 활용하라 : 관리자, 기획자, 실무자　32

제2장　생성형 AI를 활용한 공공기관 업무 추진 방법　35

1. AI를 활용한 공공업무 추진 방향　37
　1) 왜 지금, 공공기관이 생성형 AI 활용해야 하는가?　37
　2) 생성형 AI, 공공업무에 어디까지 쓸 수 있나?　49
　3) 생성형 AI와 경영평가, 어떻게 연계할 것인가　52
　4) 공공기관이 AI 활용을 실천하는 5단계 가이드　54
　5) 당장 참고할 수 있는 국내외 AI 활용 사례　57

2. AI를 활용한 문서 작성 및 보고서 자동화　58
　1) 반복되는 문서 작업, 왜 AI가 필요한가?　58
　2) 생성형 AI 기반 문서 작성 방식 이해하기　59

차례

    3) 실무 중심 문서 자동화 활용 예시   59
    4) 실효성 높은 프롬프트 설계법   60
    5) 자동화 도입을 위한 기관별 준비 체크리스트   60

3. 민원 및 고객 응대에 AI 챗봇 활용   61
    1) 반복되는 민원, 챗봇으로 해결할 수 있는 이유   61
    2) 공공기관에 적합한 AI 챗봇의 특징   61
    3) 활용 사례   62
    4) 공공 민원 응대에 특화된 프롬프트 설계법   62
    5) 챗봇 도입 시 고려사항 및 도입 절차   63

4. AI를 활용한 정책 수립 및 연구 분석   63
    1) 정책 수립과 연구 분석, 왜 AI가 유효한가?   63
    2) 생성형 AI를 활용한 정책자료 분석 흐름   64
    3) 공공정책 기획 업무에 활용가능한 프롬프트 예시   64
    4) 생성형 AI 기반 정책자료 작성 예시   65
    5) 정책연구에 AI를 도입하기 위한 실무 준비사항   65

5. 행정 및 협업 시스템과 AI 연계   66
    1) 단순한 AI 사용을 넘어, 시스템과 연결할 때 가치   66
    2) 연계 가능한 주요 시스템과 활용 방식   66
    3) 업무 자동화와 생성형 AI의 결합 사례   67
    4) 공공기관 시스템 연계형 AI 활용 사례   67

제3장   공무원, 정부업무평가 S등급을 위한 실천 로드맵   69

1. 서론 : 평가 패러다임 전환과 AI 실행전략   71

2. 왜 지금 AI 기반 정부업무평가인가?   72
    1) '데이터로 증명하라' : '25년 정부업무평가의 차별점   72
    2) AI, 선택 아닌 필수: 행정의 '코닥 모멘트' 피하는 법   74
    3) 정부업무평가 유형별 핵심내용과 이해관계자 분석   76

3. (계획) 데이터 기반 S등급 전략 수립   79
   1) 기관 연간목표 수립 : AI 활용한 전략 계획 수립   79
   2) 기관별 맞춤형 실행계획 : 실천가능한 AI 활용 로드맵 수립   81
   3) AI 리터러시와 보안 : AI 활용을 위한 전제조건   84

4. (실행) AI 활용성과, 프롬프트로 입증하라   86
   1) (중앙행정기관) 주요정책   86
   2) (광역지자체) 정부혁신   88
   3) (기초지자체) 국민안전   91
   4) (부문별 공통) 협업 · 규제혁신 · 정책소통   93

5. (점검 · 조치) 지속가능한 혁신시스템을 구축하라   97
   1) (점검) 국민 목소리에서 정책의 해답을 찾아라   97
   2) (조치) 데이터기반 행정시스템을 고도화하라   98

6. 결론 : S등급을 넘어, 신뢰받는 정부로   100
   1) 리더십과 문화 : AI 기반 행정혁신을 위한 기관의 역할   100
   2) 공직자의 실천이 S등급을 만든다   101

제4장 공기업 · 지방공기업 평가기준 해석과 생성형AI 도입 전략   103

1. 공기업 경영평가와 생성형AI   105
   1) 공공성과 생산성, 생성형AI로 동시에 잡아야 할 시대   105
   2) 새롭게 다가오는 공기업 평가 관점   106
   3) 공기업 평가제도 구조   107
   4) 지방공기업 평가제도 구조   108
   5) 키워드 'ESG' '디지털' '성과중심' '안전 · 보건'   110

2. 평가항목별 생성형 AI 대응 전략   111
   1) 생성형 AI는 '성과관리 도구'   111
   2) 실무의 논리, 실행체계   113
   3) 생성형AI 기반 인력계획 수립과 교육훈련 내역 정리 자동화   114

차례

    4) 생성형AI 기반 예산·지출 실적 요약과 투명성 제고 전략   116
    5) 윤리, 청렴 및 내부통제 수단으로 생성형AI 기반 회의록·   117
       지시이력·내부 감사 자동화 전략
    6) 고객만족 및 민원관리 평가 제고를 위한 생성형AI 기반 민원   119
       분류·응답 자동화와 CS 성과 추적
    7) 성과 및 정책이행제고 관점 생성형AI 기반 KPI 이행률 분석   121
       및 정책과제 보고 자동화
    8) 사회적 가치 실현을 위한 생성형AI 기반 ESG 이행현황 정리   122
       및 사회성과 서사화 전략
    9) 디지털 혁신 및 정보화 평가는 생성형AI 기반 DX 활동 성과   124
       분석과 지표 자동화
    10) 조직문화 및 내부 협업 지표에서 생성형AI 기반 조직진단   126
       요약과 협업 기록 자동화

3. 생성형 AI 실전 적용 가이드   128
    1) 기술이 아니라 전략이다   129
    2) 생성형 AI 적용 단계별 업무 프레임워크   130
    3) 고객만족도 강화와 성과 체감   132

4. 공기업을 위한 생성형 AI 부서별 우선 적용 도메인   133
    1) 생성형AI 활용 유형별 대표 사례   133
    2) 공기업 생성형 AI 도입 경계   134
    3) 생성형 AI기반 공기업 업무 자동화의 한계   137
    4) 경영평가와의 연계 고려사항   137

5. 공기업과 지방공기업 평가관점의 차이와 유사점   138
    1) 비슷한 관점   138
    2) 공기업과 지방공기업이 다르게 적용되는 관점   139

6. 신정부 핵심 이슈 '안전과 보건', '정보보안과 리스크 관리'   140
    1) 안전과 보건   140
    2) 정보보안과 리스크 관리   141

제5장 AI 승부처 · 데이터 활용   143

  1. 매일 업무에서 부딪치는 데이터   145
    1) 행정 현장에서 데이터가 사용되는 사례   147
    2) 정확한 데이터가 주는 행정의 변화   149

  2. 우리 업무에서 다루는 데이터의 유형   151
    1) 정형 데이터와 비정형 데이터   151
    2) 공공 데이터와 민간 데이터   155

  3. 현장에서 자주 마주하는 데이터의 문제   157

  4. 왜 데이터를 정제해야 하나요?   159
    1) 실무 오류 사례로 보는 정제 필요성   160
    2) 정제를 통한 효과   161

  5. 데이터 클렌징 무엇을 어떻게 하나요?   162
    1) 데이터 탐색   164
    2) 데이터 정제   166
    3) 데이터 변환   168
    4) 데이터 검증   169

  6. 클린 데이터를 위한 실무 팁   171
    1) 데이터 입력 단계부터 주의할 점   171
    2) 협업 시 데이터 기준 통일 방법   172
    3) 반복 업무는 자동화하기   173

제6장 공공기관 AI 구축 및 운영가이드   175

  1. AI 도입 성공을 위한 전략적 접근   177
    1) AI 도입의 목표 설정 : 업무 효율성 vs. 대국민 서비스 혁신   178
    2) 단계적 AI 로드맵 구축 : PoC(개념증명)부터 전사적 확산까지   180
    3) 조직 문화 혁신 : AI 활용을 위한 인식 제고 및 역량 강화   184

차례

2. AI 거버넌스 구축과 운영 방안   186
    1) AI 거버넌스의 개념과 중요성 : 왜 공공기관에 필요한가?   186
    2) AI 거버넌스의 3요소 : 데이터, 알고리즘, 조직·인력   188
    3) 공공기관 특성을 고려한 거버넌스 체계 구축 사례   190

3. AI 윤리 및 책임성 확보 방안   193
    1) 공공부문 AI 윤리의 중요성 : 편향, 투명성, 책임성   193
    2) AI 윤리 체크리스트 및 가이드라인 활용법   195
    3) AI로 인한 사고 발생 시 책임 소재 및 대응 방안   198

4. AI 활용 성과 측정 및 경영평가 연계   202
    1) AI 도입 성과 측정 지표 개발 : 정량적/정성적 지표   202
    2) 경영평가 항목별 AI 활용 성과 어필 전략   208
    3) 우수사례 공유 및 확산을 통한 기관 경쟁력 제고   210

5. 맺음말 : AI 시대, 공공기관의 미래를 위한 제언   213
    1) 국민 체감형 AI 서비스의 지속적 발굴 및 고도화   213
    2) 민간과의 협력 생태계 조성 : 데이터 공유 및 기술 마켓 활용   216
    3) AI 기술 변화에 선제적으로 대응하는 공공기관의 역할   219

제7장   AI 활용 노하우   225

1. AI 활용 용어집   227

2. 생성형AI 종류별 특성 비교표   232

3. 프롬프트, 보고서, 회의록, 보도자료   233

4. 컨텍스트 엔지니어링 AI 활용의 진화   241

5. 공기관 생성형 AI 도입 단계별 체크리스트   245

6. 공공부문 AI 활용 시 윤리적 고려사항   250

7. 본문 용어 찾아보기   252

8. 궁금해요(Q & A)   257

제1장

총론 : 생성형 AI, 공공기관 업무혁신의 새로운 길

《 저자_ 김용환 》

김용환
Kim, Yong-Hwan

저자소개

학력
- 울산대학교 일반대학원(전공 : HRD컨설팅) 박사[24.02]
- 서울대학교 공과대학 AIS [12.01]
- 고려대학교 노동대학원(전공 : 노동법) 석사[10.08]
- 숭실대학교 경영학사(전공 : 회계학)[91.02]

주요 경력
- 한국산업인력공단[92.01~24.06]
  (사업경험: HRD, 외국인고용허가제, 고용촉진·취업알선, 자격검정)
- 한국산업인력공단 전남서부지사장[22.01~23.06]
- 한국산업인력공단 전남지사장[20.08~21.12]
- 한국산업인력공단 중국EPS센터장[15.07~17.06]
- 한국산업인력공단 노동조합 사무처장[08.03~11.02]
- 現, 공공기관 공정채용평가위원
- 前, 전라남도인적자원개발위원회위원
- 前, 전라남도명장심사위원회위원
- 前, 영광군인구정책위원회위원

자격 사항
- 직업상담사 2급[2000]
- 한국어교원 2급[2025]
- 소방안전관리자 1급[2018]
- 노래코칭강사 1급[2023]

제1장. 총론 : 생성형 AI, 공공기관 업무혁신의 새로운 길

이 책에서 말하는 '공공기관(Public Sector Organizations)'이란 중앙정부, 지방자치단체, 공공기관(Public Institutions), 지방공기업 등 공공서비스를 수행하는 모든 조직을 포함한다.

인간과 Chat GPT의 첫 만남(그림: Chat GPT)

2022년 겨울, 챗GPT(ChatGPT)가 처음 공개된 순간, 인류는 직감했다. "이제는 다르다." 이 기술은 단순한 자동화도, 계산 능력만 뛰어난 기계도 아니다. 생각하고, 대화하며, 창작까지 할 수 있는 완전히 새로운 지능의 등장이었다.

하룻밤 사이 전 세계 언론은 AI(인공지능, Artificial Intelligence)로 뒤덮였고, 기업들은 앞다투어 대응에 나섰다. 교육, 의료, 제조, 유통, 예술까지―모든 산업이 '생성형 AI(Generative Artificial Intelligence)'를 수용하거나, 대체되거나, 그 갈림길에 놓였다.

그런데 공공기관은 무엇을 하고 있는가? 예산은 줄고, 민원은 늘고, 평가지표는 더 복잡해졌다. 업무는 디지털로 바뀌었지만, 혁신은 여전히 사람 손에 의존하고 있다. 기록은 엑셀에, 회의는 PPT에, 보고는 워드에 남는다. 문제는 다양해졌지만, 해법은 여전히 과거에 머물러 있다.

지금 공공기관은 생성형 AI 도입의 기로에 서 있다. 업무 수행 방식도, 성과도, 서비스 품질도 근본적으로 달라질 수 있다. 이 변화는 더 이상 선택의 문제가 아니다. 늦으면 뒤떨어진다.

1. 공공기관이 생성형 AI를 시급히 도입해야 하는 이유

1) 새 정부 국정과제로서 자리매김

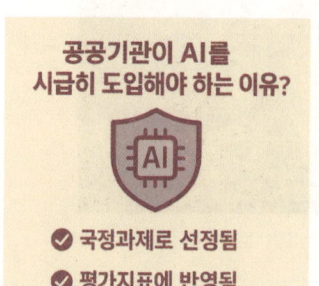

2025년 6월 4일 출범한 이재명 정부는 인공지능(AI)을 최우선 국정과제로 천명하였다. AI는 단순한 기술 진흥을 넘어, 국가 전략과 글로벌 경쟁력 확보의 중심축으로 자리매김하고 있다. 이러한 기조는 2025년 8월 13일 국정기획위원회 국민보고대회에서 발표된 「AI 3대 강국 도약으로 여는 모두의 AI시대」 청사진에서 명확히 드러났다.

정부는 ▲ AI 고속도로(컴퓨팅·데이터 인프라) 구축, ▲ 독자적 AI 생태계 조성, ▲ 신뢰·안전 기반 확립, ▲ 세계 1위 AI 정부 구현을 4대 실행 축으로 제시하며, 2030년까지 한국을 세계 3위 수준의 AI 강국으로 도약시키겠다는 목표를 분명히 했다.

이 과정은 국제사회와도 연결된다. 2025년 6월 20일 G7 정상회의에서 '안정적인 글로벌 AI 생태계 구축'이 주요 의제로 채택된 것은, 한국 정부가 AI를 산업 혁신과 국제협력의 전략 도구로 활용하고 있음을 보여준다. 또한 7월 14일 대통령 직속 국정기획위원회 산하에 출범한 AI 태스크포스(TF)는 총 12차례 회의를 통해 '모두의 AI' 비전을 구체화하며, 정부의 정책 초점이 단순한 기술 개발에서 현장 적용과 성과 창출로 이동했음을 확인시켰다.

이러한 변화 속에서 공공기관의 역할 또한 전환점에 서 있다. 공공기관은 더 이상 정부 정책의 수동적 수용자가 아니라, AI 국가 전략의 실행 주체로서 능동적으로 참여해야 한다. 이를 뒷받침하기 위해, 디지털플랫폼 정부위원회는 2025년 4월 『공공부문 초거대 AI 도입·활용 가이드라인 2.0』을 발표하였다. 이 지침은 ▲ 사회문제 해결, ▲ 대국민 서비스 혁신, ▲ 일하는 방식 효율화라는 3대 목표와 함께, 도입 절차, 보안 통제, RAG 적용, 성과관리 지표(KPI) 등을 구체적으로 제시함으로써 공공기관의 실행력 자체를 평가하겠다는 분명한 신호를 담고 있다.

경영평가 체계 역시 변화하고 있다. 『2025년도 공공기관 경영평가 편람』에서는 '디지털 전환 노력 및 성과' 항목에 AI 활용 요소가 명시되었으며, 생성형 AI 기반 업무 자동화, 민원 응대 챗봇, 문서 요약 기능 등이 실질적인 가점 요인으로 반영되고 있다. 더 나아가 『2026년도 지방공기업 경영평가 편람(예고 안)』은 리더십·전략 기획 지표 내에 "AI 도입 및 빅데이터 분석을 통한 업무혁신"을 명시하였으며, 인적자원관리 지표에서도 AI 리터러시 교육 노력과 성과가 포함될 가능성이 높아졌다. 이는 중앙·지방을 불문하고 모든 공공기관이 AI 활용을 단순한 선택이 아닌 필수 과제로 받아들여야 함을 의미한다.

결국, 지금은 정부가 법·제도를 정비하고, 인프라를 구축하며, 재정을 대규모로 투입하는 골든타임이다. 공공기관은 이 기회를 활용해 선제적으로 생성형 AI를 도입하고, 내부 활용 역량을 체계적으로 축적해야 한다. AI 활용이 늦어질수록 대응 부담은 커지고, 기관 간 격차는 더욱 확대될 수밖에 없다. 이제 AI는 선택이 아니라 필수, 공공기관의 생존과 경쟁력을 좌우하는 결정적 요인으로 자리 잡았다.

2) 경영평가 지표에 반영됨

생성형 AI 도입이 공공기관(Public Sector Organizations)에서 더 이상 선택이 아닌 이유는, 이제 그 필요성이 정부의 공식 경영평가 지표에 반영되었기 때문이다. 『2025년도 공공기관 경영평가 편람』에서는 '디지털 전환 노력 및 성과' 항목이 확대되어, 단순한 시스템 구축 여부가 아니라 AI 활용의 실제 적용과 성과를 요구하고 있다. 예컨대 ▲ 어떤 부서에서 ▲ 어떤 업무에 ▲ 어떤 방식으로 생성형 AI를 도입했고 ▲ 그 결과 어떤 정량·정성적 성과를 냈는지를 명확히 제시해야 한다.

구체적으로는 민원 응대 자동화, 보고서 작성·요약, 업무 프로세스 효율화 등 생성형 AI 기반 혁신 사례가 가점 요소로 작용한다. 단순히 "도입 계획이 있다"가 아니라, 실제 성과 수치와 국민 체감 효과까지 문서화하여 제출해야 한다는 점에서 과거와 차별화된다.

이 흐름은 지방공기업 평가에서도 뚜렷하게 드러난다. 『2026년도 지방공기업 경영평가 편람(예고 안)』은 리더십·전략 기획 지표 내에 "AI 도입 및 빅데이터 분석을 통한 업무혁신"을 명시하였으며, 인적자원관리 영역에서도 교육훈련 종합계획 기반의 역량 강화를 요구하고 있어, 향후 AI 리터러시 교육이 평가에 반영될 가능성이 높다. 이는 공공기관과 지방공기업 모두에 대해 AI 도입·활용 역량을 성과관리 체계의 핵심 지표로 본격화하겠다는 신호다.

8월 13일 정부 청사진에서도 이 기조가 다시 강조되었다. "AI 3대 강국 도약" 전략의 4대 실행 축 가운데 하나가 바로 세계 1위 AI 정부 구현이며, 이는 공공서비스 전반에서 AI를 활용해 국민 체감 성과를 창출하고, 그 결과를 평가와 연계하겠다는 의미다. 따라서 공공기관의 경영평가는 단순 행정 효율 검증을 넘어, AI를 통한 혁신성과 창출 여부를 직접적으로 반영하는 체계로 재편되고 있다.

결국, 경영평가 지표 변화는 공공기관에 두 가지 메시지를 준다. 첫째, AI 도입의 성과를 구체적 수치와 사례로 제시하라. 둘째, AI 리터러시와 조직 차원의 역량 강화를 평가하겠다. 이제 공공기관은 AI를 행정 운영 전반에 통합하여, 평가 대응과 국민 신뢰를 동시에 확보해야 한다.

2. 생성형 AI는 공공기관에서 어떤 일을 지원하는가?

1) 생성형 AI의 정의와 특성 : 데이터 품질과 컨텍스트 엔지니어링의 중요성

생성형 AI(Generative Artificial Intelligence)는 단순히 정보를 검색하거나 응답하는 수준을 넘어, 새로운 문장, 이미지, 코드, 음성 등 '결과물'을 직접 만들어내는 인공지능을 말한다. 그 핵심은 기존 데이터를 학습해 패턴을 이해하고, 이를 바탕으로 사람이 만든 것처럼 자연스러운 결과물을 생성한다는 데 있다. 문장 완성·

요약, 회의록 정리, 보고서 작성, 도표나 이미지 생성, 코드 작성까지 가능해, 기존의 전통적 AI와는 활용 방식이 전혀 다르다. 특히 문서 기반의 반복 업무가 많은 공공기관 환경에서는, 단순한 질의 응답형 AI보다 생성형 AI의 실효성이 훨씬 높다.

여기서 주목할 점은, 생성형 AI의 성능이 단순히 알고리즘만으로 결정되는 것이 아니라, 학습에 사용된 데이터의 양과 질에 따라 크게 좌우된다는 사실이다. GPT-4를 비롯한 대부분의 모델은 2023년 이전의 공개 데이터를 기반으로 학습되었으며, 이 데이터에 포함된 표현 방식, 주제 분포, 오류 여부 등이 생성 결과물에 직접적인 영향을 미친다. 따라서 공공기관이 생성형 AI를 활용하고자 할 경우, 기관 내부에서 사용하는 행정 데이터의 품질, 정합성, 기준 일관성을 점검하고 개선하는 작업이 반드시 병행되어야 한다. 부서 간 용어 정의가 다르거나, 데이터가 중복·누락될 경우, AI는 부정확하거나 오해의 소지가 있는 결과물을 내놓을 수밖에 없다. 결국 데이터는 생성형 AI의 기반이자, 공공 업무 적용의 성패를 가르는 핵심 변수인 것이다.

최근 LLM(대규모 언어 모델, Large Language Model)의 성능이 향상되면서, 과거처럼 짧은 프롬프트에 모든 조건과 맥락을 담아야 했던 '프롬프트 엔지니어링(질문 설계, Prompt Engineering)'의 부담은 줄어들고 있다. 대신, 질문을 복잡하게 만드는 것보다, 필요한 정보와 맥락을 적절한 시점에 정확히 제공하는 '컨텍스트 엔지니어링(상황 설계, Context Engineering)'이 새로운 핵심 역량으로 부상하고 있다.

LLM은 한 번에 처리할 수 있는 정보량에 한계가 있으므로, 정보를 어떻게 구조화하고 전달하느냐에 따라 결과의 질이 크게 달라진다.

예를 들어, "우리 기관의 청년 일자리 성과를 정리해 줘"라는 질문 하나로는 불충분하다. AI에게 정확한 분석을 시키려면 ▲ 성과를 측정하는 지표 정의(신규 채용 수 vs 인턴 참여자 수), ▲ 기간 설정 (2025년 기준), ▲ 부서별 사업 목록 등 관련 문서를 함께 제공해야 한다. 이러한 배경정보를 먼저 입력한 뒤에 질문을 해야, AI가 일관성 있고 신뢰할 수 있는 결과를 생성할 수 있다.

결국 AI 성과는 기술보다도, 상황에 맞는 정보(컨텍스트)를 얼마나 잘 구성하고 전달하느냐에 달려 있으며, 이 능력이 앞으로 AI 활용의 핵심 역량이 될 것이다.

생성형 AI는 목적과 기술 방식에 따라 다음과 같은 유형으로 나눌 수 있다.

▲ 언어 생성형 AI : 문서 작성과 대화 기능에 특화된 모델로, 대표적으로 챗GPT, 클로드(Claude), 문서 AI 등이 있다. 이들은 대규모 언어모델(LLM)을 기반으로 작동하며, 문서 요약, 문장 생성, 문서 분석과 질의응답에 강점이 있다.

▲ 이미지 생성형 AI : 사람이 글로 설명한 내용을 그림이나 사진으로 바꿔주는 인공지능 모델로, 대표적으로 미드저니(Midjourney, 미국), DALL-E(OpenAI, 미국), Stable Diffusion(Stability AI, 영국) 등이 있다. 보고서에 삽입할 시각 자료 생성, 정책 시나리오 기반의 교육 자료 제작 등에 활용할 수 있다.

▲ 코드 생성형 AI : 코드 생성형 AI는 컴퓨터에게 업무를 자동으로 수행하게 만드는 '지시문(코드)'를 대신 작성해 주는 도구다. 프롬프트만 입력하면, 복잡한 프로그래밍 지식 없이도 자동화 코드를 생성해 컴퓨터에 명령할 수 있다.

예를 들어, "엑셀 파일에서 2025년 자료만 뽑아 합계를 내줘"라고 입력하면, AI는 다음과 같은 코드로 이를 자동 처리한다:

df = data[data['year'] == 2025]
sum_value = df['value'].sum()

여기서 df는 2025년 자료만 필터링한 데이터프레임이다.

이러한 기능을 제공하는 대표적 도구로는 코파일럿(Copilot, 마이크로소프트사, 미국), 코드 위스퍼(CodeWhisperer, 아마존사, 미국)가 있으며, 반복적인 업무나 복잡한 계산 작업을 자동화하는 데 효과적이다.

이외에도 음성, 영상, 음악 등 다양한 생성형 AI가 존재하지만, 공공기관 실무에서 당장 활용할 수 있는 주된 범주는 '언어 생성형 AI'라고 보는 것이 현실적이다. 하지만 기술 이름을 아는 것만으로는 부족하다. 기관마다 업무 특성이 다르고, 부서별 여건과 실무자의 역량도 다르기 때문에, 생성형 AI 도입 시 도구의 특성과 업무 목적이 맞는지 판단하는 것이 중요하다. 예를 들어, 단순 아이디어 브레인스토밍에는 챗GPT나 Gemini처럼 문장 예측 기반 모델이 적합하고, 기존 문서를 정리해 보고 자료를 만드는 경우에는 Claude 3이나 Perplexity AI처럼 문맥 이해력이 뛰어난 모델이 유리하다.

따라서 각 기관은 실무 목적에 맞는 도구를 사전에 검토하고, 어떤 업무에 어떤 도구를 적용할지에 대한 내부 매뉴얼을 정비해야 한다. 민간처럼 즉흥적으로 도입하기보다는 정확도와 활용 가능성에 대한 내부 합의를 선행하는 것이 중요하다.

공공부문은 실험보다 검증이 우선되는 영역이므로 기술 선택 단계부터 조직적 검토와 실무 중심의 판단 기준이 반드시 병행되어야 한다.

2) 공공기관별 업무 특성과 생성형 AI가 지원하는 일 : 업무혁신

공공기관(Public Sector Organizations)은 모두 공공서비스 제공이라는 공통된 목적을 갖지만, 수행 기능, 평가 체계, 실무 환경은 확실히 다르다.

(1) 기관 유형별 업무 특성과 생성형 AI의 지원 기능

● **중앙정부**는 정책 기획, 법령 정비, 예산 편성 등 문서 기반의 분석 중심 업무가 많다. 이처럼 텍스트양이 많고 정확성이 요구되는 환경에서는 문서 요약, 회의록 정리, 정책 초안 작성에 강한 AI가 적합하다. 예를 들어 ChatGPT (OpenAI, 미국), Claude (Anthropic, 미국), Gemini (Google LLC, 미국)은 긴 문서를 요약하고 고품질의 초안을 생성하는 데 탁월하다.

● **지방자치단체**는 민원, 복지, 환경 등 주민 접점 서비스를 중심으로 한다. 민원 응대 자동화, 반복 질의 대응 같은 서비스 품질 개선이 중요하다. 이러한 업무에는 CLOVA X (네이버㈜, 한국), TUNiB (㈜튜닙, 한국), Saltlux (㈜솔트룩스, 한국)처럼 국내 기업이 개발한 한국어 특화형 생성형 AI가 효과적이다. 이들은 지자체 홈페이지 챗봇이나 전화 상담 자동화 등에도 바로 활용할 수 있다.

● **공공기관(Public Institutions)**은 실적 기반 사업 운영, 정량 실적 관리, 보고서·계획서 작성 등이 중심이다. 오피스 기반 문서 작업의 비중이 높기 때문에, Copilot (Microsoft

Corporation, 미국), Notion AI (Notion Labs Inc., 미국) 처럼 Word·PowerPoint·Excel 등 오피스 도구와 직접 연동되는 생성형 AI가 실무 자동화에 가장 적합하다. 특히 실적보고서와 회의록 작성에 있어 효율성과 일관성을 크게 높일 수 있다.

● **지방공기업**은 상수도, 교통, 시설 관리 등 지역 밀착형 서비스를 담당한다. 현장 업무 보고, 민원 대응, 일일 보고서 자동화 같은 반복적인 문서 업무가 많으므로, Gemini(Google LLC, 미국), TUNiB(㈜튜닙, 한국), Karlo(㈜크로스앤컴퍼니, 한국) 같은 도구가 유용하다. 특히 Karlo는 시각 자료 생성에 강점을 지녀, 사진 기반 보고서나 도표 자동화를 지원할 수 있다.

이처럼 기관별 실무 환경은 다르지만, 생성형 AI의 도입은 고성과 창출로 이어질 수 있는 핵심 수단이 되고 있다.

[표1-1] 공공기관별 업무 기능과 생성형 AI 지원 업무

구분	주요 기능	생성형 AI의 지원 업무	적합 도구
중앙정부	정책 기획, 법령 정비, 예산 편성	정책자료 요약, 보고서 초안 작성, 회의록 정리	ChatGPT, Claude 3, Karlo
지방자치단체	민원 처리, 복지·환경 등 주민 접점 서비스	민원 응대 자동화, 반복 질의 대응, 문서 자동 작성	CLOVA X, TUNiB, 솔트룩스
공공기관	실적 보고, 사업 계획, 내부 평가	보고서 작성 자동화, 회의록 정리, 수치 기반 정성 해석	Copilot, Notion AI, Writesonic
지방공기업	상수도, 교통, 시설·환경 관리	일일 보고서 자동화, 시설 점검표 작성, 유지보수 기록	Gemini, TUNiB, Karlo

참고 : 업무 범주와 AI 도구의 연결은 국정과제, 행안부·기재부 경영평가 항목, 그리고 각 기관의 공시자료를 기반으로 구성됨.

(2) 생성형 AI 도입으로 인한 행정업무의 구조 변화

공공조직의 행정업무는 구조화된 양식과 텍스트 기반 문서가 중심이며, 반복성과 정형성이 높아 생성형 AI의 적용 효과가 크다. 예를 들어 다음과 같은 업무들은 AI가 실질적으로 성과 개선을 도울 수 있는 분야다 :

▲ **정책자료 요약 및 보고서 초안 작성** : ChatGPT, Claude를 활용해 수작업 대비 60~80% 이상 시간 절감 가능

▲ **회의록 자동 정리 및 문서화** : Notion AI, Writesonic을 통해 문서 일관성과 정확도 향상

▲ **민원 응대 자동화** : CLOVA X 등 한국어 특화형 챗봇으로 민원 대응 시간 단축 및 만족도 향상

▲ **실적보고서 및 수치 해석** : Excel Copilot, TUNiB Studio로 데이터 기반 성과 기술 자동화

(3) 도입 후 성과와 평가지표의 연결

AI 도입의 효과는 단순한 업무 효율화를 넘어 실질적인 성과로 이어져야 한다. 이는 경영실적 평가나 정부 업무평가 등 평가 체계와 연결될 때 비로소 제도적 의미를 가진다.

예를 들어 :

- **보고서 자동화는** 경영평가 지표 중 '성과관리체계' 항목 감점 방지 효과
- **민원 응대 AI 도입은** '서비스 개선' 항목 가점 요소로 작용
- **문서 완성도 향상은** 평가 서류 제출의 정량·정성적 완성도 제고

실제로 기획재정부는 『2025년도 공공기관 경영평가 편람』을 통해 "AI 활용 개선 사례 제출"을 정성평가 항목으로 반영하고 있으며, 단순 도입보다 실적 향상, 비용 절감 등 구체적 성과와의 연계를 중시하고 있다.

(4) 이론적 배경 및 전략적 시사점

이 절의 기반은 다음 이론적 틀을 따른다 :

▲ 기능-도구 적합성 이론(Task-Technology Fit, TTF) : 업무의 속성과 기술의 특성이 잘 맞을 때 생산성이 향상된다는 조직 정보시스템 이론 (Goodhue & Thompson, 1995)

▲ 디지털 전환 평가 모델 : OECD의 Digital Government Index 에서는 '디지털 기술의 전략적 활용도'와 '성과 연결도'를 주요 평가 기준으로 설정하고 있다. (OECD, 2020)

따라서 공공기관은 단순 도입이 아닌 업무-도구-성과 간의 전략적 연결 고리를 설계하는 것이 중요하다.

3) 생성형 AI 도입 전후 업무 성과 비교

공공기관의 행정업무는 반복적이고 형식화된 경우가 많다. 생성형 AI를 도입하면 업무 효율성, 문서 품질, 평가 대응력 측면에서 뚜렷한 차이를 만들 수 있다. 다음 표는 주요 행정업무를 중심으로, 생성형 AI 도입 전과 후의 성과 차이를 비교한 것이다.

[표1-2] 생성형 AI 도입 전과 후의 성과 비교

업무 유형	생성형 AI 도입 전	생성형 AI 도입 후
실적보고서 작성	수작업 정리, 인력 의존, 표현 오류 다수	생성형 AI 기반 자동 초안 작성, 표현 오류 감소, 서술 일관성 확보
민원 응대	직원 수동 대응, 반복 민원에 과도한 시간 소요	챗봇 자동 응답, 민원 기록 자동 저장 및 데이터 기반 분석 가능
회의자료·정책자료 정리	자료 검색·요약을 일일이 수작업으로 수행	챗GPT 기반 자동 요약 및 문서 구성, 신속한 공유 가능
정성평가 대응	평가 항목 기술의 어려움, 표현력 편차	생성형 AI를 활용한 정제된 서술, 보고서 완성도 및 설득력 향상
문서 품질 관리	표현 누락, 내용 중복, 교정 누락 등 품질 편차 존재	자동 교정·검토 기능 활용, 문서 품질의 균일화 및 완성도 제고

표에서 볼 수 있듯이 각 항목의 개선은 경영평가 대응력과도 직접 연결된다. 예컨대, 실적보고서의 자동화는 '성과관리체계' 항목의 감점을 방지하고, 민원 응대 기록 자동화는 '디지털 전환 노력 및 성과' 항목의 정성평가 점수 확보로 이어질 수 있다. 따라서 생성형 AI의 도입은 단순한 편의성 증진을 넘어, 평가 성과 향상이라는 구체적인 결과로 귀결될 수 있다.

3. 생성형 AI의 도입, 공공기관이 주저하는 이유와 대책

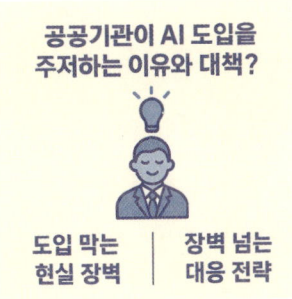

1) 생성형 AI도입을 가로막는 현실의 장벽들

공공기관의 생성형 AI 도입이 기대만큼 빠르게 확산되지 않는 데에는 다음과 같은 현실적인 이유들이 복합적으로 작용하고 있다.

(1) 정보 유출에 대한 보안 우려가 크다.

생성형 AI는 대부분 외부 클라우드 서버를 기반으로 작동하기 때문에, 내부 문서나 민감한 데이터를 입력하는 순간 정보 유출 가능성이 제기된다. 공공기관은 폐쇄망 환경에서 운영되는 경우가 많고, 관련 보안 규정도 엄격하여 상용 AI 도구 사용에 제약이 따른다.

(3) 인력 감축에 대한 불안감이 존재한다.

AI가 반복 업무를 대신하게 될 경우, 장기적으로 인력 감축으로 이어질 수 있다는 우려가 존재한다. 이로 인해 일선 실무자나 조직 내부에서 도입 자체에 대한 거부감이나 소극적 태도가 나타나기도 한다.

(4) 행정 데이터의 품질이 낮다.

AI는 데이터를 기반으로 작동하기 때문에, 데이터 자체에 부정확한 수치나 중복 항목, 부서 간 기준 불일치 등의 문제가 있다면 신뢰성 있는 결과를 기대하기 어렵다. 예를 들어 '청년 일자리 수'처럼 정의가 부서마다 다른 항목은 오히려 업무 혼란을 가중시킬 수 있다.

(5) AI 윤리 기준이 아직 명확하게 정립되지 않았다.

현재 공공부문에서는 AI의 윤리적 기준이나 책임 범위에 대한 명확한 가이드라인이 마련되어 있지 않다. 성별, 지역, 연령에 따른 편향된 결과가 나올 수 있으며, 학습 데이터의 오류가 그대로 반영되는 경우도 있다. 특히 복지, 채용, 범죄예방 등 민감한 정책 분야에서 이러한 편향이나 오류가 발생할 경우, 단순한 기술 문제가 아니라 차별과 불공정이라는 윤리적 문제로 이어질 수 있다. 이로 인해 많은 공공기관이 도입을 신중하게 검토하고 있다.

(6) 예산 확보와 운영 비용 부담이 있다.

AI 도입을 위해서는 도구(예: ChatGPT, Microsoft Copilot 등) 라이선스 비용 외에도 보안 검토, 시스템 연동, 사용자 교육 등 추가적인 비용이 수반된다. 하지만 이에 대한 별도 예산을 확보하기 어려운 기관은 도입 자체를 유보하고 있다.

(7) 기대만큼의 성과를 낼 수 있을지에 대한 불확실성이 있다.

AI 도입이 실제로 어떤 성과를 가져올지, 평가 항목과 어떻게 연계될지 명확하지 않다는 우려가 있다. 일부 기관은 '투입 대비 효과'가 불확실하다는 이유로 도입을 주저한다.

(8) 보수적인 조직문화와의 충돌이 있다.

'AI를 도입해야 한다'라는 외부의 압박과 '지금 당장 그럴 여력이 없다'라는 내부 현실 사이의 간극이 크다. 위계적인 업무 지시 구조나 변화에 소극적인 분위기 속에서는 AI 도입이 조직 내부 저항을 불러일으키는 원인이 되기도 한다.

(9) 실무자 리터러시 수준이 낮다.

AI는 사용자의 질문 방식에 따라 결과물의 질이 달라지는 도구이기 때문에, 적절한 활용을 위해서는 일정 수준의 디지털 이해도와 프롬프트 설계 능력이 요구된다. 하지만 많은 현장에서는 이에 대한 교육이나 학습 기회가 부족한 실정이다.

(10) 예상하지 못한 부작용 가능성이 있다.

AI 도구를 도입한 후 문서 포맷 오류, 보고서 작성 기준 불일치, 부적절한 대민 응대 표현 등으로 오히려 업무 혼란이 커졌다는 사례가 쌓이면서 현장에서는 신중론이 확산되고 있다.

이처럼 도입이 지연되는 원인은 기술의 한계보다는 보안 규정, 조직문화, 예산 제약, 평가 체계의 불일치, 실무자 리터러시 부족 등 구조적 요인들이 복합적으로 작용하기 때문이다. 따라서 단순한 도구 소개나 기술 설명을 넘어, 실제 현장에서 마주하게 될 문제들을 사전에 진단하고, 이에 대한 실질적 대응 전략을 마련하는 것이 필요하다.

2) 장벽을 넘어설 실질적 대응 전략

생성형 AI 도입을 둘러싼 공공기관의 우려와 제약은 단순한 기술적 보완만으로는 해소되기 어렵다. 문제의 성격이 제도, 문화, 책임 구조, 예산, 데이터 품질 등 다면적이기 때문이다. 따라서 각 문제 유형별로 현실에 맞는 대응 전략을 수립하고, 단기적 대응을 넘어 장기적 변화 관리와 조직 내 내재화 전략을 병행해야 한다.

[표1-3] 문제 유형별 대응 전략 예시

문제 유형	대응 전략 예시
(1) 정보 유출 등 보안 우려	◦ 프라이빗 LLM 도입 또는 온프레미스(내부망) 구축 ◦ 사전 보안점검 및 데이터 분류 체계 마련 ◦ '익명화' 및 '요약형' 입력 방식 활용 ◦ 국가·기관 보안 인증을 획득한 도구 중심 활용 ◦ 사전·사후 로그 관리 및 감사 체계 강화 ◦ AI 보안 교육 및 사용자 책임 인식 강화
(2) 책임 소재 불명확	◦ AI 활용 결과물에 대한 '최종 검토 책임' 명문화 ◦ 법적 쟁점 대비 '면책 기준' 마련 및 사례 학습 공유 ◦ AI 활용 내역 기록 및 감사 연계 체계 구축 ◦ 사용자 교육 강화 - AI는 '결과 제공자'가 아닌 '참고자'
(3) 인력 감축에 대한 불안감	◦ "AI는 대체가 아니라 '도우미'"라는 프레임 명확화 ◦ "업무 재설계" 중심의 조직 혁신 추진 ◦ "AI+직원" 성과 사례 공유와 교육 병행 ◦ 노조 및 직원대표와의 협의체 운영 ◦ 인력 감축이 아닌 인력 재배치 및 역량 강화 기조 유지
(4) 데이터 품질 문제	◦ 데이터 표준화 작업을 통한 기준 정비 ◦ 데이터 품질 진단과 정제(Cleansing) 절차 구축 ◦ 데이터 오류 방지용 체크리스트 및 자동화 툴 도입 ◦ 업무 프로세스와 연계된 실시간 데이터 업데이트 체계 구축 ◦ 데이터 품질 관리 전담 조직 또는 책임자 지정 ◦ 부서 간 협업 체계 정비: 해석 기준의 통일
(5) AI 윤리 기준의 부재	◦ AI 윤리 가이드라인 제정 및 적용 ◦ 생성형 AI의 편향 감지 및 수정 절차 마련 ◦ 민감한 주제에 대한 AI 활용 제한 또는 대체 전략 마련 ◦ 공공성을 고려한 학습 데이터 선택 및 도구 선별 기준 수립 ◦ 직원 대상 AI 윤리 교육 및 인식 개선 캠페인 병행
(6) 예산 확보 및 운영 비용 부담	◦ 생성형 AI 도입을 위한 사전 타당성 조사 및 예산 근거 마련 ◦ 소규모·파일럿 도입을 통해 초기 비용 최소화 ◦ 오픈소스·국산 무료 AI 도구의 활용 검토 ◦ 범정부 차원의 공동조달 플랫폼 또는 통합 계약 추진 ◦ 정보화 사업과 연계하여 AI 도입 예산 반영
(7) 성과 불확실성	◦ AI 적용 업무를 '평가 항목'과 선제적으로 연계 ◦ '업무 단위별 Before & After' 효과 측정 지표 개발 ◦ 파일럿 적용 후 실적 제출 사례 공유 ◦ 중장기 효과까지 포함한 'ROI(투자 대비 수익, Return on Investment) 관점' 도입 ◦ 정성 평가 항목과 연결되는 스토리 기반 보고 전략 ◦ '기술 도입'이 아니라 '성과 설계' 중심의 접근 강조

(8) 조직문화 저항	○ 조직 리더의 역할 강화 : '탑다운 공감' 유도 ○ 보수적 조직문화 진단 및 AI 도입 연계 설계 ○ 조직 내 'AI 챔피언' 양성 및 확산 구조 마련 ○ '도입'이 아닌 '적용 경험' 중심의 접근 ○ 일상적 용도부터 시작하는 '비업무 AI 경험' 제공 ○ '기술 변화 = 위협'이 아니라 '지원 도구'라는 인식 확산
(9) 실무자 리터러시 부족	○ 단계별 맞춤형 교육 제공 ○ '한 문장 프롬프트'부터 시작 ○ 실제 업무 문서 기반의 학습 자료 개발 ○ AI 활용 가이드북 및 FAQ 제작·배포 ○ 공유 가능한 프롬프트 사례 축적
(10) 예상치 못한 문제	○ 도입 전 '파일럿 테스트'를 의무화 ○ AI 활용을 위한 문서 작성 기준·템플릿 사전 정비 ○ 적합성 평가 체크리스트 도입 ○ 부서별 리스크 분석과 대응 매뉴얼 마련 ○ AI 도입 효과에 대한 '사후 평가 체계' 구축

결국 생성형 AI 도입은 기술적 우수성보다 행정 실무와 조직 시스템에 적합하게 설계된 '내재화 전략'이 핵심이다. 각 기관의 업무 구조와 평가 기준에 맞춘 정교한 도입 시나리오가 뒷받침되어야 효과적인 확산이 가능하다.

3) 성과 창출의 열쇠- 모든 임직원 참여

공공기관에서 생성형 AI를 활용한 업무혁신이 실질적 성과로 이어지려면 기술 도입보다 더 중요한 것이 있다. 바로 조직 내부 구성원의 자발적인 참여와 현장 중심의 문제해결이다. 실무자의 적극적 수용이 없다면, 생성형 AI 도입은 일회성 시범 사업에 머무를 가능성이 높다. 다음과 같은 전략을 통해 직원 참여를 효과적으로 유도할 수 있다.

▲ **상향식 과제 발굴** : 실무자 제안에 기반한 '과제 발굴형 도입'을 확대해야 한다. 상향식 접근은 업무 특성을 가장 잘 아는 담당자가 AI 활용 아이디어를 직접 제시하는 구조다. 예컨대, 한 지방공사 민원 부서는 반복 민원 응대를 개선하기 위해 내부 제안으로 네이버 CLOVA X 기반 챗봇을 도입해 자동화에 성공한 바 있다. 이처럼 실무자 제안은 기술 적용의 실효성을 높이는 출발점이 된다.

▲ **실습 중심의 교육** : 단기 이론 교육보다는 실습 중심의 워크숍 운영이 효과적이다. 생성형 AI는 프롬프트 설계 능력과 업무 맥락 이해가 핵심이므로, 형식적인 교육보다는 부서별 실전형 학습, 우수 활용 사례 공유 등이 자율적 확산에 훨씬 유리하다. 일부 기관은 'AI 성과 발표회'를 정례화하여 조직 내 학습 문화로 정착시키고 있다.

▲ **관리자의 주도적 역할** : 생성형 AI 도입이 기술 담당자에만 한정되면 확산이 제한된다. 따라서 팀 단위 목표 설정, 실적자료 반영 등의 제도적 뒷받침이 필요하며, 이를 중간관리자가 직접 주도해야 한다.

▲ **성과와 인센티브 연계** : 생성형 AI 도입 성과를 연말 평가, 포상, 성과급 등과 연계하면 직원들의 참여를 강력하게 촉진할 수 있다. 『2025년도 공공기관 경영평가 편람』에서도 "직원 제안 및 참여 기반의 디지털 성과"가 평가지표에 포함되어 있는 만큼, 제도적 기반을 병행하는 것이 중요하다.

▲ **실패를 허용하는 조직문화** : 생성형 AI 도입 초기에는 시행착오가 불가피하다. 단기 오류나 성과 미흡을 처벌의 대상이 아닌 '학습 기회'로 인정하는 문화가 반드시 필요하다. 일부 기관은 'AI 도입 실험실'을 통해 실패 사례를 공유하고 자유로운 실험을 장려하며 긍정적인 효과를 보고 있다.

이처럼 실무자의 참여를 촉진하는 구조와 문화를 갖출 때, 비로소 생성형 AI는 공공기관 업무혁신의 실질적 수단으로 작동하며, 이는 곧 경영실적 평가와 업무설과 지표 개선으로 이어지는 기반이 될 것이다.

4. 생성형 AI를 이용한 공공기관의 고성과 창출 방법

1) 이 책을 무조건 정독하라 : 총 7장

이 책은 생성형 AI의 공공기관(Public Sector Organizations) 적용을 위한 실행 전략서로 총 7장으로 구성되어 있다. 기술적 배경부터 경영평가 대응 전략까지 실무 중심으로 정리하였으며, 각 장은 독립된 주제를 다루면서도 전체적으로는 공공조직의 디지털 전환과 성과 개선을 연결하는 구조를 따른다.

● 제1장은 공공조직이 지금 왜 생성형 AI를 도입해야 하는지를 다룬다. 새 정부의 디지털 정책 방향, 공공기관·지방공기업·중앙정부·지자체별 평가체계와 업무 특성, 생성형 AI의 적용 가능성, 그리고 도입 저해 요인 및 대응 전략을 폭넓게 분석하였다. 특히 실무자의 참여와 조직 내 수용을 이끌어내는 전략을 함께 제시하여, 도입 당위성과 실행 가능성을 종합적으로 정리하였다.

● 제2장은 생성형 AI를 활용한 공공 업무 실천 전략을 중심으로 구성되어 있다. 문서 자동화, 민원 응대용 챗봇, 정책 수립 지원, 협업 시스템 통합 등 핵심 분야별로 AI 적용 사례를 다루며, 단순한 도구 소개를 넘어 실제 조직 내 적용 방식과 성과 도출 사례를 구체적으로 제시하였다.

● **제3장**은 중앙정부 및 지방자치단체가 수행하는 정부업무평가에 대한 대응 전략을 다룬다. 정부의 공공부문 AI 대전환을 앞두고, 중앙정부와 지방자치단체의 평가 관련 AI 활용 단계적 로드맵을 제시하고, 중앙정부의 특정평가 및 지방자치단체의 정부합동평가에 적용 가능한 프롬프트 설계 전략을 소개함으로써 실무에 적용 가능한 방안을 강조하였다.

● **제4장**은 공공기관 및 지방공기업의 경영실적 평가 대응 전략을 다룬다. 『2025년도 공공기관 경영평가 편람』 및 『2026년도 지방공기업 경영평가 편람(예고 안)』에 기반하여, 실적보고서, 계획서, 정성평가 대응 등에 생성형 AI를 어떻게 접목할 수 있는지를 체계적으로 정리하였다. 역할과 직무 직급별로는 NCS 기반 핵심 직무 분류를 활용하여 직무별 AI 적용 가능성을 세분화하였다.

● **제5장**은 생성형 AI를 이용한 문제 해결 과정에서 필연적으로 맞닥뜨리는 Gabage In, garbage Out을 극복하는 방법을 다룬다. 인공지능의 성능을 좌우하는 행정 데이터의 오류 유형, 실적 평가 지표에 미치는 영향, 데이터 클렌징과 표준화 전략, BPM(표준업무정의서, Business Process Manual)을 통한 업무 용어 통일 등 실무적 관점에서 데이터 품질 향상 방안을 제시하였다. AI 도입 이전에 '데이터의 정합성 확보'가 필수 과제임을 강조한다.

● **제6장**은 생성형 AI의 조직 내 실행과 정착 전략을 중심으로 구성되어 있다. 리터러시 교육, 조직문화 변화 관리, 시범 사업 추진, 기술 확산 전략, 그리고 보안·윤리·법적 대응 체계 정비 등 실행 단계별로 공공조직이 고려해야 할 과제를 종합적으로 제시하였다. 실행 체크리스트를 포함하여 실무 적용성을 높였다.

● 제7장은 실무자가 바로 참고할 수 있도록 생성형 AI 관련 실용 정보를 담았다. 생성형 AI 용어 해설, 주요 생성형 AI 종류별 특성 비교, 회의록, 보고서 등 프롬프트 사무 활용 방안, 컨텍스트 엔지니어링 개념 정리, 업무 단계별 적용 체크리스트, 용어 찾아보기, 궁금해요(Q & A) 등 다양한 실제 사례 등을 수록하여 실용성과 구체성을 동시에 확보하였다.

2) 생성형 AI를 활용하라 : 관리자, 기획자, 실무자

생성형 AI는 '도입'보다 '활용'이 중요하다. 실질적인 성과를 창출하려면 조직 구성원 각자가 자신의 역할에 따라 어떻게 AI를 적용하고 기여할지를 명확히 인식해야 한다. 이 책은 관리자, 기획자, 실무자가 각자의 업무 영역에서 생성형 AI를 전략적으로 활용하도록 안내하는 데 목적이 있다.

(1) 관리자 : 조직 디지털 전환과 전략 실행을 이끄는 '조정자'

관리자에게 생성형 AI는 조직의 디지털 전환 수준과 전략 실행력을 점검하는 효과적인 도구다. 실무자의 AI 활용 실태를 모니터링하고, 그 성과가 실적 향상에 어떻게 기여했는지를 분석하여 조직 전략과 연계하는 것이 중요하다.

예를 들어, 부서별 AI 활용 사례를 수집해 우수사례로 정리하고 이를 내부 보고 체계에 반영하거나, 실적보고서 사전 점검 항목에 'AI 활용 여부'를 포함시키는 방식은 AI 문화를 정착시키는 데 도움이 된다.

또한 성과지표에 'AI 기반 업무개선 실적'을 포함하거나, 부서 간 AI 활용 경험을 공유하는 내부 포럼을 운영하는 것도 조직 차원의 디지털 전환을 제도화하는 전략이 될 수 있다.

(2) 기획자 : 정책 수립과 실적 분석의 질을 높이는 '설계자'

기획자에게 생성형 AI는 고차원적 정책 기획, 계획수립, 실적 분석을 지원하는 전략 도구다. 특히 복수 문서 비교, 정책 대안 정리, 시나리오 도출 등 정보 탐색과 통합이 필요한 작업에서 AI는 속도와 정확성을 동시에 높인다.

예를 들어, 부서별 사업계획서를 비교 분석하거나 개선안을 도출하는 과정에서 Claude 3, Perplexity AI 등을 활용하면 요약 및 통합 분석이 가능해진다. 『2026년도 지방공기업 경영평가 편람(예고 안)』에서도 '성과 중심의 경영계획 수립'이 강조되고 있는 만큼, 기획자의 AI 활용은 평가 대응력 강화에 실질적 기여를 할 수 있다.

(3) 실무자 : 반복 업무를 자동화하는 '실행 주체'

실무자에게 생성형 AI는 문서 작성, 요약, 공문 초안, 회의록 정리 등 반복적인 행정업무를 보조하는 효율화 도구다. 특히 기존 자료를 활용한 보고서 재구성이나 텍스트 기반 기록 업무에서 활용도가 높다.

예를 들어, '예산 집행 실적보고서'를 작성할 때, ChatGPT, Microsoft Copilot, 네이버 CLOVA Note 등을 활용하면 자료를 불러와 요약문을 자동으로 생성할 수 있어 업무 시간을 절감할 수 있다.

『2025년도 공공기관 경영평가 편람』에서도 문서 자동화, 민원 대응 자동화는 '디지털 전환 노력 및 성과' 항목의 주요 정성평가 요소로 반영되고 있다. 즉, 실무자의 AI 활용이 곧 경영평가 성과로 연결된다.

요컨대 생성형 AI는 단지 기술이 아니라, 조직의 성과를 좌우할 수 있는 실무 도구다. 누가 먼저 익히고, 어떻게 활용하느냐에 따라 조직의 미래가 달라진다.

나 역시 공공기관에서 32년간 실무자·기획자·관리자의 모든 위치를 거치며 일해왔다. 수없이 많은 보고서를 쓰고, 매년 반복되는 평가 대응 자료를 준비하면서, '이 시간을 조금이라도 줄일 방법은 없을까?' 하는 고민을 늘 품고 있었다. 그때마다 더 많은 야근, 더 많은 검토가 답이었지만, 효율은 늘 제자리였다. 지금 돌이켜보면, 조금만 더 일찍 AI를 만났더라면 어땠을까 하는 아쉬움이 크다. 단순한 문서 정리는 AI에 맡기고, 나는 전략과 정책 설계에 더 집중할 수 있었을 것이다. 보고서 문장을 다듬느라 새벽까지 컴퓨터 앞에 앉아 있던 수많은 날도 훨씬 줄었을 터다.

정독하라. 활용하라. 그리고 공공기관의 새로운 업무혁신 길을 열어가라.

제2장

생성형 AI를
활용한 공공기관
업무 추진 방법

《 저자_ 권영우 》

권영우
Kwon, Young-Woo

저자소개

학력
- 한국인공지능협회 AI CEO 아카데미 최고위과정[24.06]
- 숭실대학교 경영학(전공: 디지털경영) 박사[10.08]
- 연세대학교 경영대학원 경제학 석사[90.02]
- 서강대학교 경영학 학사[83.08]

주요 경력
- 테라퓨처 대표[24.10~현재]
- 한국인공지능협회 인공지능연수원장[23.12~현재]
- 한국경영기술지도사회 인공지능사업단장[24.06~현재]
- 대한민국산업현장교수[16.12~현재]
- 경기대학교 산학협력단 교수 겸 AI·빅데이터위원회 위원장[20.04~23.08]
- 숭실대학교 겸임교수[16.09~20.02]
- NCS Korea 대표[16.05~20.02]
- 대한·서울상공회의소 근무[83.12~16.05]

자격 사항
- 인공지능최고책임자/한국인공지능협회[2024.06]
- 빅데이터분석기사/과학기술정보통신부·통계청[2022.07]
- 경영지도사/중소벤처기업부장관[1994.12]
- 데이터거래사/과학기술정보통신부장관[2024.11]
- 인공지능산업컨설턴트/한국인공지능협회[2019.10]
- 국제공인경영컨설턴트/ICMCI CMC[2015.04]

저서 논문
- AI 기업 경영, 커뮤니케이션북스, 2025.
- 기업핵심직무별 생성형 AI 활용법(공저자), 광문각, 2025.
- 제4차 산업혁명 충격과 도전(공저자), 배문사, 2017.
- 제4차 산업혁명 이렇게 달성한다(공저자), 배문사, 2017.
- 생성형 AI 활용 전략, 강의교재, 2025. 등 다수

수상 내역
- 대통령 표창[06.05]
- 중소벤처기업부 장관 표창[22.12]
- 상공자원부 장관 표창[93.12]
- 통계청장 표창[93.12]
- 대한상공회의소 회장 표창[04.10]

제2장. 생성형 AI를 활용한 공공기관 업무 추진 방법
1. AI를 활용한 공공업무 추진 방향

1) 왜 지금, 공공기관이 생성형 AI 활용해야 하는가?

(1) 급변하는 행정 환경과 생성형 AI 활용 필요성

공공기관 재직자인 당신이 폭우로 인해 그림처럼 도로가 유실된 상황을 신고받게 되면 어떻게 하시겠습니까?

당신이 도로 유실 처리 담당자가 아니면 해당 담당자에게 관련 업무 내용을 전달할 것입니다.

만일 당신이 도로 유실 처리 담당자라면 기존 방식대로 업무 매뉴얼에 따라 업무를 처리할 것입니다.

만일 이 때 생성형 AI가 당신이 처리하는 업무 프로세스를 보다 신속하게 처리할 수 있도록 도와준다면 어떻게 하겠습니까?

도로 유실로 인한 피해를 최소화 하기 위해 관련 문제가 조속히 해결되는 것이 국민이나 공공기관의 입장에서 매우 중요하다.

[그림] 폭우로 인해 유실된 도로 이미지

공공기관 관련 전문가라면 폭우로 인해 유실된 도로에 대한 대책을 수립하여 조속히 조치할 수 있을 것이나 그렇지 않은 사람의 경우에는 당황할 수 있을 것이다.

이러한 경우 관계전문가가 아닌 사람도 ChatGPT, 제미나이, 노트북LM 등 생성형 AI에게 문의하여 대책을 수립하여 제시해 주기를 요청한다면 다음과 같은 좋은 답변을 얻을 수 있다.

[생성형 AI ChatGPT에게 이미지를 업로드 한 후 질문하여 답변을 받은 사례]

▶ (프롬프트)

폭우로 인해 유실된 도로의 현황과 문제점, 그리고 대책을 작성해줘. 공공기관 제출용 문서 형식으로 변환해줘.

▶ (ChatGPT 답변 내용)

다음은 **공공기관 제출용 도로 유실 현황 및 대응 대책 보고서 형식**입니다. 공문 형식에 맞춰 격식 있게 구성하였습니다.

폭우로 인한 도로 유실 현황 및 대응 대책 보고서

1. 보고 개요
   - 제목 : 폭우로 인한 도로 유실 현황 및 대응 대책
   - 보고일자 : 2025년 7월 5일
   - 작성부서 : ○○시 안전건설과
   - 작성자 : ○○○ 주무관

2. 유실 현장 개요
   - 위치 : ○○시 ○○면 ○○로 일대 (산악 지형 인접 구간)
   - 피해 시점 : 2025년 7월 2일 집중호우 발생 직후

- **기상 상황** : 시간당 80mm 이상 강우, 총 누적 강우량 220mm
- **피해 형태** :
  - 도로 중앙부 침하 및 파손(폭 약 6m, 길이 약 20m 이상)
  - 사면 일부 붕괴 및 토사 유입
  - 도로 통행 완전 차단 상태

3. 피해 원인 분석
- **지반 약화** : 지속된 강우로 도로 하부 지지력 상실
- **배수 체계 미비** : 우수가 효과적으로 배출되지 못함
- **절개지 안정화 부족** : 사면보강, 옹벽 등 구조물 미비
- **구조물 노후화** : 도로 포장 및 기반층 노후로 인한 하중 저하

4. 주요 문제점

항목	내용
도로 통행 차단	지역 주민 및 물류 차량 통행 불가
2차 붕괴 우려	사면 추가 붕괴 및 토사 재유입 가능성
안전사고 위험	야간 시 시야 확보 어려워 사고 위험 증가
지역 고립 발생	대체 우회도로 미확보 시 주민 고립 우려

5. 대응 및 복구 대책

가. 긴급 대응 조치
- 현장 전면 통제 및 안내표지 설치
- 긴급 우회도로 확보 및 안내
- 현장 감시 인력 상시 배치

나. 중장기 복구 계획
- 도로 기반층 전면 보강 및 재시공

- 옹벽 및 배수시설 설치를 통한 사면 안정화
- 침하 구간 주변 토양 물성 시험 실시
- 폭우 대응형 설계기준 적용

다. 예방 및 재발 방지 방안

- 위험 도로 구간 사전 점검 강화(정기 점검 체계 구축)
- 기후 대응형 스마트 배수 감시 시스템 도입
- 주민 대상 재난 예방 교육 및 대피 훈련 병행
- 유사 사례 DB 구축 및 예측 기반 사전 대응 매뉴얼 수립

6. 건의 사항 및 협조 요청

구분	내용
중앙부처 협조	재난복구비 긴급 지원 및 기술자문 파견 요청
유관기관 협업	경찰서, 소방서, 군부대 등과의 통제 및 구호 협조
예산 확보	특별교부세 등 복구비 예산 긴급 집행 요청
관련 부서 공유	도로과, 건설과, 재난안전과 등 협업 대응 체계 강화

7. 첨부자료

- 피해 현장 사진 1부
- 도로 구조도 및 침하 구간 평면도 1부
- 복구 공정별 계획서(초안) 1부

위와 같이 폭우로 인한 도로 유실에 대한 현황 및 대응 계획을 보고드립니다.

○○시 안전건설과장 귀하

(서명 및 직인 생략)

사례에서 보는 것처럼 생성형 AI를 활용하면 관계 전문가는 물론 일반인도 현황과 문제점을 신속히 파악하고 관련 대책 아이디어 및 초안을 작성하는데 시간과 비용을 절감할 수 있다.

(2) 생성형 AI의 사용 편의성 제고와 공공부문 요구 수준 부응

ChatGPT, 제미나이, 노트북LM 등 생성형 AI가 나날이 발전하면서 공공행정 업무에 활용하는 사례가 늘어나고 공공행정 업무의 효율성 및 효과성이 나날이 증가하고 있다. 행정 담당자가 생성형 AI를 공공행정 업무의 특성 및 상황에 적합하게 선택하여 활용하면 기대한 성과를 거둘 수 있다.

따라서 행정 담당자가 업무에서 발생하는 주요 이슈에 대한 해결방안 초안 작성을 생성형 AI에게 요청하고 그 생성 결과를 토대로 시행방안을 수립한다면 생산성을 높이는데 많은 도움을 받을 수 있을 것이다.

그리고 행정 담당자가 행정 조치를 시행하고 1주 또는 1개월 등 일정 기간이 지난 후에 그 행정 처리 결과를 다시 생성형 AI에게 입력하고 행정 고도화 방안을 요청한다면 생성형 AI가 한 단계 더 높은 해결책을 제시해 줄 것이다.

생성형 AI 활용 행정 업무 이슈 해결 프로세스

① 공공업무의 다양한 행정 이슈 발생 → ② 행정 이슈를 생성형 AI 솔루션 활용 과제로 전환 → ③ 행정 이슈에 대한 생성형 AI 솔루션 활용 해결책 수립 → ④ 생성형 AI 솔루션 활용하여 행정 이슈 해결

생성형 AI의 사용 방법이 나날이 편리해짐에 따라 행정 담당자들이 보다 용이하게 생성형 AI를 사용할 수 있다. 행정 담당자가 당면한 행정 이슈들을 해결하기 위해 다음과 같은 절차를 따른다면 공공행정기관이 기대한 성과를 거둘 수 있다. 필자는 이를 공공기관장 및 행정 담당자들에게 천기누설한다고 말하기도 한다.

[생성형 AI 주요 활용 프로세스 예시]

순서	주요 내용
①	PC나 스마트폰을 켠다.
②	예를들면 ChatGPT를 접속하여 프롬프트 창을 연다. 물론 제미나이, 노트북LM, 클로드 또는 본인이 사용하고 있는 생성형 AI를 접속해도 된다.
③	공공기관 행정 담당자들이 해결하기를 희망하는 행정 이슈에 대한 해결책을 제시해달라고 ChatGPT 프롬프트 창에 입력한다. 행정 담당자가 ChatGPT에게 해당 공공기관 담당 행정 업무에서 발생할 수 있는 주요 이슈 10개를 제시해 달라고 해도 된다. 처음 10개 중에 공공기관 주요 이슈가 없으면 ChatGPT에게 추가로 이슈 10개를 더 도출해 달라고 한다. 이러한 과정을 거치면 해당 공공기관 이슈를 선정할 수 있다.
④	공공기관 행정 담당자가 선정한 행정 이슈에 대해 ChatGPT에게 해결 방안 10개를 제시해 달라고 한다. ChatGPT가 1단계로 제시해 준 해당 공공기관 이슈 해결 방안 중에서 공공기관 행정 담당자가 마음에 드는 것이 없으면 ChatGPT에게 2단계, 3단계 계속 추가 질문을 해 나간다. 공공기관 행정 담당자가 원하는 방안이 나오면 해당 방안에 대한 이슈 해결 세부 실행계획을 ChatGPT에게 작성해 달라고 요청한다.
⑤	공공기관 행정 담당자는 ChatGPT가 제안해 준 내용을 공공기관 실정에 적합하게 커스터마이징을 한 후 실행해 나간다. 그리고 실행 결과를 목표 대비 실적과 함께 ChatGPT에게 일별, 주별, 월별, 분기별, 반기별 등 주기적으로 문의하여 대안을 제시해 달라고 한다. 예를 들면, 공공기관 행정 담당자가 실행한 결과, 실적이 목표에 미달할 경우, 또는 실적이 목표를 초과할 경우, ChatGPT에게 그 원인을 분석하고 대책을 제시해 달라고 요청한 후 다시 실행한다.

⑥	공공기관 행정 담당자가 이러한 과정을 이슈의 특성에 따라 적합한 주기 즉 일별, 주별, 월별, 분기별, 반기별로 반복해 나가면서 공공기관 행정 업무의 이슈를 하나씩 해결해 나간다면 행정업무의 생산성을 제고하고 주요 이슈인 고객 만족도, 업무 혁신 및 경영평가 등 공공기관 주요 KPI 목표를 달성할 수 있다.
⑦	위와 같은 과정을 통해 공공기관 행정 담당자의 생성형 AI 활용 경험과 노하우가 공공기관 내에 축적되고 조직문화로 정착된다면, 공공기관은 생성형 AI 활용 디지털 전환을 촉진하여 공공기관의 미션과 비전을 달성하는데 한 걸음 더 나아갈 수 있을 것이다.

앞으로 공공기관 행정 담당자들이 이러한 과정을 통해 행정 업무를 추진해 나간다면 기존의 방법보다 생산성을 높이고, 업무 성과의 품질을 제고할 수 있다. 생성형 AI 성능이 나날이 발전하고 있어서 공공기관 행정 담당자들이 계속 보다 발전된 생성형 AI를 활용해 나간다면 행정 업무의 질적 양적 수준이 한층 더 높아질 것이다.

행정업무 담당자는 생성형 AI를 활용할 경우 할루시네이션(환각현상, Hallucination, 생성형 AI 모델이 정확하지 않거나 사실이 아닌 정보를 생성하는 현상)을 보이는 경우가 있어서 특별히 주의해야 한다.

할루시네이션을 줄여주는 생성형 AI 중 하나로서 사용자가 나날이 늘어나고 있는 구글의 노트북LM에 대해 간략히 살펴보기로 한다. 노트북LM을 사용할 경우 입력된 정보 즉 법, 시행령, 시행규칙, 예규, 판례 등 업로드한 파일 내용을 중심으로 답변을 얻을 수 있어서 공공행정업무에 활용하기에 적합한 생성형 AI이다.

[구글의 노트북LM 활용 단계별 입문 가이드]

노트북LM은 Google이 개발한 AI 기반의 연구 및 글쓰기 도우미이다. 이는 방대한 정보를 효율적으로 정리하고, 아이디어를 발전시키며, 새로운 콘텐츠를 생성하는 데 도움을 준다. 초보자도 쉽게 따라 할 수 있는 노트북LM 사용법은 다음과 같다.

1. 노트북LM 접속 및 프로젝트 생성
- 구글 검색창에 '노트북LM'을 입력하고 접속한다.
- 회원 가입을 한다.
- 구글 계정으로 로그인하면 바로 서비스를 이용할 수 있다.
- 새 프로젝트 만들기 : 로그인 후 처음 보이는 화면에서 "새 노트북" 버튼을 클릭하여 새로운 프로젝트를 시작한다. 프로젝트는 특정 주제나 작업에 대한 모든 자료와 결과물을 담는 공간이다.

2. 자료 업로드 및 소스 추가
- 노트북LM의 핵심 기능 중 하나는 다양한 형식의 자료를 업로드 하고 이를 기반으로 AI 도움을 받을 수 있다는 점이다.
- 자료 추가 방법 :
  - PDF 및 텍스트 파일 업로드 : 로컬 컴퓨터에 저장된 PDF 문서나 텍스트 파일을 직접 업로드할 수 있다. 법령, 연구 논문, 보고서, 책 등이 좋은 예시이다.
  - Google 문서 및 슬라이드 연결 : Google Drive에 저장된 Google 문서나 슬라이드 파일을 노트북LM과 연동하여 불러올 수 있다.

- **웹사이트 링크 추가** : 특정 웹페이지의 내용을 참조하고 싶을 때 해당 웹사이트의 URL을 추가할 수 있다.
- **YouTube 동영상 연결** : YouTube 동영상의 스크립트를 분석하여 요약하거나 질문하는 데 활용할 수 있다.
- **소스 관리** : 업로드된 모든 자료는 '소스(Sources)' 목록에 표시된다. 각 소스를 클릭하면 원본 내용을 확인할 수 있으며, 특정 부분에 대한 질문이나 요약을 요청할 수 있다.

3. AI와 대화하고 아이디어 얻기

· 자료를 업로드했다면 이제 AI와 상호 작용하며 필요한 정보를 얻고 아이디어를 발전시킬 차례이다.

- **질문하기** : 소스 추가하면 노트북LM은 자동으로 해당 자료에 대한 질문을 제안해 준다. 예를 들어, PDF 파일을 올리면 "이 문서의 주요 내용은 무엇인가요?"와 같은 질문을 할 수 있다. 물론 직접 원하는 질문을 입력할 수도 있다.
- **요약 및 핵심 파악** : 특정 소스나 여러 소스를 기반으로 내용을 요약해 달라고 요청할 수 있다. 예를 들어, "이 보고서의 핵심적인 결론을 3가지로 요약해 주세요"라고 질문하면 AI가 답을 제공한다.
- **아이디어 브레인스토밍** : 특정 주제에 대해 아이디어를 얻고 싶을 때 노트북LM에 질문할 수 있다. 예를 들어, "환경 오염 문제 해결을 위한 새로운 아이디어를 제시해 주세요"와 같이 요청하여 다양한 관점을 얻을 수 있다.

- 초안 작성 및 수정 : 특정 주제에 대한 글쓰기를 시작할 때 노트북LM에 초안 작성을 요청할 수 있다. AI가 생성한 초안을 바탕으로 내용을 수정하고 발전시켜 나갈 수 있다.

4. 노트북 관리 및 활용 팁
- 노트(Notes) 기능 : AI와의 대화 내용이나 중요한 정보는 '노트'로 저장하여 나중에 쉽게 찾아볼 수 있다. 특정 대화 내용을 클릭하여 '노트에 추가' 버튼을 누르면 된다.
- 다중 소스 활용 : 하나의 질문에 대해 여러 소스에서 정보를 취합하여 답변을 얻을 수 있다. 이는 복합적인 주제를 연구할 때 매우 유용하다.
- 정확성 확인 : AI가 제공하는 정보는 항상 원본 소스를 기반으로 한다는 점을 기억해야 한다. 따라서 AI의 답변을 맹목적으로 신뢰하기보다는, 중요한 내용은 항상 원본 소스에서 직접 확인하는 습관을 들이는 것이 좋다.

5. 노트북LM으로 할 수 있는 것들(예시)
- 리서치 자료 정리 : 논문, 기사, 웹페이지 등 방대한 리서치 자료를 한곳에 모아 정리하고 핵심 내용을 빠르게 파악할 수 있다.
- 글쓰기 보조 : 보고서, 에세이, 블로그 글 등을 작성할 때 아이디어를 얻고, 초안을 작성하며, 내용의 부족한 부분을 채우는 데 도움을 받을 수 있다.

- **학습 효율 증대** : 교재나 강의 자료를 업로드하여 내용을 요약하거나 궁금한 점을 질문하며 학습 효율을 높일 수 있다.
- **새로운 아이디어 발상** : 특정 문제에 대한 해결책이나 새로운 콘텐츠 아이디어를 브레인스토밍하고 발전시킬 수 있다.

[표] 구글의 노트북LM 활용 단계별 기초 가이드

노트북LM의 경우 업로드한 파일 내용을 중심으로 답변하므로 공공행정업무 담당자들은 관련 법령이나 규정 등을 최근 것으로 하고 관련 통계나 자료도 보다 정확한 것으로 업로드 하는 습관을 들이는 것이 중요하다. 담당자는 업로드한 데이터가 정확할수록 노트북LM의 답변 정확도가 높아진다는 점을 명심해야 한다.

생성형 AI의 발전 속도가 빨라짐에 따라 생성형 AI를 활용해야 하는 공공행정 환경도 신속하게 변화하고 있다. 디지털 정부 전환, 인공지능 정부 구현, 전자문서 통합관리, 전자정보 공개 확대 등은 더 이상 선택이 아닌 필수 과제가 되었다. 지금은 단순한 디지털화 수준을 넘어, 비정형 데이터를 자동 처리하고, 복잡한 의사결정을 지원하는 생성형 AI 기술의 도입이 요구된다.

또한 정부는 AI의 발전에 따라 단순 반복 업무를 자동화하고 국민과의 접점을 디지털 기반으로 전환하고 있다. 특히 국민 요구의 다양화와 실시간 정보 서비스에 대한 기대가 높아지면서, 공공기관도 신속한 대응력과 콘텐츠 생산력을 갖춰야 하는 상황이다. 생성형 AI는 이러한 변화에 즉각 대응할 수 있는 핵심 도구로 자리 잡고 있다.

(3) 민간 선도 사례에서 본 공공의 대응 필요성

이미 민간 기업들은 업무 효율화와 고객 대응 강화를 위해 생성형 AI를 폭넓게 도입하고 있다. 주요 기업들은 마케팅 문구 작성, 고객 FAQ 자동화, 회의록 요약, 법률 검토 초안 생성까지 생성형 AI를 다양한 업무에 접목하고 있으며, 관련 가이드를 정립하고 내부 교육을 강화하고 있다.

이러한 흐름은 민간이 업무 속도와 효율성을 극대화하는 동시에, 반복 업무에서 인력을 해방시켜 고부가가치 활동에 집중하게 만든다. 반면, 공공기관은 보안과 절차의 특수성으로 인해 상대적으로 AI 도입이 지연되는 상황이다. 그러나 민간이 이미 생성형 AI를 활용한 업무로 빠르게 전환하고 있는 지금, 공공도 이러한 변화에 뒤처질 수 없다.

공공부문은 국민 세금으로 운영되는 만큼, 동일한 예산으로 더 많은 행정 서비스를 제공하는 방안을 모색해야 한다. 이때 생성형 AI는 단순 효율화 수준을 넘어, 국민 신뢰 회복과 기관의 공공성과 경쟁력 강화에 기여하는 주요 수단이다. 따라서 민간부문 선도 사례에서 보듯이 생성형 AI 산출 결과의 신뢰성이 높아지고 있으므로 공공부문에서 활용하는 시기가 도래한 것이다.

(4) 인력·예산 한계 속 생산성 혁신의 대안

공공기관은 만성적인 인력 부족과 예산 제약 속에서 늘어나는 행정 수요에 대응해야 하는 이중의 과제를 안고 있다. 특히 신규 채용 제한, 고령화된 조직 구조, 한정된 연간 운영비 내에서 민원 응대, 보고서 작성, 문서 검토, 정책자료 조사 등 반복적이고 소모적인 행정업무가 계속 증가하고 있다.

이러한 상황에서 생성형 AI는 한정된 자원으로도 생산성을 획기적으로 높일 수 있는 실질적인 해결책이 된다. 다음과 같은 사례를 통해 이를 확인할 수 있다.

사례 예시	세부 내용
보고서 초안 자동 생성	기존에 20~30시간 소요되던 보고서 초안 작성을 AI 프롬프트 기반으로 10~15분 이내로 단축
민원 자동응답 초안 생성	민원 분류 → 초안 작성 → 답변 점검까지의 절차를 1차 자동화함으로써 업무 소요시간 50% 이상 절감
회의 요약 및 회의록 작성	화상회의·대면회의 내용을 녹취 텍스트화한 뒤, 요점 정리·추가 메모 작성 지원

이처럼 반복성 업무를 AI가 선행 처리하고, 직원은 결과 검토 및 고도화에 집중하는 구조로 전환하면, 공공기관은 내부 역량의 질적 향상과 조직 내 스트레스 감소 효과도 기대할 수 있다.

2) 생성형 AI, 공공업무에 어디까지 쓸 수 있나?

공공기관의 업무는 대부분 정형화된 행정 처리와 비정형적 사고가 필요한 기획 및 민원 대응 업무로 나뉜다. 특히 비정형 업무는 문서 작성, 민원 대응, 정책 제안 등 창의성과 복잡한 판단이 요구되며, 바로 이 영역에서 생성형 AI의 강점이 두드러진다. 공공업무 각 분야에서 생성형 AI가 실질적으로 적용가능한 영역들을 보면 다음과 같다.

공공부문의 생성형 AI 주요 활용 업무

내부협업
회의록 요약, 업무 커뮤니케이션 지원 등

행정지원
문서 작성, 기록 정리, 보도자료 초안 작성 등

정책·연구지원
보고서 초안, 통계 요약, 해외 사례 분석 등

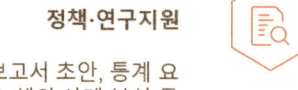

대민서비스
민원 응대, 질의응답, 정보 제공 자동화 등

(1) 행정지원 : 문서 작성, 기록 정리, 보도자료 초안 작성 등

행정업무에서 문서 작성을 위한 반복적인 작업은 기관 직원들에게 큰 부담이 된다. 생성형 AI는 다음과 같은 방식으로 업무를 간소화해 준다.

활용부문	주요 내용
공문·기안서 초안 생성	• 간단한 프롬프트("○○와 관련된 출장 계획 보고서 작성") 입력으로 행정 문서의 기본 구조를 자동으로 생성 • 부서 성격과 담당자의 스타일에 맞는 템플릿 적용도 가능
회의록 및 요약 정리	• 회의 내용을 실시간 또는 사후 텍스트로 정리하고, 주요 결정사항 및 추진계획 중심으로 요약 정리 가능
보도자료 초안 작성	• 보도자료용 톤앤매너를 적용해 제목, 본문, 인용구를 자동 생성하고, 홍보팀에서 최종 수정만 수행 • 활용 팁 : "다음의 정책 안내문을 보도자료 형식으로 작성해줘. 대상은 일반 시민이며, 핵심 메시지를 강조해줘"라는 프롬프트를 활용하면 효과적

(2) 대민서비스 : 민원 응대, 질의응답, 정보 제공 자동화

민원 응대는 공공기관의 대표적인 반복 업무로, 생성형 AI

기반 챗봇 또는 텍스트 생성 기술을 통해 상당 부분 자동화할 수 있다.

활용부문	주요 내용
AI 민원 상담사 도입	• 자주묻는질문(FAQ) 외에도 법령 해석, 절차 안내 등을 자연어 기반으로 응답 가능 • 특정 분야(예: 건축허가 등) 민원에 특화된 모델 학습을 통해 정확도 향상
민원 답변 초안 자동 작성	• 기존 민원 데이터를 기반으로 유사 사례 검색 및 답변 초안 자동 생성 → 담당자가 검토 후 전송
다국어 응대 기능	• 외국인 민원 즉 영어, 중국어 등 주요 언어 자동 번역 및 답변 초안 제공 가능

(3) 정책·연구지원 : 보고서 초안, 통계 요약, 해외사례 분석 등

정책 개발 및 연구 업무는 자료 조사, 문장 구성, 사례 비교 등 시간이 많이 소요되는 업무이다. 생성형 AI는 다음과 같은 역할을 수행할 수 있다.

활용부문	주요 내용
통계 분석 및 시사점 요약	• 복잡한 통계 수치를 자연어로 설명하고, 주요 시사점 및 정책적 함의를 도출 • 예 : "아동복지 통계자료를 요약하고, 향후 정책 시사점 제시"
유사 정책 사례 정리	• 국내외 유사 정책 사례를 요약하거나, 장단점 비교 분석 자료를 작성하는 데 활용
정책 보고서 초안 작성	• 목적, 배경, 현황, 문제점, 대안, 결론의 구조를 갖춘 보고서 초안을 프롬프트 기반으로 자동 생성

(4) 내부협업 : 회의록 요약, 업무 커뮤니케이션 지원 등

공공기관 내부에서 부서 간 협업, 회의 정리, 프로젝트 문서 관리 등에도 생성형 AI는 생산성을 높일 수 있다.

활용부문	주요 내용
AI 회의록 요약 도우미	• 실시간 음성 인식을 통해 회의 내용을 요약하고, 담당자별 할 일까지 자동 정리
업무 커뮤니케이션 보조	• 외부 기관에 전달할 이메일, 회의 초청장, 내부 공지문 작성에 활용 가능 • 부드러운 표현, 정중한 어조, 요약·강조 버전 자동 생성 가능
협업 문서 초안 작성	• 공동 문서의 전체 개요 작성, 각 항목별 설명 초안 작성 등 실무 효율화 가능

3) 생성형 AI와 경영평가, 어떻게 연계할 것인가

공공기관에서 생성형 AI 도입의 당위성을 확보하려면, 단순한 기술 도입 수준을 넘어 경영성과에 기여하는 구체적 연계 방안이 필요하다. 특히 공공기관 경영평가 지표에 생성형 AI의 활용이 어떻게 기여하는지를 명확히 정리하는 것이 중요하다. 이는 기관 내부의 공감대 형성과 예산 확보의 논리로도 활용될 수 있다.

(1) 경영평가 주요 항목과 AI 활용 연결 포인트

다음은 공공기관 경영평가 항목과 생성형 AI의 실질적 연결 가능 지점을 정리한 표이다.

경영평가 항목	연계 가능한 생성형 AI 활용 사례	기대 효과
정보화 수준 제고	문서 자동화, 회의록 요약, 보고서 초안 생성	업무 디지털화 수준 향상, 업무 표준화
민원 만족도 개선	AI 챗봇, 민원응대 초안 자동 작성, 다국어 대응	응답 속도 향상, 정확성 제고, 민원처리율 향상
정책역량 강화	통계 요약, 해외사례 요약, 정책보고서 생성	정책 기획력·자료 활용도 향상
공공서비스 품질 향상	행정문서 자동화, 사용자 맞춤형 콘텐츠 제공	신속한 행정 서비스 제공
내부 혁신 추진 노력	AI 기반 업무 혁신 시범 과제 도입	혁신과제 실적 확보, 선도조직 이미지 구축

(2) ESG·디지털 정부 지표 대응을 위한 활용 전략

공공기관 경영패러다임이 ESG·디지털 전환 중심으로 이동함에 따라, AI 활용은 단순 성과지표 대응을 넘어 조직의 전략 방향과도 연결되어야 한다.

구분	세부 내용
ESG 관점	• 종이 사용 절감 → 문서 전자화·AI 기반 보고서 생성으로 친환경 업무 방식 전환 • 근로자 업무 부담 완화 → 반복 업무 감소, 직원 역량 고도화로 'S(Social)' 가치 제고
디지털 정부 평가 연계	• 디지털 기반 민원 자동응대, 보고서 자동생성, 내부협업 도구로 디지털 전환 관련 지표 개선 • 국정과제 이행점검 시, AI 도입을 '혁신사례'로 적극 반영 가능

(3) 내부성과 지표에 반영가능한 사례 예시

기관은 내부 경영성과지표(KPI) 또는 연간 실적 보고에 생성형 AI의 효과를 수치화하여 반영할 수 있다.

구분	세부 내용
예시 1 : 행정 생산성 향상	• 보고서 작성 소요시간 평균 4.5시간 → AI 도입 후 40분으로 단축 • 연간 100건 기준 약 400시간 절감 → 비용 환산 및 내부성과 보고 가능
예시 2 : 민원 응대 효율 향상	• 일반 민원 처리 소요시간 2일 → AI 초안 활용 시 평균 1.2일로 단축 • 민원 만족도 조사 점수 + 0.3p 향상(기관 자체 조사 기준)
예시 3 : 정책연구 품질 제고	• 내부 통계 활용률 증가, AI 요약 기반 정책자료 활용률 향상 • 연구보고서 작성기간 20% 단축

4) 공공기관이 AI 활용을 실천하는 5단계 가이드

생성형 AI를 효과적으로 도입하려면 '기술 중심'이 아닌 '업무 중심'의 단계적 전략이 필요하다. 다음은 공공기관이 생성형 AI를 현장에 적용하고 확산하는 실천형 5단계 도입 로드맵이다.

공공부문의 AI 활용 5단계 실천 가이드

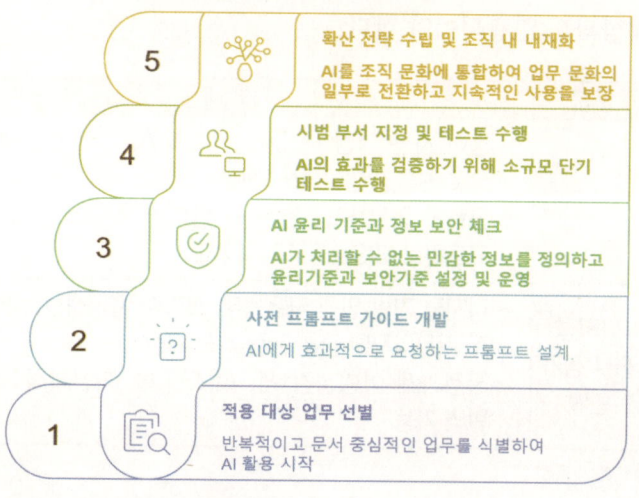

(1) 1단계 : 적용 대상 업무 선별 - '반복적이고 문서 중심적인 업무' 부터 시작

공공업무 전반을 한꺼번에 AI로 전환하기보다는, 우선 업무 난이도가 낮고 빈도가 높은 업무부터 선정한다.

구분	세부내용
도입 추천 업무 예시	• 주간·월간 보고서 초안 작성 • 회의록 정리 및 요약 • 민원 답변 초안 작성 • 홍보자료(보도자료, 카드뉴스) 초안 작성 등
업무 선정 체크리스트	• 텍스트 중심의 업무인가? • 매번 유사한 구조나 양식이 반복되는가? • 업무 결과물에 창의적인 서술이 필요한가?

(2) 2단계 : 사전 프롬프트 가이드 개발 - 'AI에게 무엇을 어떻게 요청할지' 설계

생성형 AI는 질문(프롬프트)에 따라 결과가 달라지므로, 업무별로 정형화된 프롬프트 템플릿을 마련해야 한다.

구분	세부내용
프롬프트 구성 예시	• [상황 설명] + [결과 요구] + [형식 요청] • 예: "○○ 정책에 대한 국민 대상 보도자료를 3단 구성(제목-본문-인용문)으로 작성해줘."
활용 팁	• 부서·직무별 템플릿을 만들고 공유 폴더에 저장 • '예시 프롬프트 → 생성 결과 → 보완 의견'의 피드백 기록 유지

(3) 3단계 : AI 윤리 기준과 정보보안 체크 - '무엇을 맡기지 말아야 하는가' 정의

공공기관 업무 특성상, 정보보호 및 AI 윤리 기준 확립은 필수다.

구분	세부내용
금지사항 및 주의사항 정리 예시	• 개인정보, 미공개 정책 정보, 내부감사 자료 등은 입력 금지 • 외부 플랫폼 이용 시 사전 암호화 또는 익명화 필요 • 생성 결과에 대한 검토 필수
실천 방안	• 'AI 활용 시 유의사항 안내서' 제작 및 전 직원 교육 • 사용 로그 자동 저장 및 모니터링 체계 마련

(4) 4단계 : 시범 부서 지정 및 테스트 운영 - '소규모·단기 적용으로 효과 검증'

AI 도입 효과를 체계적으로 검증하려면, 시범 부서 및 업무를 선정하고 단기 테스트를 하는 것이 필요하다.

구분	세부내용
추천 시범 적용 분야	• 기획팀 : 정책보고서 초안 • 홍보팀 : 카드뉴스 및 언론자료 작성 • 민원팀 : 단순 민원응대 초안 자동화
성과 측정 방법 예시	• AI 사용 전후 작업 시간 비교 • 사용자 만족도 설문조사 • 생성 결과의 정확도 및 활용도 평가

(5) 5단계 : 확산 전략 수립 및 조직 내 내재화 - '업무문화의 일부로 전환'

도입 효과가 입증되면 전 부서로 점진적으로 확대하고, AI 활용이 조직문화로 자리 잡도록 제도화해야 한다.

구분	세부내용
확산 전략	• 부서별 'AI 활용 담당자' 지정 • 우수활용 사례 공모 및 포상 제도 운영 • AI 활용 성과를 연간 업무성과평가와 연계

내재화 방안	• 신규 직원 교육 시 AI 사용법 포함 • 매뉴얼 및 템플릿 정비 후 정기 업데이트 • 연례 보고서에 AI 활용 사례 공식 수록

5) 당장 참고할 수 있는 국내외 AI 활용 사례

생성형 AI의 활용은 더 이상 민간의 전유물이 아니다. 국내외 여러 공공기관들이 이미 생성형 AI를 시범적으로 도입하고 있으며, 그 성과를 조직 전반에 확산하고 있다. 담당자들이 바로 참고하거나 벤치마킹 가능한 사례를 보면 다음과 같다.

(1) 중앙정부 사례 - A부처

　- A부처 : 보도자료 자동작성 시범 도입
　　• 활용 분야 : 산업 정책 관련 보도자료 초안 생성
　　• 활용 방식 : 정책 배경, 핵심 내용, 인용 발언 등을 입력하면 초안 자동 생성 → 담당자 검토 후 최종화
　　• 성과 : 작성 소요시간 60% 절감, 외부 홍보팀 협업시간 단축
　　• 실행 팁 : 사전 정의된 정책 문장 스타일을 프롬프트에 반영하면 더 일관된 결과 확보 가능

(2) 지방자치단체 사례 - C광역시

　- C광역시 디지털담당관 : 민원응대 AI 시스템 실증
　　• 활용 분야 : 단순 민원 자동응대
　　• 도입 방식 : 내부 FAQ 데이터와 민원DB 학습한 AI 챗봇 운영
　　• 성과 : 응답 정확도 80% 이상, 민원 대기시간 평균 40% 감소
　　• 특이점 : 다국어 응대 기능(영어·중국어) 도입으로 외국인 대상 서비스도 개선 중

(3) 해외 정부 사례 – 미국 E부처

- 미국 E부처 : AI 도입 가이드 배포 및 생성형 AI 테스트랩 운영
  • 활용 분야 : 연방정부 부처 대상 AI 활용 가이드라인 및 실험 플랫폼 제공
  • 주요 내용 : 민원문서 작성, 계약서 검토, 회의록 작성 등 10여 개 업무에 AI 실증
  • 성과 : 일부 부처에서 '작업 시간 50% 단축', '품질 일관성 강화' 등의 효과
  • 특이점 : AI 윤리 기준, 데이터보호 지침 포함한 내부 표준 매뉴얼 제공

2. AI를 활용한 문서 작성 및 보고서 자동화

1) 반복되는 문서 작업, 왜 AI가 필요한가?

공공기관에서는 수많은 보고서, 회의자료, 기안문, 공문, 보도자료가 매일 생산된다. 특히 다음과 같은 반복성 문서들은 업무 부담의 주요 원인이 되고 있다.

- 보고서 및 기획서 초안 작성
- 정책 관련 배경자료 정리
- 내부 회의자료 요약 및 회의록 작성
- 민원 답변서 작성
- 각종 대내외 공문서 작성

이러한 문서들은 일정한 형식을 따르며, 구성 방식도 유사한 경우가 많다.

생성형 AI는 바로 이 '유사 구조, 반복적 내용, 전형적 문체'에 특화된 문서에서 큰 효율을 발휘한다.

- 예 : "○○ 정책에 대한 보고서 작성"이라는 지시에 대해 → 배경, 필요성, 주요 내용, 기대 효과, 참고 자료까지 포함된 1차 초안 생성 가능

AI가 초안을 대신 써줌으로써 실무자는 기획·검토에 집중할 수 있게 되며, 업무 속도는 물론 품질도 높아진다.

2) 생성형 AI 기반 문서 작성 방식 이해하기

공공기관에서 많이 쓰는 유형별 문서 작성 방식은 다음과 같다.

문서 유형	프롬프트 예시	생성 결과 특징
정책 보고서	"○○에 대한 정책 보고서 작성. 형식은 5단 구성."	배경 - 현황 - 문제점 - 개선방향 - 결론
회의록	"아래 내용을 요약하고 주요 논의 사항 5개로 정리해줘."	핵심 요점, 참석자별 발언 요약, 결정사항 도출
보도자료	"○○ 정책 발표에 대한 보도자료를 시민 친화적으로 작성해줘."	제목, 인용구 포함된 기사 형식

3) 실무 중심 문서 자동화 활용 예시

공공기관 업무에 실제 적용된 사례 또는 당장 활용 가능한 문서 자동화 예시는 다음과 같다.

구분	세부 내용
사례 1 : 주간업무 보고 자료 초안	• 프롬프트 예시 : "다음 내용을 기준으로 주간 업무보고 자료 초안을 작성해줘. [내용 입력]" • 생성 내용 : 부서명, 기간, 주요 추진사항, 향후 계획 포함된 표 형식 보고서

사례 2 : 민원 답변서 초안	• 프롬프트 예시 : "○○ 민원에 대한 공식 답변서를 정중한 어투로 작성해줘." • 생성 내용 : 민원 요약 → 관련 법령 설명 → 기관 입장 → 협조 요청
사례 3 : 정책자료 요약 정리	• 프롬프트 예시 : "이 보고서 내용을 요약하고 정책 시사점 3가지를 도출해줘." • 생성 내용 : A4 10쪽짜리 보고서를 1쪽 요약 + 정책 제언 포함

4) 실효성 높은 프롬프트 설계법

프롬프트는 AI의 명령어이자 설계도이므로 다음 네 가지 요소를 포함시키면 더 유용한 결과를 얻을 수 있다.

요소	예시	설명
역할 지시	"당신은 정책보고서 작성자입니다."	톤과 문장 구성 방식 조정
문서 목적	"기관장 보고용 문서입니다."	요약 중심 or 설명 중심 구분
형식 명시	"배경-현황-과제-방안-결론 순서로 작성해줘."	구조 통제
톤/어조 지시	"정중하고 객관적인 행정문체로 작성해줘."	어투 일관성 유지

5) 자동화 도입을 위한 기관별 준비 체크리스트

공공기관이 문서자동화 도입 전 점검해야 할 주요 체크리스트는 다음과 같다.

항목	점검 내용
대상 문서 유형 파악	자주 쓰이고 양식이 유사한 문서부터 선별
보안·윤리 고려사항	개인정보 포함 여부, 외부 사용 제한 정보 확인
프롬프트 가이드 제작	업무별 템플릿화된 입력 예시 제작 필요

검토 및 승인 체계 설정	AI 초안 결과에 대한 사람의 검토 필수화
직원 교육 및 내재화 계획	교육 세션, FAQ 공유, 결과 공유 문화 구축

3. 민원 및 고객 응대에 AI 챗봇 활용

1) 반복되는 민원, 챗봇으로 해결할 수 있는 이유

공공기관의 민원은 하루 수십~수백 건에 달하며, 동일하거나 유사한 질문이 반복된다.

전화, 방문, 홈페이지 등 다양한 채널로 접수되며, 처리 지연은 민원인의 불만으로 직결된다.

하지만 모든 민원에 사람이 응대하기에는 인력과 시간 모두 부족한 것이 현실이다.

생성형 AI 기반 챗봇은 이런 반복 민원의 1차 응대를 자동화하여 실무자의 부담을 줄이고, 공공기관의 민원 만족도는 오히려 높일 수 있다.

구분	세부 내용
실제 기대 효과	• 민원 처리 속도 향상(즉시 응답 가능) • 야간·주말 등 무인 시간대 민원 응대 가능 • 단순·반복 질의는 챗봇, 복잡 민원은 사람 대응 → 업무 분산 최적화

2) 공공기관에 적합한 AI 챗봇의 특징

생성형 AI 기반 챗봇은 기존의 '클릭형 챗봇'과 달리, 문장을 생성해 자연스럽게 응답하며 다양한 민원 유형을 이해하고 대응할 수 있다.

구분	클릭형 챗봇	생성형 AI 챗봇
응답 방식	사전 등록된 메뉴 응답	자유 질의에 자연어 응답
적용 범위	정형 민원(예: 개별번호 조회)	비정형 민원(예: 정책 설명, 절차 문의 등)
대화 능력	한정적 흐름	문맥 파악 가능, 연속 질문 대응
민원인 만족도	제한적	대화의 유연성과 친절도 ↑

3) 활용 사례

챗봇의 활용 사례를 보면 다음과 같다.

- 사례 : G광역시 - 시민 민원 응대 챗봇
  - 도입 배경 : 전화 문의 폭증으로 응대 한계
  - 구축 내용 : 단순 민원, 행정 절차, 공공서비스 설명 자동화
  - 특징 : 자연어 모델을 활용하여 질의 의도를 분석하고, 답변 초안을 구성
  - 성과 : 전화 민원 1차 대응률 30% 대체, 민원 대기시간 감소

4) 공공 민원 응대에 특화된 프롬프트 설계법

챗봇의 응답 품질은 내부에 입력하는 데이터(프롬프트 또는 가이드)에 따라 달라진다.

공공기관용 프롬프트 설계 시에는 다음 요소들을 반영해야 한다.

설계요소	설명	예시
질문유형 분류	민원 주제별 카테고리화	"보조금 신청 요건을 알려줘" → 복지/보조금
답변형식 설정	공공 어조 + 간결한 요약 + 추가 링크 제공	"○○절차는 아래와 같으며, 자세한 내용은 ○○사이트 참조"

오답 방지	사실 기반 응답 + 참고 근거 표기	"○○법령 제x조에 따르면…"
예외처리 안내	챗봇이 모를 경우 사람 연결	"이 민원은 전문 상담이 필요합니다. 담당자 연결을 도와드리겠습니다."

5) 챗봇 도입 시 고려사항 및 도입 절차

챗봇 도입 시 고려사항과 구축 및 운영절차를 보면 다음과 같다.

구분	세부내용
도입 전 고려사항	• 민원 분류 체계 확보: 기존 FAQ, 민원DB 체계 정비 • 보안 이슈 검토: 개인정보 보호, 외부 서버 사용 시 검토 필요 • 내부 검토 체계 마련: AI 응답의 정확성 검수 시스템 구축
구축 및 운영 절차	• 민원 유형 수집 및 분석 • 응답 데이터 구축 및 튜닝 • 챗봇 인터페이스 및 디자인 적용 • 도입 후 시범 운영(예 : 1개월) • 피드백 기반 재설계 및 확산 운영

4. AI를 활용한 정책 수립 및 연구 분석

1) 정책 수립과 연구 분석, 왜 AI가 유효한가?

공공기관의 정책 수립과 연구 분석은 일반 행정보다 더 많은 정보와 논리적 구조를 요구한다.

특히 다음과 같은 이유로 생성형 AI는 정책·연구업무에 특화된 도구로 평가받고 있다.

- 대량의 자료 요약과 재구성에 강하다.
- 다양한 의견이나 사례를 조합하여 논리적 텍스트를 생성할 수 있다.

- 통계·법령·보도자료 등 비정형 데이터를 쉽게 정리할 수 있다. 예를 들어, "○○산업 관련 국내외 정책 비교 보고서를 작성해줘"라는 지시에 AI는 자료를 요약하고, 구조화된 초안을 제공해 실무자의 업무 부담을 줄일 수 있다.

2) 생성형 AI를 활용한 정책자료 분석 흐름

정책 관련 보고서나 기획안은 다음과 같은 단계로 작성된다. AI는 각 단계에서 실질적으로 보조 도구로 활용될 수 있다.

단계	전통 방식	AI 활용 방식	효과
1. 배경 조사	수작업으로 사례, 통계, 기사 수집	"○○정책 관련 해외 사례 3건 요약해줘"	조사 시간 단축
2. 쟁점 정리	수기 정리 및 분류	"다음 이슈에서 핵심 쟁점을 5개로 나눠줘"	구조화 속도 향상
3. 자료 요약	보고서·논문 직접 읽고 요약	"다음 텍스트를 정책 보고서 형식으로 요약해줘"	정리 속도 향상
4. 초안 작성	워드 프로세서로 수작업	프롬프트 기반 초안 생성 → 검토 및 보완	작성 시간 절감
5. 수정 및 보완	담당자 주관적 수정	대안 비교, 표현 다듬기 요청 가능	품질 고도화

3) 공공정책 기획 업무에 활용가능한 프롬프트 예시

생성형 AI를 제대로 활용하려면 프롬프트 설계가 핵심이다. 정책 기획에 특화된 프롬프트 예시는 다음과 같다.

목적	프롬프트 예시
해외사례 요약	"유럽의 ○○정책 사례를 3건 찾아 요약해줘. 형식은 정책명-주요내용-성과-시사점으로."

문제점 도출	"아래 내용의 문제점을 3가지로 정리하고, 원인과 영향을 함께 설명해줘."
대안 제시	"○○문제에 대한 정책 대안을 3개 제시해줘. 각각의 장단점도 포함해줘."
보고서 초안	"○○정책 기획 보고서를 배경 – 현황 – 문제점 – 정책대안 – 기대효과 형식으로 작성해줘."
통계 설명	"아래 통계를 기반으로 요약하고, 정책적 시사점을 3가지 도출해줘."

활용 팁으로는 프롬프트에 "정부기관 보고용", "정책기획팀 내부용" 등 문서 목적을 포함하면 AI 응답이 더 적절해진다.

4) 생성형 AI 기반 정책자료 작성 예시

공공기관이 생성형 AI를 활용하여 정책자료를 작성한 예시를 보면 다음과 같다.

- 예시 : '디지털 격차 해소' 정책 제안서
  - 프롬프트 : "디지털 소외계층을 위한 정책 보고서를 5단 구성 (배경-현황-문제점-정책방향-기대효과)으로 작성해줘."
  - AI 생성 결과 : 보고서 초안 생성 → 담당자가 통계와 부처명 삽입 → 최종화
  - 성과 : 기존 대비 보고서 작성 소요시간 60% 단축

5) 정책연구에 AI를 도입하기 위한 실무 준비사항

생성형 AI를 정책업무에 안정적으로 도입하기 위해서는 다음의 체크리스트를 참고해 실무 기반을 마련해야 한다.

항목	세부 내용
주제별 프롬프트 템플릿 제작	환경, 노동, 교육 등 정책분야별 템플릿화
정책자료 정제	정책자료 요약, 정리된 백서·보고서 DB 확보
민감자료 관리	내부 정책 초안, 보안 문서의 비식별화 원칙 적용
활용 기준 명문화	보고서 유형별로 AI 활용 가능 여부 구분
결과물 검토 체계	AI 결과물에 대한 2차 검토 책임자 지정

5. 행정 및 협업 시스템과 AI 연계

1) 단순한 AI 사용을 넘어, 시스템과 연결할 때 가치

공공기관은 대부분 전자결재 시스템, 문서관리 시스템, 협업 플랫폼(그룹웨어) 등을 갖추고 있다.

그러나 AI 도구가 이 시스템들과 단절되어 있으면 실무자는 AI로 초안을 작성하고, 다시 수작업으로 복사·이동·붙여넣기를 반복해야 한다.

이는 도입 초기에는 가능하지만, 장기적으로는 사용 피로도와 비효율이 커진다.

생성형 AI는 반드시 기존 행정 시스템과 연계하여 '내부에 녹아드는 도구'로 진화해야 한다.

2) 연계 가능한 주요 시스템과 활용 방식

공공기관이 보유한 시스템과 생성형 AI를 연계하면 다음과 같은 형태로 활용할 수 있다.

시스템명	AI 연계 방식	기대 효과
전자문서시스템 (기안/결재)	기안서 초안 작성, 수정사항 추천	작성시간 단축, 품질 표준화
문서관리시스템 (EDMS)	과거 유사 문서 자동 검색 및 요약	업무 참고자료 탐색 시간 단축
협업툴(예, 그룹웨어, Slack, Notion 등)	회의록 요약, 회의결과 보고서 자동화	회의 후속조치 속도 향상
민원관리 시스템	민원 내용 분석 + 유사 답변 추천	민원 처리 속도 및 정확도 향상
정보공개 포털	텍스트 요약 + 일반용 해설자료 생성	복잡한 정보의 대국민 전달력 강화

3) 업무 자동화와 생성형 AI의 결합 사례

단순 반복업무를 자동화하는 업무 프로세스 자동화(BPA) 시스템에 생성형 AI를 접목하면, 기존 RPA 기반 자동화보다 훨씬 넓은 영역에 적용 가능하다.

BPA만 적용한 경우	생성형 AI 접목 시
정형 프로세스 자동화 (예, 특정 양식 채우기)	문서 요약, 질의 응답, 보고서 작성까지 자동화
고정된 규칙 중심	자연어 이해 기반 유연한 흐름 처리
한정된 업무만 가능	비정형 문서도 처리 가능 (예, 민원내용 분석, 메일 요약 등)

4) 공공기관 시스템 연계형 AI 활용 사례

공공기관 시스템 연계형 AI 활용 사례를 살펴보면 다음과 같다.
- 사례 : J광역시 내부 전자결재 시스템 + 생성형 AI
  • 기능 : 결재 기안서 초안 자동 생성, 기관별 서술 어투 학습
  • 도입 효과 : 기안 작성 시간 단축, 부서 간 문서 스타일 일관성 확보

요약해 보면, 생성형 AI는 단독 도구로만 사용하면 한계가 명확하다. 행정 시스템과 유기적으로 연계될 때, 비로소 조직 전체의 업무 효율, 데이터 활용도, 협업 속도가 극대화된다. 연계 전략은 단기적으로는 시범 적용 중심, 장기적으로는 내부 프로세스와 AI가 통합되는 구조적 전환이 필요하다.

제3장

공무원, 정부업무평가 S등급을 위한 실천 로드맵

《 저자_ 최은호 》

최은호
Choi, Eun-Ho

저자소개

학력
- 중앙대학교 표준화고위과정 수료[23.12]
- 성균관대학교 언론고위과정 수료[14.12]
- 한국방송통신대학교 통계데이터학과 학사[01.2]
- 성균관대학교 일반대학원 신문방송학과 석사[95.02]
- 부산대학교 불어불문학과 학사[91.2]

주요 경력
- 현) 성공파트너 경영지도사 행정사 사무소대표[25.2~]
- 중소벤처기업부 부산중기청 창업벤처과장[19.4~24.6]
- 중소벤처기업부 재기지원과 서기관[17.8~19.4]
- 과학기술정보통신부 국립전파연구원 지원과장[16.7~]
- 방송통신위원회 전파관리과, 뉴미디어과 서기관[~16.6]
- 방송위원회 심의1부, 방송기술부[00.2~08.2]
- 종합유선방송위원회 정책연구실[92.9~]

자격사항
- 경영지도사[24.10]
- ISO 9001, 14001, 45001 심사원[24.4]
- 행정사[23.6]
- 스타트업컨설턴트[22.12]
- 사회조사분석사 2급[03.11]

제3장. 공무원, 정부업무평가 S등급을 위한 실천 로드맵

1. 서론 : 평가 패러다임 전환과 AI 실행전략

정부업무평가 방식이 바뀌고 있다. 지금까지의 평가가 투입된 노력과 수행한 활동 위주의 평가방식에 치중했다면, 이제는 정책이 국민의 삶을 실질적으로 어떻게 변화시켰는지 객관적인 데이터로 증명하는 보다 구체적이고 정교한 평가방식으로 개선되고 있다. 따라서 앞으로 정부업무평가에서 S등급을 달성하기 위해서는 단순히 '얼마나 노력했는가'가 아니라 '무엇을 어떻게 바꾸었는가'를 데이터를 기반으로 명확하게 입증하는 것이 중요해졌다. 이러한 변화의 중심에 인공지능(AI)이 자리 잡고 있다. AI는 더 이상 선택 사항이 아니라 정책 효과의 복잡한 인과관계를 규명하고, 방대한 데이터 속에서 국민의 숨겨져 있던 니즈를 파악하며, 행정 서비스의 효율성과 질적 개선을 담보하는데 필요한 분석도구가 되고 있다. 데이터 기반의 객관적 증거가 강조되는 새로운 평가 환경에서 AI 활용 능력은 기관의 평가 역량을 결정짓는 중요한 변수가 되었다.

본 장을 접하는 독자 대부분은 이미 정부업무평가를 받은 경험이 있거나 아니면 평가에 대한 관심이 많은 공직자일 것이라고 생각된다. 따라서 본장에서는 「정부업무평가기본법」의 근간을 이루는 PDCA(Plan-Do-Check-Act) 사이클을 응용하여 기관(중앙행정기관, 광역지자체, 기초지자체) 관점에서 AI를 기반으로 어떻게 정부업무평가를 준비해서 좋은 평가를 받을 수 있을지에 대해 포커스를 맞추고자 했다. 따라서 AI 도입 및 활용에 주안점을 둔 만큼 정부업무평가기본법의 PDCA 사이클과는 일부 차이점이 있음을 밝혀둔다.

2. 왜 지금 AI 기반 정부업무평가인가?

1) 데이터로 증명하라 : '25년 정부업무평가의 차별점

2025년 정부업무평가의 변화는 '정책효과' 중심의 평가 강화 및 AI를 통한 혁신성과 확대로 요약된다. 구체적인 내용을 살펴보면 아래와 같다.

첫째, 주요정책의 평가항목 중 하나인 '정책효과'의 비중이 50%로 높아졌다. 중앙행정기관 특정평가의 핵심인 '주요정책' 부문을 살펴보면, 정책 추진 과정을 평가하는 '이행노력' 항목의 배점은 2024년, 2025년 모두 15%로 동일하고, 목표달성도는 30%에서 2025년 25%로 소폭 축소되었다. 반면, '정책효과'는 45%에서 50%로 비중이 수치상으로는 단순히 5% 가량 증가한 것으로 오해할 수 있으나, 주요정책의 평가항목 총배점(100%) 중에서 절반에 해당하는 50%를 차지하는 것은 중요한 의미를 지닌다고 할 수 있다.

[표3-1] 2024년, 2025년 주요정책 정부 · 혁신 평가항목 비교

평가 부문	평가 항목	2024년 배점	2025년 배점	변경 내용 및 시사점
주요 정책	이행 노력	15%	15%	2024년 기준과 동일
	목표 달성도	30%	25%	(결과 중심 평가 강화) 설정된 목표를 실제 달성했는지에 대한 평가 비중 전년 대비 다소 감소
	정책 효과	45%	50%	(실질적 영향력 평가 확대) 정책이 사회·경제적으로 미친 긍정적 변화를 데이터로 증명하는 것이 핵심 과제로 부상(주요정책 평가 지표 중 50% 차지)
	국민 만족도	10%	10%	2024년 기준과 동일

정부혁신	혁신역량	15%	20%	(AI 활용 명시) 'AI 등 첨단기술 활용 및 AI 역량 강화 노력' 지표로 구체화되고 비율이 높아져 AI 활용 자체가 성과의 주요 척도가 됨
	혁신성과	65% 디지털로 일하는 정부(20%)	60% 서비스 향상(30%) 업무효율화(10%)	
	자율지표	20%	20%	2024년 기준과 동일

 이는 정부가 '정책이행' 과정 자체에 보다는, 그 이행을 통해 국민의 삶에 어떤 실질적 변화를 가져왔는지를 '국민 만족도' 관점에서 평가하겠다는 정책 변화의 시그널이라고 할 수 있다.

 이러한 변화는 평가 준비 방식의 변화를 수반할 것이다. 과거에는 수많은 회의 개최, 예산 투입 내역, 홍보 실적 등을 나열하는 것만으로도 일정 부분 성과를 인정받을 수 있었다. 그러나 이제 평가위원들은 "그 정책으로 인해 구체적으로 무엇이, 국민 입장에서 얼마나 좋아졌는가"에 대한 질문에 대해서 데이터 기반의 정확하고 객관적인 답변을 원한다.

 둘째, AI 활용이 '정부혁신'의 평가항목 중 '서비스 향상(30%)'과 '업무 효율화(10%)'로 구체화된 만큼, 행정분야의 AI의 중요성이 커졌다.

 행정업무의 성격상 정책 추진과 사회·경제적 변화 사이의 인과관계를 데이터를 기반으로 객관적으로 입증해야 하는 경우가 많은데, 이 경우 AI는 유용한 도구가 될 수 있다. 또한 대국민 행정서비스 품질 향상 및 정부업무평가 '혁신성과'의 고득점을 위해서도 AI를 활용한 서비스 향상과 업무 효율화가 필요하다.

2) AI, 선택 아닌 필수 : 행정의 '코닥 모멘트'를 피하는 법

코닥사는 현상과 인화가 주류를 이루던 필름카메라 시대 때는 사진사업의 대중화를 선도해 나가던 글로벌기업이었다. 그러나 디지털카메라 기술을 최초로 개발하고도 필름 시장에 안주하다가 결국 파산한 코닥사의 사례는 기술 변화에 대한 안일한 대응이 어떤 결과를 초래하는지를 상징적으로 보여준다. 현재 공공행정 분야는 AI라는 거대한 기술적 변곡점 앞에서 '코닥 모멘트' 상황에 직면해 있다. AI를 일부 특정부서만 사용하는 기술로 인식하고, 기존의 업무방식을 고수하는 기관은, 머지않아 평가의 경쟁력은 물론이고, 행정서비스의 품질 저하로 어려움을 겪을 수 있다.

[그림 3-1] 코닥 모멘트를 상징하는 코닥사의 필름

정부의 정책 방향은 이러한 위기감을 뒷받침한다. 정부는 '공공부문 AI 대전환(Gov AX)' 계획에 따라, 2025년 일부 중앙행정기관을 대상으로 시범서비스를 실시한 후, 2026년까지 모든 중앙행정기관, 2027년까지 지방자치단체를 대상으로 초거대 AI 공통기반 플랫폼을 구축할 계획이다. 1)

---

1) 지드넷, '공무원도 AI 쓰는 시대 열린다. 정부 업무 AX 박차'(2025.8.21)

< 대한민국 인공 지능 행동계획(AI 액션플랜) 추진 방향 >

비전	"진짜 성장", "국민 보편적 삶의 질 개선", "인류·국제 사회 기여"
목표	"세계 인공지능 3대 강국 도약"
원칙	사람 중심의 포용적 인공지능 / 민관 한팀 / 인공 지능 친화적 체계 / 인공지능 균형발전

3대 정책 축		
3. 국제 인공 지능 기본사회 기여	□11 인공 지능 기본사회	□12 국제 인공 지능 추진전략 (글로벌 AI 이니셔티브)
2. 범국가 인공 지능 기반 대전환	9 인공 지능 기반 문화강국 6 산업 인공 지능 대전환 8 지역 인공 지능 대전환	□10 인공 지능 기반 국방강국 7 공공 인공 지능 대전환
1. 인공 지능 혁신 생태계 조성	4 인공 지능 모형 확보 2 차세대인공지능기술선점 1 인공 지능 고속도로(그래픽 처리장치, 데이터 등) 구축	5 인공 지능 규제혁신 3 인공지능핵심인재확보

[그림 3-2] 대한국민 AI액션플랜 : 과기정통부

또한, 앞에서 언급했듯이 2025년 4월에 발표한 「2025년 정부업무평가 시행계획(안)」의 '정부혁신' 부문에 'AI 등 첨단기술 활용 및 내부 역량 강화 노력'이 세부평가 지표에 들어가 있다. 이는 AI 활용이 더 이상 선택이 아닌, 기관의 혁신성을 증명하기 위한 필수 요건이 되었음을 의미한다.

여기서 주목해야 할 점은 정부의 AI 구축일정과 2025년 정부업무평가간에 시차가 존재한다는 점이다. 즉 2025년의 성과평가는 통상적으로 2026년 초에 이루어지는데, 이는 범정부 AI 인프라가 구축되기 이전이다. 그러나 정부의 AI 인프라가 완벽하게 구축되기를 기다리는 기관은 이미 경쟁에서 뒤처질 수 밖에 없다. 지금 당장 활용 가능한 상용 AI 서비스, 내부데이터 분석도구, 소규모 실증사업(PoC) 등을 적극적으로 활용하는 하이브리드 전략을 통해 선제적으로 AI 활용 역량을 축적하고 성과를 만들어내는 기관이 향후 평가에서 유리할 수 밖에 없다. 따라서 AI 도입을 미래의 과제가 아닌, 현재의 생존 전략으로 인식하고 즉시 실천에 옮길 필요가 있다.

3) 정부업무평가 유형별 핵심내용과 이해관계자 분석

정부업무평가는 기관의 종류와 역할에 따라 복잡한 구조로 이루어져 있어, 전체적인 흐름을 이해하는 것이 효과적인 대응의 첫걸음이다. 특히 중앙행정기관, 광역지자체, 기초지자체는 서로 다른 평가 트랙과 이해관계를 가지므로, 소속 기관에 맞는 전략을 수립하는 것이 중요하다.

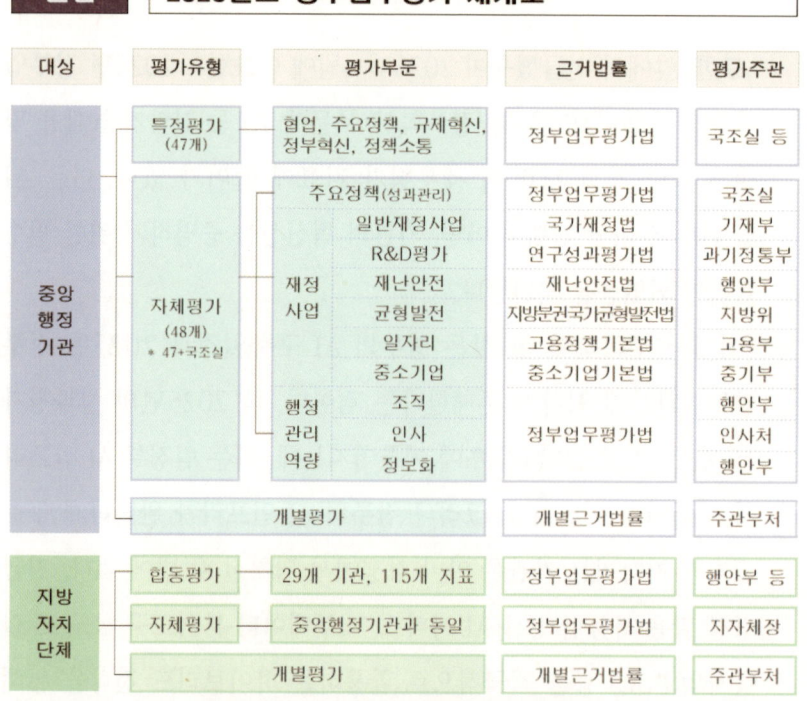

(출처: 2025년도 정부업무평가 시행계획(안))

[그림 3-3] 2025년도 정부업무평가 체계도

① 중앙행정기관 평가

중앙행정기관은 크게 두 가지 평가를 받는다. 첫째, 기관 스스로 소관 정책을 평가하는 자체평가가 있다. 48개(국조실 포함) 중앙행정기관은 기관장 책임 하에 소관 정책 등을 스스로 평가하고 그 결과를 정책, 예산, 인사에 반영해야 한다. 둘째, 국무총리실 주관으로 국정 핵심과제를 평가하는 특정평가가 있다. 특정평가는 주요정책, 협업, 규제혁신, 정부혁신, 정책소통의 5대 부문으로 구성되며, 이들 5개 평가부문의 결과가 기관의 종합적인 성과를 좌우하는 평가기준이 된다.

[표 3-2] 2025년 중앙행정기관의 특정평가 부문별 상세 배점표

평가부문	평가항목(배정 %)	세부 평가지표
주요 정책 (100%)	이행노력(15%)	과제 이행계획 완수, 협업 노력, 위기 관리노력
	목표 달성도(25%)	사전 설정된 목표치 달성 여부, 목표달성의 질
	정책효과(50%)	국민에게 체감되는 실질적 효과
	국민 만족도(10%)	기관 소관 주요정책에 대한 국민만족도 조사
협업 (100%)	협업 노력도(40%)	과제별 이행계획 완수, 장애요인 극복 노력 등
	협업 성과(50%)	국민 체감할 수 있는 실질적 성과, 시너지창출
	국민 만족도(10%)	협업과제에 대한 국민만족도 조사
규제 혁신 (100%)	핵심분야 규제개선 (55%)	중점과제·건의과제(규제개혁신문고 등)개선성과
	규제 품질관리 (25%)	규제비용 감축, 신설·강화 규제 관리 노력 등
	규제혁신 소통 및 체감도(20%)	규제혁신 관련 국민소통, 부처 간 협업, 만족도 조사 등
정부 혁신 (100%)	혁신 역량(20%)	기관장 리더십, 혁신활동 참여 및 확산 노력
	혁신 성과 (공통지표)(60%)	소통협력(20), 서비스 향상(30), 업무 효율화(10)
	자율/체감 지표 (20%)	기관별 대표혁신과제(10), 국민체감도 평가(10)

정책 소통 (100%)	정책소통 활동 (15%)	부처협업, 보유매체 활용, 정책 소통 노력 등
	정책소통 성과 (70%)	언론보도 대응, 온라인 소통, 기관장 소통성과
	체감도(15%)	국민 만족도 조사(10), 온라인 소통 체감도(빅데이터 분석 등)(5)

(출처 : 2025년도 정부업무평가 시행계획(안))

② 지방자치단체 평가

지자체는 내부적으로 실시하는 자체평가와 행안부 주관의 정부합동평가를 받는다. 정부합동평가는 중앙행정기관의 국가위임사무나 주요 국정 시책이 지자체에서 얼마나 잘 이행되었는지를 점검하는 것으로, 국정의 통합성을 확보하는 데 목적이 있다. 여기서 중요한 점은 평가의 대상은 17개 광역지자체(특별시, 광역시, 도)이지만, 평가 실적의 상당 부분은 해당 광역지자체에 속한 기초지자체(시·군·구)의 실적을 취합하여 산정된다는 것이다. 따라서 광역지자체는 우수한 평가를 받기 위해 관할 기초지자체와의 긴밀한 협력과 성과관리가 필수적이다. 이는 광역지자체와 기초지자체가 상하 관계가 아닌, 공동의 목표를 가진 운명공동체임을 의미한다. 또한 광역지자체나 기초지자체 역시 고유사무 전반에 대해 자체평가를 실시한다.

이러한 평가 체계 속에서는 평가위원회, 국민, 유관기관 등 다양한 이해관계자들이 존재한다. 평가위원회는 객관적이고 검증 가능한 데이터를 기반으로 한 성과를 요구하며, 국민은 정책으로 인한 실질적인 삶의 변화를 체감할 수 있기를 기대한다. 따라서 성공적인 평가 대응은 이와 같은 다양한 요구를 충족시킬수 있는 종합적인 전략을 필요로 한다.

[표3-3] 평가 유형별 대상기관·주관기관 및 평가전략

평가유형	대상기관	주관기관	핵심 평가내용	S등급 핵심 전략
특정 평가	중앙 행정기관 (47개)	국무 총리실	국정 핵심과제 이행 성과 (주요정책, 협업, 정부혁신 등 5대 부문)	AI를 활용하여 정책효과 (50%) 등 비율이 높은 세부평가항목을 데이터로 증명하고, 국정과제와의 연계성을 부각
중앙 자체 평가	중앙 행정기관 (48개)	중앙 행정 기관	소관 정책, 재정사업, R&D 등 기관의 전반적인 성과	기관의 핵심 미션과 평가 과제를 연계하고, AI 기반의 상시 성과관리 시스템을 구축하여 객관성 확보
정부 합동 평가	광역 지자체 (17개)	행안부 (관계부처 합동)	국가위임사무, 주요 국정시책의 지방 이행 실적 (정량/정성)	AI로 기초지자체 실적을 실시간 취합·분석하고, 지역 특성을 반영한 AI 혁신 우수사례 발굴
지자체 자체 평가	광역 및 기초 지자체 (226개)	지방 자치 단체	자치사무 (고유사무) 전반의 성과 및 효율성	AI 민원 분석 등을 통해 주민 체감도를 정량적으로 측정하고, 정책 개선 과정에 반영하는 환류 체계 증명

3. (계획) 데이터 기반 S등급 전략 수립

1) 기관 연간목표 수립 : AI를 활용한 계획수립

성공적인 평가는 연초의 계획(Plan) 단계에서부터 시작된다. AI를 활용하면 평가 기준에 부합하는 연간목표와 실행계획을 정교하고 효율적으로 수립할 수 있다. 예를 들어, 환경부가 '2025년 미세먼지 저감 실행계획'을 수립하는 상황을 가정해 보자. 기존 방식(As-Is)은 담당자가 과거 자료를 참고하여 초안을 작성하고 여러 부서의 의견을 수렴하는 데, 많은 시간이 소요된다.

그러나 AI를 활용하면(To-Be), 이 과정을 효과적으로 개선할 수 있다. 담당자는 거대언어모델(LLM)에 다음과 같은 프롬프트를 입력하여 보고서 초안을 신속하게 확보할 수 있다.

▶ (프롬프트 예시)

당신은 환경부의 대기환경 정책담당 사무관 입니다. 「2025년 정부업무평가 시행계획」이 '정책효과'를 50% 비중으로 평가하는 점을 고려하여, 2025년 미세먼지 저감 실행계획의 목차와 핵심 내용을 표 형식으로 제안해 주세요. 목차에는 ① 데이터 기반의 핵심성과지표(KPI), ② 핵심 이해관계자(산업계, 지자체 등)와의 협업 방안, ③ 국민 체감도를 높일 수 있는 혁신적인 정책 소통 전략이 반드시 포함되어야 합니다.

AI는 위의 프롬프트를 바탕으로 평가 기준에 최적화된 계획과 관련된 검토자료를 수 분 내에 작성해서 보여줄 것이다. 예를 들어, KPI 항목에서는 미세먼지 평균 농도 감소율 같은 선통석 지표 외에 AI 기반 예측 모델의 정확도 향상률, 취약계층(노인, 어린이) 활동 공간의 공기질 개선 만족도 등 데이터로 증명 가능한 구체적인 지표를 제안할 수 있다. 한편 협업 방안으로는 산업단지별 실시간 미세먼지 배출량 데이터공유플랫폼 구축, 정책소통 전략으로는 챗봇을 활용한 지역별 맞춤형 미세먼지 대응 요령 24시간 안내 서비스 등을 제시할 수 있을 것이다.

이러한 AI의 답변은 단순히 시간절약을 넘어, 계획수립 초기부터 국민을 포함한 평가자 관점에서 정책을 설계하도록 돕는다. 담당 공직자는 AI가 제안한 초안을 바탕으로 기존 정책을 심화 발전 시키거나 창의적인 아이디어를 구체화하여 신규정책을 계발하는데 활용할 수 있다. 이는 계획 단계에서부터 향후 평가에 이르기까지 관련 자료를 체계적으로 준비할 수 있어 논리적 완결성과 설득력을 높이는 효과를 가져온다.

2) 기관별 맞춤형 실행계획 : 실천가능한 AI 활용 로드맵 수립

정부업무평가에 효과적으로 대응하기 위해서는 모든 기관에 적용되는 범용 전략이 아닌, 소속 기관의 특성과 평가 유형에 최적화된 맞춤형 로드맵이 필요하다. 아래의 로드맵은 AI 시스템이 아직 본격 도입되지 않은 현재 상황에서도 공직자 개개인이 즉시 시작할 수 있는 Crawl(걸음마 단계), 부서 단위에서 시도할 수 있는 Walk(걷기 단계), 기관 차원의 시스템으로 발전시키는 Run(달리기 단계) 등 3단계 접근법이다. 대다수 중앙행정기관과 지자체가 Crawl과 Walk 단계인 점을 감안할 때, 이와 같은 3단계 접근법은 AI 도입의 심리적 장벽을 낮추고, 작고 빠른 성공 경험을 축적시켜 점진적으로 기관 전체의 역량을 높이는 실천전략이 될 것이다.

① Crawl 단계

개인과 팀 단위에서 즉시 실행 가능한 활동에 초점을 맞춘다. 챗GPT, 제미나이, 클로드 같은 상용 LLM(거대언어모델)을 활용해 평가 보고서의 틀을 생성하거나, 내부자료 검색시간을 단축하는 등 즉각적인 생산성 향상을 목표로 한다.

② Walk 단계

부서 단위의 도입 및 활용 단계다. 데이터 시각화 도구인 비즈니스인텔리전스(BI)를 사용해 성과 데이터를 시각화한 대시보드를 구축하거나, 자연어처리(NLP) 분석도구를 통해 민원 데이터를 분석하여 국민 체감도를 주기적으로 확인하고, 부서간 협업을 통한 성과 창출을 모색한다.

③ Run 단계

기관 단위의 시스템화를 의미한다. 자동화시스템(RPA)과 AI

를 결합하여 반복업무를 자동화하고, 머신러닝 모델을 통해 정책수요를 예측하는 등 AI를 기관의 핵심업무 프로세스에 내재화하는 단계이다.

이러한 단계적 접근법은 준비기간의 격차를 극복하는 현실적인 해법을 제시한다. 범정부 AI 인프라가 완비되기 전이라도 Crawl과 Walk 단계를 통해 AI 활용 경험과 성과를 축적하고, 이를 바탕으로 정부업무평가에 선제적으로 대응할 수 있다.

[표 3-4] 중앙행정기관 AI기반 평가대응 단계별 로드맵(예시)

단계	주요 시기	핵심 과업	AI 도구 및 방법	구체적 목표
1단계 (Crawl) (개인/팀 단위 즉시 실행)	y년 m월~	(계획) 평가 지표 분석 및 보고서 틀 생성	LLM(챗GPT, 제미나이 등) : 복잡한 평가지표 매뉴얼 요약, 보고서 목차 및 초안 작성	• 보고서 작성 시간 30% 단축 • 데이터로 증명 가능한 신규 핵심 KPI 지표 10개 이상 발굴
		(실행) 내부 자료 검색 및 요약	RAG(검색증강생성) 기반 챗봇 : 내부 규정, 과거 보고서 등 방대한 자료를 학습시켜 필요한 정보를 신속하게 검색 및 요약	• 내부 자료 검색 시간 30% 단축 (추정)
2단계 (Walk) (부서 단위 도입 및 활용)	y년 m+3월~	(실행) 성과 데이터 시각화 및 모니터링	자료수집, 분석, 시각화 관련 BI 도구(Power BI, Tableau 등) : 엑셀로 관리하던 성과 데이터를 연동하여 실시간 KPI 대시보드 구축	• 정책 성과 실시간 모니터링 체계 구축 • 목표 미달 지표 조기 경보
		(점검) 민원/뉴스 데이터 분석	NLP(자연어언어처리) 분석도구 : 국민신문고, 언론 기사 등 비정형 데이터를 분석하여 국민 체감도 및 여론 추이 정량적 측정	• 국민 체감도 변화 추이 정량적 제시

단계		주요 시기	핵심 과업	AI 도구 및 방법	구체적 목표
3단계 (Run) (기관 단위 시스템화)		'26년 12월~	(실행) AI 기반 업무 자동화	RPA + AI : 단순 반복적인 민원 응대, 데이터 취합 및 보고 업무 자동화	• 단순 반복 업무 30% 자동화 (추정)
			(개선) 정책 시뮬레이션 및 수요 예측	머신러닝 예측 모델 : 과거 데이터를 기반으로 정책 수요를 예측하거나, 정책 변경 시 기대 효과를 시뮬레이션	• 수요 예측 오차율 10% 감소 (추정) • 데이터 기반 정책 결정 지원

[표 3-5] 지방자치단체 AI기반 평가대응 단계별 로드맵(예시)

단계	주요 시기	핵심 과업	AI 도구 및 방법	구체적 목표
1단계 (Crawl) (광역- 기초 협력 시작)	y년 m월~	(계획) 합동평가 지표 분석 및 역할 분담	LLM : 평가지표 매뉴얼 분석 후, 광역-기초 간 역할분담 체크리스트 및 표준 보고서 템플릿 초안 생성 및 배포	• 기초 지자체의 지표 이해도 향상 • 보고서 양식 통일로 취합 효율 증대
		(실행) 우수사례 검색 및 벤치마킹	웹 크롤링 + LLM : 타 지자체 우수사례 자동 수집 및 요약, 우리 기관에 적용할 아이디어 도출	• 벤치마킹 소요 시간 30% 단축 (추정)
2단계 (Walk) (광역 주도 플랫폼 구축)	y년 m+3월~	(실행) 광역-기초 실적 통합 대시보드 운영	공유 BI 대시보드 : 기초 지자체가 엑셀로 제출한 실적 데이터를 광역에서 통합하여 대시보드로 시각화 및 공유	• 실적 관리 누락 방지 • 부진 지표 조기 발견 및 컨설팅 지원
		(점검) AI 챗봇을 통한 지표 상담	챗봇 솔루션 : 합동평가 지표 관련 기초지자체의 빈번한 질문에 24시간 자동 응답하는 챗봇 운영	• 광역 담당자 상담 업무 부담 30% 경감(추정)

3단계 (Run) (시스템 연동 및 자동화)	'27년 12월~	(점검) 제출 자료 자동 생성 및 검증	RPA + LLM 연동: 기초 지자체 업무 시스템 데이 터를 RPA로 취합, LLM 으로 보고서 초안 자동 생성	• 제출 자료 준비 시간 30% 단축 (추정) • 데이터 오류로 인한 감점 요인 원천 차단
		(개선) 부진 원인 AI 분석 및 맞춤형 컨설팅	데이터 분석 도구 : 부진 지표의 공통 원인(기초 지자체별)을 패턴 분석 하여 데이터 기반의 맞 춤형 개선 가이드라인 제공	• 데이터 기반의 실효성 있는 컨설팅 제공

3) AI 리터러시와 보안 : AI 활용을 위한 전제조건

일부 공직자 중에는 AI의 잠재력에는 공감하면서도, 정보 유출, 개인정보 침해, 부정확한 결과물(환각 현상) 등의 문제로 실제 업무에 활용하는 것을 주저하는 것이 현실이다. 따라서 성공적인 AI 활용은 이용 능력 뿐만 아니라, 이를 '스마트하고, 안전하게' 사용할 수 있는 역량과 제도적 기반을 갖추는 것이 중요하다. AI 활용의 장애물을 제거하고 지속적인 혁신을 가능하게 하는 핵심 전제조건은 아래의 세가지로 요약할 수 있다.

첫째, AI 리터러시는 단순히 AI를 잘 다룬다는 의미가 아니라 AI를 비판적으로 이해하고 전략적으로 활용하는 능력을 의미한다. 즉 AI 리터러시는 AI가 생성한 결과물의 사실관계를 교차검증하고 (비판적 사고), 데이터의 편향성을 정확히 인지하며, 「행정기본법」 제20조의 완전 자동화된 처분 등과 같은 법적 개념, 개인정보보호법 등을 제대로 이해하고, 관련 법규를 준수하는 역량(법적 리터러시)을 포함한다. 덧붙여 주어진 평가 과제를 해결하기 위해 가장 적합한 AI를 선택하여, 평가위원 설득에 필요한 평가보고서를 작성할 수 있는(전략적 적용) 능력까지를 아우르는 총체적인 역량이 요구된다. 세종시가 '야근 없애는 인공지능 활용법'이라는 주제의 교육 프로그램으로 '제43회 지방자치단체 인적자원개발(HRD) 콘테스트'에서 행안부 장관상을 수상한 것은 AI 리터러시 함양이 얼마나 중요한지를 보여주는 모범 사례이다.

둘째, 데이터 보안은 공공부문 AI 활용의 가장 중요한 원칙이다. 디지털플랫폼정부위원회가 2025년 4월에 발표한 「공공부문 초거대 AI 도입 활용 가이드라인 2.0」은 데이터의 민감도에 따라 보안 등급을 공개(Open), 민감(Sensitive), 기밀(Classified)의 3단계로 분류하고, 등급별 보안 정책[2]을 소개하고 있다. 예를 들어, 일반적인 자료 조사나 문서 초안 작성 등 '공개' 등급의 업무에는 외부 상용 AI를 활용할 수 있지만, 개인정보나 비공개 문서를 다루는 '민감' 또는 '기밀' 등급의 업무에는 반드시 기관 내부망과 연계된 보안 클라우드나 자체 구축한 AI 플랫폼을 사용하여야 한다. 이처럼 업무의 보안 수준에 따라 구분하여 AI를 사용하는 하이브리드 접근은 준비 기간의 격차가 발생하는 상황 속에서 안전하게 AI를 활용할 수 있는 핵심 전략이다.

셋째, AI 윤리 원칙 준수는 국민의 신뢰를 확보하기 위한 필수 요소다. 정부 가이드라인은 인권 보장, 프라이버시 보호, 다양성 존중, 책임성, 투명성 등을 핵심적인 윤리 원칙으로 제시하고 있다. 또한 AI 모델이 특정 집단에 불리한 결정을 내리도록 학습되지는 않았는지, AI의 판단 근거를 국민들이 이해할 수 있도록 충분히 설명 가능한지 등을 지속적으로 점검해야 한다. 이러한 보안과 윤리 원칙은 AI 도입을 막는 걸림돌이 아니라, 오히려 무분별한 사용으로 인한 부작용을 막고 국민이 신뢰할 수 있는 AI 행정을 구현하는 안전장치 역할을 할 것이다.

---

[2] 디지털플랫폼정부위원회, '공공부문 초거대 AI 도입 활용 가이드라인 2.0' 중 3.2.1. 데이터 보안 등급, p47

4. (실행) AI 활용성과, 프롬프트로 입증하라

전략 수립이 완료되었다면, 이제는 구체적인 실행을 통해 성과를 창출하고 이를 데이터로 증명해야 한다. 이 단계의 핵심은 AI를 활용하여 기존 업무 방식을 어떻게 혁신했으며, 그 결과 국민의 삶과 행정 서비스가 어떻게 실질적으로 개선되었는지를 평가위원에게 보여주는 것이다. 기관별 성공 사례를 통해 AI가 단순한 효율화 도구를 넘어, 정책목표 달성을 위한 핵심 역할을 하고 있다는 것을 보여줄 필요가 있다. 본 절에서는 AI를 활용한 행정 사례를 단순 소개하는 것을 넘어, 공직자들이 실제 평가 보고서 작성에 활용할 수 있도록 '전략적 프롬프트 워크숍' 형태로 구체적인 방법론을 제시하였다. 본 절의 사례는 정부업무평가에서 우수 평가를 받은 사례 중 AI를 접목한 사업과 현재 진행 중인 실증사업을 등을 중심으로 실부에 응용할 수 있도록 예시하였음을 밝혀둔다.

1) (중앙행정기관) 주요정책

【보건복지부 'AI 기반 복지 사각지대 발굴 시스템'】

【사례 개요】

'주요정책' 부문에서 좋은 평가를 받기 위해서는 정책이 사회에 미친 긍정적 영향을 구체적인 데이터로 증명해야 한다. 보건복지부의 'AI 기반 복지 사각지대 발굴 시스템'은 AI 기술이 어떻게 난해한 사회문제를 해결하고 국민의 생명을 보호하는지를 보여주는 대표적인 사례다. 과거처럼 공무원이 직접 유선이나 개별 방문 후에 자료를 입력하는 '신청주의' 방식에서 벗어나, 단전·단수 등 44종의 위기 정보를 AI로 분석하여 고위험 가구를 선제적으로 발굴하는 '발굴주의' 방식으로 패러다임 전환이 이루어졌다. 2023년 한 해에만

약 139만 명[3]의 위기 의심 가구를 발굴했으며, AI 초기상담 서비스는 전국 229개 시군구로 전면 확대되었다.

[표3-6 주요정책 관련 업무방식 비교 및 기대효과]

구분	AS-IS (기존 방식)	TO-BE (AI 활용 방식)	기대효과
위기 가구 발굴	• 신청/신고 기반의 기존 발굴방식 • 사회적 고립 가구 발견의 한계	• 44종 위기 정보를 AI가 분석하여 예측 기반의 선제적 발굴	[정성] 복지 서비스의 사각지대 획기적 축소 [정량] 2023년 한 해 139만명 위기 의심가구 발굴
초기 상담	• 사회복지 공무원이 모든 위기의심가구에 직접 유선 연락 • 단순 확인 업무에 행정력 소모	• AI가 초기 상담 전화를 자동 수행하여 1차 스크리닝 • 공무원은 고위험군 심층 상담에 집중	[정량] 초기 상담 업무 시간 30% 이상 절감 기대 [정성] 공무원의 업무 부담 경감 및 전문성 있는 사례 관리에 집중
정책 패러 다임	• 문제 발생 후 대응하는 사후적 (Reactive) 복지	• 위기발생 전 개입하는 예방적 (Predictive) 복지	[정성] 데이터 기반의 예측적 거버넌스 구현 및 사회안전망의 근본적 강화

[표3-7 주요정책 관련 프롬프트(예시)]

【전략적 프롬프트 워크숍】

1단계 : 핵심성과의 데이터 요약

- [역할] 당신은 보건복지부의 AI복지 담당 주무관입니다. 평가 보고서의 신뢰도를 높일 데이터를 정리해야 합니다.

- [지시] 'AI 위기가구 발굴 시스템'의 핵심 성과를 '발굴 대상 확대', '실질적 지원 연계율', '업무 효율화' 3가지 차원에서 가장 잘 보여주는 KPI를 각각 선정하고 수치와 함께 설명해 주세요.

---

3) 서울경제. '복지부, 위기 의심가구 발굴 8년만에 12배..', (2024.2.26)

2단계 : 정책효과의 서사 구축
- [역할] 당신은 주요정책 부문 평가 보고서 작성을 총괄하는 정책기획관 소속 주무관입니다. 정책의 철학적 중요성을 전달해야 합니다.
- [지시] '신청주의'에서 '선제적 발굴주의'로의 전환이 헌법에 명시된 국민의 '인간다운 생활을 할 권리'를 국가가 어떻게 실질적으로 보장하게 되었는지에 초점을 맞춰, '정책효과' 파트의 핵심 논리를 400자 내외로 작성해 주세요.

3단계 : 예상반론과 대응논리 개발
- [역할] 당신은 특정평가 질의응답 세션을 준비하는 담당 사무관입니다.
- [상황] 평가위원이 "AI 자동응답 전화가 정서적으로 취약한 위기가구에 비인간적으로 느껴질 수 있다"는 우려를 표할 것으로 예상됩니다.
- [지시] 이 질문에 대해, AI는 1차적인 정보 확인과 스크리닝을 담당하여 공무원이 꼭 필요한 '심층 상담'에 자원과 시간을 집중할 수 있도록 돕는 '최적의 협업 모델'임을 강조하는 답변 논리를 250자 내외로 작성해 주세요.

2) (광역지자체) 정부혁신

【경기도 '똑버스'를 통한 교통복지 실현】

【사례 개요】
정부합동평가의 '정부혁신' 부문은 AI 등 첨단기술을 활용하여 공공서비스를 개선한 사례를 중요하게 평가한다. 경기도의 수요응답형 교통수단(DRT) '똑버스'는 AI가 어떻게 고질적인 사회문제(교통 불평등)를 해결하고, 기술 혁신을 사회적 가치로 연결하는지를 보여주는 좋은 예시이다. 승객이 앱으로 버스를 호출하면 AI가 실시간 수요와 교통 상황을 분석해 최적 경로를 생성하는 본 서비스는 누적 이용객 583만 명[4], 이용자 만족도 83%를 기록하며, 「2024년 지방자치단체 합동평가」에서 핵심 우수사례로 선정되었다.

[그림 3-4] AI를 이용한 수요응답형 버스 경기도 '똑버스'

[표3-8] 정부혁신(교통복지실현) 관련 업무방식 비교 및 기대효과

구분	AS-IS (기존 방식)	TO-BE (AI 활용 방식)	기대효과
운행 방식	• 고정된 노선, 정해진 시간표에 따른 공급자 중심 운행 • 비효율적 공차 운행 발생	• 승객의 실시간 호출에 따라 AI가 최적 경로를 생성·합승을 통해 운행 효율 극대화	[정성] 공급자 중심에서 수요자 중심으로 대중교통 패러다임 전환 [정량] 누적 이용객 583만 명 돌파
서비스 접근성	• 버스 정류장까지 장시간 도보 이동 필요 • 긴 배차 간격으로 무한정 대기	• 앱으로 원하는 시간과 장소에서 호출 • 평균 대기 시간 대폭 단축	[정성] 노인, 학생 등 교통약자의 이동권 획기적 개선 및 사회적 고립 해소

---

4) 서울경제, '부르면 오는 똑버스 이용한 경기도민 583만명, 교통혁신 성공사례로' (2025.2.13)

도민 만족도	• 교통 불편에 대한 지속적인 민원 발생 • 낮은 서비스 만족도	• 이용자 만족도 조사 결과 83%가 '만족' 응답 • 관련 민원 발생 27% 감소	[정성] 행정 서비스에 대한 도민 신뢰도 및 정책 체감도 극대화

[표3-9 정부혁신(교통복지 실현) 관련 프롬프트(예시)]

【전략적 프롬프트 워크숍】

1단계 : 핵심성과의 데이터 요약

- [역할] 당신은 경기도 광역교통 담당주무관입니다. 합동 평가 보고서의 핵심 근거 자료를 정리해야 합니다.
- [지시] '똑버스'의 성공을 '도민 만족도', '민원 감소율', '교통약자 이용률' 3가지 차원에서 가장 잘 보여주는 KPI를 각각 선정하고, 구체적인 수치와 함께 그 의미를 설명해 주세요.

2단계 : 혁신성과 프레이밍

- [역할] 당신은 경기도청 정부혁신 평가 담당 주무관입니다. 사업의 가치를 재정의하여 평가위원을 설득해야 합니다.
- [지시] '똑버스'를 단순한 버스 서비스가 아닌, 'AI 기술을 통한 교통 불평등 해소 및 사회적 포용 플랫폼'으로 포지셔닝하는 핵심 요약 문단(400자 내외)을 작성해 주세요. 기술 혁신이 어떻게 경제적 효율성과 사회적 가치를 동시에 창출했는지 보여주어야 합니다.

> 3단계 : 예상반론과 대응논리 개발
> - [역할] 당신은 경기도청 합동평가 질의응답 세션을 준비하는 담당 주무관입니다.
> - [상황] 평가위원이 "수요응답형 버스는 재정적으로 지속가능하지 않은 것 아닌가?"라는 현실적인 질문을 할 수 있습니다.
> - [지시] 이에 대해, AI의 최적화 알고리즘이 '공차 운행'을 최소화하고 '합승률'을 극대화하여 기존 버스 노선의 비효율을 개선함으로써 장기적으로 더 경제적이고 환경친화적이라는 논리를 250자 내외로 작성해 주세요.

3) (기초지자체) 국민안전

【양산시, AI 기반 '시민안전' 선도】

【사례 개요】

정부합동평가에서 우수 성과[5]를 거둔 양산시의 AI 기반 지능형 관제 시스템 사례는 모든 기초지자체가 이미 보유하고 있는 CCTV라는 보편적인 인프라를 활용하여 시민안전이라는 중요한 가치를 증진시킨 모델이다. 이는 첨단기술 도입이 특정 지자체에만 한정된 사례가 아닌, 모든 지자체에 적용 가능한 보편적 혁신의 성공사례임을 보여준다. 본 사례를 통해 양산시가 어떻게 적은 예산으로 시민의 삶을 바꾸었는지 분석한다.

---

[5] 부산일보, '양산시, 경남도 주요업무 합동평가 1위로 우수지자체 선정돼' (2025.4.14)

[표3-10] 국민안전(시민안전) 관련 업무방식 비교 및 기대효과

구분	AS-IS (기존 방식)	TO-BE (AI 활용 방식)	기대효과
관제 방식	• 수많은 CCTV 영상을 관제 요원이 육안으로 실시간 모니터링	• AI가 CCTV 영상을 실시간으로 분석하여 실신, 쓰러짐, 화재, 폭행, 침입 등 이상 징후를 자동 감지	[정성] 관제 요원의 육안 피로도 경감 및 업무 효율 극대화 [정량] 긴급 상황 대응 시간 40% 이상 단축(추정)
신고 방식	• 시민들의 신고 또는 현장 출동 요청에 의존하는 '사후 대응(Reactive)' 시스템	• AI가 감지한 고위험 상황을 관제 요원에게 즉시 알림으로써 '선제적 대응(Proactive)' 체계 구축	[정성] 골든타임 확보로 시민 생명 및 재산 보호 [정량] 경찰서, 소방서 등 유관기관에 출동 요청 시간 평균 5분 단축(추정)
정책 방향	• 관제 요원 증원 등 인력 충원에 의존하는 한계	• AI 기술을 활용하여 기존 인프라(CCTV)의 활용 가치 극대화	[정성] 데이터 기반의 효율적인 순찰 및 치안 계획 수립 가능 [정량] 4~5억원 예산 절감 효과 기대(추정)

[표3-11] 국민안전(시민안전) 관련 프롬프트(예시)

【전략적 프롬프트 워크숍】

1단계 : 핵심성과의 데이터 요약

- [역할] 당신은 양산시 도시통합관제센터 담당자입니다. 성과평가 보고서에 제시할 핵심 데이터를 정리해야 합니다.
- [지시] '지능형 관제 시스템'의 핵심 성과를 '골든타임 확보(시간 단축)', '관제 효율성 증대(1인당 관제 면적 등)', '유관기관 협업 강화' 등 3가지 차원에서 각각 가장 잘 보여주는 KPI를 선정하고 수치와 함께 설명해 주세요.

2단계 : 정책효과의 서사 구축
- [역할] 당신은 국민안전 부문 평가 보고서 작성을 총괄하는 양산시청 팀장입니다. 사업의 혁신성을 부각해야 합니다.
- [지시] 이 사업이 기존 인프라에 AI라는 '지능'을 부여하여 도시를 '스스로 위험을 감지하고 대응하는 유기체'로 진화시켰다는 점을 강조하여 '정책효과' 파트의 핵심 내용을 400자 내외로 작성해 주세요. '사후대응'에서 '선제적 예방'으로 전환된 점을 부각시켜야 합니다.

3단계 : 예상반론과 대응논리 개발
- [역할] 당신은 합동평가 질의응답 세션을 준비하는 양산시청담당 주무관입니다.
- [상황] 평가위원이 "AI의 24시간 자동 감시는 시민들의 사생활을 과도하게 침해할 우려가 있습니다."라는 민감한 질문을 할 것으로 예상됩니다.
- [지시] 이 질문에 대해, AI는 특정 개인을 '식별'하는 것이 아니라 쓰러짐, 폭행 등 '위험 패턴'만을 익명으로 감지하며, 이상 징후 포착 시에만 관제요원이 개입하여 '안전과 사생활의 균형'을 맞춘 시스템임을 강조하는 답변 논리를 250자 내외로 작성해 주세요.

4) (부문별 공통) 협업·규제혁신·정책소통

S등급 달성을 위해서는 주요정책와 마찬가지로 협업, 규제혁신, 정책소통 등 다양한 평가 부문에서 높은 점수를 획득해야 한다. AI는

이러한 부문들에서도 기존에 비해 혁신적인 성과를 창출하는 데, 핵심적인 역할을 할 수 있다.

① 협업 (Collaboration)

[표3-12] 협업 관련 프롬프트(예시)

【과기부 '범부처 AI 협업 플랫폼'[6] 사례 개요】

부처 간 칸막이를 넘어 시너지를 창출한 사례를 증명하는 것이 핵심이다. 과기정통부는 PMO(사업관리조직) 기반의 협업체계를 도입하여, 부처별로 분산되던 AI 사업의 중복과 공백을 줄였다. OKR(목표 및 핵심 결과기법)을 통해 성과지표를 사전에 매핑하고 공동 성과를 가시화하여, 개별 부처의 노력을 국가 전체의 성공으로 연결시킨 성공 모델이다. (현재 실증사업 진행 중)

【전략적 프롬프트】
- [역할] 당신은 과기정통부 디지털융합촉진과 협업 담당자입니다.
- [지시] "PMO가 오히려 부처 자율성을 침해하는 또 다른 통제기구가 아닌가?"라는 예상 반론에 대해, PMO는 '통제'가 아닌 '성과창출을 위한 전략적 조율'이며, 데이터 기반으로 시너지를 극대화하는 '조력자'임을 증명하는 논리를 개발하세요. 이때, 공동 성과를 보여주는 핵심 KPI와 실무 협의체 운영 실적 등 구체적 증거 제시 방안을 포함해야 합니다.

---

[6] 과기정통부 보도자료, '과가정통부, 디지털플랫폼정부위원회 및 10개 정부부처 협업으로 공공분야에 AI 일상화 가속'(2024.3.18.)

② 규제혁신 (Regulatory Innovation)

[표3-13] 규제혁신 관련 프롬프트(예시)

【공정위 'AI 약관심사 플랫폼' 사례 개요[7]】
 규제의 패러다임을 '사후 적발'에서 '사전 예방'으로 전환시킨 혁신을 보여주는 것이 중요하다. 공정거래위원회의 'AI 융합 약관심사 플랫폼'은 과거 10년간의 심결례 5만 건을 학습한 AI가 약관의 불공정 조항을 자동으로 탐지하고, 사업자가 제출 전 자율적으로 시정하도록 돕는다. 이는 규제의 효율성과 전문성을 동시에 높인 스마트 규제의 대표 사례다.(현재 실증사업 진행 중)

【전략적 프롬프트】
- [역할] 당신은 공정위 규제혁신 담당자입니다.
- [지시] 평가 보고서의 '규제 패러다임 전환' 항목에 들어갈 내용을 작성하세요. AI 플랫폼이 정부의 역할을 '감독관'에서 '내비게이터'로 어떻게 변화시켰는지, '사후 처벌'에서 '자율적 사전 예방'으로의 전환이 기업의 규제 준수 비용을 어떻게 낮추었는지 구체적으로 서술하세요. 위 내용을 1쪽 분량의 보고서 목차와 핵심 도표 기획안을 포함해서 총 5쪽 이내로 작성하세요.

---

[7] 본 사업은 공정위의 인증사업으로 진행 중으로, 2025년 9월에 'AI업무혁신 전단팀'이 꾸려진 것으로 보도되었다.(뉴시스, '공정위, AI 기반 불공정 심결례·판례 검색 등 업무 혁신 돌입'(2025.9.15)

③ 정책소통 (Policy Communication)

[표3-14] 정책소통 관련 프롬프트(예시)

【행안부 '차세대 지능형 재난문자 서비스' 사례 개요】

　일방적 홍보(PR)를 넘어 국민이 먼저 신뢰하는 서비스(Service) 형태의 새로운 소통 모델을 제시하는 것이 핵심이다. 행안부는 기존에 '스팸'으로 치부되던 단문 재난문자 시스템을 전면 개선하여, 구체적인 행동 요령과 이미지를 포함할 수 있는 '차세대 지능형 재난문자 서비스'를 최근 본격 확대하고 있다. 이는 국민의 비판에 귀 기울여 소통 방식을 혁신하고, 생명과 직결된 정보를 정확히 제공함으로써 정부에 대한 국민의 신뢰를 회복하는 효과적인 정책소통 사례이다.

【전략적 프롬프트】
- [역할] 당신은 행안부 재난안전데이터과 담당 주무관입니다.
- [지시] "재난문자 시스템 개선이 어떻게 정부의 '소통 노력'이라고 볼 수 있는가?"라는 질문에 답변하세요. '홍보성 소통'과 '신뢰 기반의 정보 소통'의 차이점을 설명하고, "수백 건의 보도자료보다, 위급한 순간에 국민의 생명을 지키는 단 한 건의 유용한 재난문자가 정부 신뢰를 구축하는 더 강력한 소통이며, 개선된 시스템의 높은 정보 확인율이 그 객관적

> 성과"라는 논리를 펼치세요. 주장을 뒷받침할 기존 문자(AS-IS)와 차세대 문자(TO-BE)의 비교 인포그래픽 기획안을 함께 제시해야 합니다.

5. (점검 · 조치) 지속가능한 혁신시스템을 구축하라

PDCA 사이클의 마지막 단계는 '점검(Check)'과 '조치(Act)'이다. 이 단계는 실행된 정책의 성과를 객관적으로 측정하고, 그 결과를 바탕으로 더 나은 정책을 기획하는 선순환 구조를 만드는 과정이다. AI는 이 과정에서 과거에는 불가능했던 개선된 정책을 신속하게 도입할 수 있도록 도와준다. 이는 소극적인 평가 대응을 넘어, 기관의 정책 역량을 근본적으로 개선하고 지속가능한 혁신 체계를 내재화하는 과정이라고 할 수 있다.

1) (점검) 국민 목소리에서 정책의 해답을 찾아라

정책의 성공 여부를 가장 정확하게 측정할 수 있는 지표 중에 하나는 국민의 목소리, 즉 민원이다. 국민신문고 등에는 매년 수많은 민원 데이터가 축적되지만, 방대한 비정형 텍스트 데이터의 특성상 그동안은 일부 샘플만을 분석하거나 키워드 빈도를 확인하는 수준에 그쳤다. 하지만 자연어 처리(NLP) 기술을 기반으로 한 AI는 이 같은 데이터의 보고(寶庫)를 분석하여 정책의 성과를 점검하고, 그동안 행정력이 미처 닿지 못했던 정책의 사각지대를 개선하는 도구로 활용될 수 있다.

AI는 단순히 키워드 분석을 넘어, 민원 내용의 맥락과 감성까지 분석할 수 있다. 예를 들어, 특정 지역에서 버스 배차와 관련된 민원이 반복적으로 제기될 때, AI는 해당 민원들이 주로 출퇴근 시간에 집중되는지, 노인층의 병원 방문과 관련된 노선 불편 때문인지, 아니면 특정 노선의 갑작스러운 조정에 대한 불만이 원인인지를 자동으로 구분하고, 그 핵심 원인을 찾아낼 수 있다. 이를 통해 버스 노선 조정의 필요성을 객관적 데이터를 통해 분석할 수 있다.

이러한 접근법은 기관의 평가 대응 방식을 근본적으로 변화시킨다. 기존의 성과 보고 틀에서 탈피하여, 예를 들면 "우리는 AI로 수만 건의 민원 데이터를 분석하여 그동안 파악하지 못했던 1인 청년 가구의 주거 지원 정책의 사각지대를 발견했고, 이를 개선하기 위한 새로운 정책을 도입하여 만족도를 20%를 높였습니다"와 같이 국민이 실제로 체감할 수 있는 실효성 있는 정책효과 분석이 가능해질 것이다. 이처럼 민원처리와 관련된 정교한 분석방식은 데이터 기반의 예측 가능한 거버넌스(Data-driven Predictive Governance)를 앞당기는데 기여할 것으로 보인다.

2) (조치) 데이터기반 행정시스템을 고도화하라

점검(Check) 단계를 통해 얻은 통찰은 신속한 조치(Act) 및 지속적 개선으로 이어져야만 의미가 있다. 진정한 데이터 기반 행정은 정책성과를 실시간 모니터링하여, 문제 발생 시 즉각적으로 대응할 수 있는 시스템을 통해 구현될 수 있다. 이것을 가능하게 하는 핵심 도구가 바로 실시간 KPI 대시보드이다.

실시간 KPI 대시보드는 마치 운전자 앞에 있는 계기판처럼, 앞서 계획(Plan) 단계에서 수립한 AI와 연계된 KPI들이 실제로 어떻게 실행되는지를 시각적으로 보여준다. 즉 공직자가 기관 KPI의 목표 대비 진행사항을 실시간 확인할 수 있는 모니터 역할을 한다. 기관의 각종 업무 시스템(재정, 성과관리, 민원 등)에 축적된 데이터를 API(Application Programming Interface)를 통해 연동하고, 이를 Power BI와 같은 비즈니스 인텔리전스(BI) 도구로 시각화하여 보여준다. 여기에 AI를 결합하면 단순한 현황 모니터링을 넘어, 특정 KPI가 목표치에 미달할 것으로 예측될 경우 자동으로 경고를 보내거나, 원인 분석 및 해결 방안 검토안 제시 등과 같은 여러 업무에 활용할 수 있다.

3절의 〈표 3-4〉와 〈표 3-5〉의 로드맵에서 설명한 것처럼, 초기에는 엑셀 데이터를 연동하는 Crawl 수준에서 시작하더라도, 점차 내부망 데이터베이스와 실시간 API를 연동하는 Walk와 Run 단계로 발전시켜 나갈 수 있다. 행안부가 실시한 2024년 데이터 기반 행정실태 점검결과[8]에서 중앙행정기관은 85.2점, 광역지자체는 85.3점으로 나타났지만, 기초지자체는 63.2점에 그쳐, 데이터 기반 행정을 강화하기 위한 노력이 필요한 것으로 나타났다. 이런 점을 고려할 때, 기초지지체의 경우 광역지자체와의 협업을 통해, 예를 들면 실시간 대시보드의 구축이나 업그레이드 등을 통해, 데이터 기반 행정을 고도화시킬 수 있을 것이다. 이러한 데이터 기반 행정 시스템 고도화 노력은 평가위원에게 해당 기관이 단순히 평가를 잘 받기 위해 성과를 과장하는 것이 아니라, 데이터 기반의 의사결정과 지속적인 정책 개선 노력을 기울이고 있음을 부각시킬 수 있는 좋은 기회가 될 수 있다.

---

[8] 행안부 보도자료, '2024년 데이터기반 행정 실태점검 및 평가결과 공개' (2025.2.13)

6. 결론 : S등급을 넘어, 신뢰받는 정부로

지금까지 S등급 평가를 위한 계획(Plan)부터 실행(Do), 점검(Check), 그리고 지속가능한 조치(Act)에 이르는 전 과정을 AI를 기반으로 재구성하여 살펴보았다. 최고의 전략과 시스템도 결국 그것을 실행하는 공직자의 의지와 실천이 없다면 탁상공론에 그칠 수밖에 없다. AI는 행정 혁신을 위한 전례 없는 가능성을 열어주었지만, 그 가능성을 현실로 만드는 주체는 바로 공직자 여러분이다. AI기반 행정혁신에 필요한 기관과 공직자 역할은 아래와 같다.

1) 리더십과 문화 : AI 기반 행정혁신을 위한 기관의 역할

성공적인 AI 기반 행정 혁신과 S등급 달성을 위해 기관의 장과 관리자는 다음 네 가지 환경을 조성하는 데, 책임을 다해야 한다

첫째, 생성형 AI 리터러시를 함양할 수 있도록 적극 지원해야 한다. 실무자 개개인이 새로운 기술을 두려워하지 않고 마음껏 실험할 수 있는 환경을 제공해야 한다. 부산시, 세종시의 사례처럼 실무에 직접적으로 도움이 되는 교육 프로그램을 통해 AI 활용의 심리적 장벽을 낮추고, 조직 전체의 기본 역량을 끌어올려야 한다.

둘째, 혁신 친화적 문화를 조성해야 한다. 성공 사례는 물론 실패 사례까지 투명하게 공유하며 함께 배우는 문화를 만들어야 한다. 실패를 비난하지 않고 학습의 기회로 삼는 기관의 포용적 문화가 보장될 때, 실무를 담당하는 공직자들이 더욱 과감하고 창의적인 시도를 할 수 있다.

셋째, 업무 프로세스 표준화를 통해 혁신을 확산시켜야 한다.

우수한 활용 사례가 특정 부서의 성공에 그치지 않고 기관 전체의 역량이 되도록 해야 한다. 성공적인 AI활용 모델을 분석하여 표준 운영 절차(SOP)를 만들고, 이를 전사적으로 공유하고 교육함으로써 혁신의 성과를 조직 전체로 확산시킬 수 있다.

넷째, 리스크 관리의 책임을 다해야 한다. 정보 보안과 윤리 문제에 대한 명확한 가이드라인을 제시하여 실무자들이 안심하고 AI를 활용할 수 있도록 해야 한다. 무엇을 하면 되는지, 무엇을 해서는 안되는지에 대한 명확한 기준을 제공함으로써, 잠재적 위험을 최소화하고 혁신의 속도를 높일 수 있다.

2) 공직자의 실천이 S등급을 만든다

정부에서 추진 중인 '공공부문 AI 대전환'과 별개로 AI 확산을 위해 여러 기관에서 다양한 노력을 펼치고 있다. 예를 들어 광역지자체인 부산시청은 IBM 출신 데이터 전문가를 빅데이터과장에 임명하여, 부산시 공무원을 대상으로 3년째 AI 교육을 진행하는 등 공직자의 AI 역량을 높이기 위해 지속적인 노력을 기울이고 있다.[9] 한편 기초지자체도 AI를 행정에 도입하는 사례가 늘고 있는데, 서울 강서구청의 'AI 업무지원 플랫폼' 도입[10]이나 서울 금천구청의 '세무챗봇[11]'이 좋은 사례라고 할 수 있다.

---

9) 부산일보, 'AI 뭐지? 하던 공무원들 이젠 DNA에 각인됐다 비결은 빅데이터 고수' (2025.6.15)

10) 문화일보. 'AI 업무지원 플랫폼 전면 도입…전 직원 업무방식 바꾼다' (2025.7.31)

11) 서울신문, '지방세 궁금증 AI에게 물어보세요…똑똑한 금천구 세무챗봇' (2025.6.16)

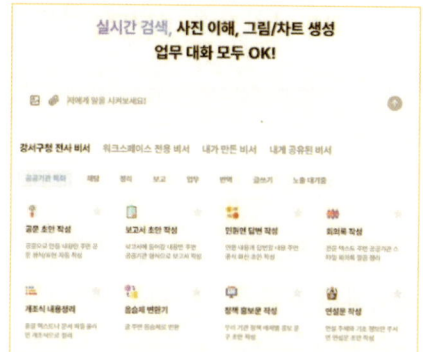 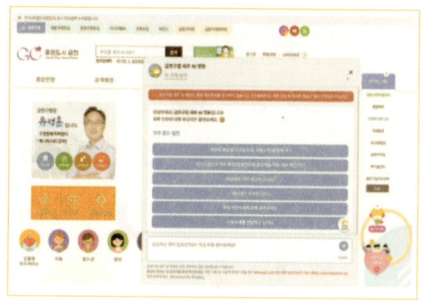

[서울 강서구청 직원용 AI서비스]　　[서울 금천구청 세무챗봇서비스]

[그림3-5] 지자체의 AI 활용 사례

 이와 같은 기관의 노력과 별개로, AI를 활용한 행정혁신을 위한 공직자 개개인의 실천 노력은 기관의 경쟁력을 높이고, 정부업무평가의 고득점 달성에 크게 기여할 것이다. 궁극적으로 정부업무평가에 AI 활용도를 높이는 것은 높은 평가 등급을 받는 것 그 이상을 의미를 지닌다. 그것은 AI라는 신기술을 통해 데이터라는 객관적 자료의 활용도를 높여, 국민과 소통을 원활하게 하고, 정책 효과를 신속하게 입증하여 더욱 효율적이고 신뢰받는 정부를 만드는데 공헌하게 될 것이다. 정교한 전략(Plan), 데이터로 증명하는 시스템(Do, Check), 그리고 혁신을 주도하는 공직자(Act)가 삼위일체가 될 때, 비로소 국민이 체감하는 최고의 성과를 창출할 수 있을 것이다.

제4장

공기업·지방공기업 평가기준 해석과 생성형AI 도입 전략

《 저자_ 전영달 》

전 영 달
Chun, Young-Dal

저자소개

학력
- 서울대학교 경영대학원 AMP[14.02]
- 호서대학교 경영학(전공 : 벤처경영) 박사[16.02]
- 연세대학교 행정학(전공 : 정책) 석사[96.02]
- 경기대학교 행정학 학사[85.02]

주요 경력
- 이에스지아메바경영연구소 대표[22.03~현재]
- 기업혁신센터 수석컨설턴트[22.03~현재]
- 숭실대학교 경영대학원 겸임교수[19.02~22.02]
- 여성기업종합지원센터 전문위원[20.01~22.01]
- 세종대학교 교수[09.9~12]
- 중소벤처기업진흥공단 본부장[85.01~18.12]

자격 사항
- 경영지도사/중소벤처기업부장관[2002.10]
- 창업지도사/창업지도사협회[2017]
- DX 1급컨설턴트/KPC[2022]
- ESG 1급 컨설턴트/스마트컨설팅협회[2024]
- 중소벤처기업안전경영문화 1급 컨설턴트/스마트컨설팅협회[2025]
- ISO 9001, 14001, 37001, 45001 선임심사원/KTCR[2022]

저서 논문
- 4차산업혁명에서 꼭 필요한 아메바경영, 이모션미디어[18.12]
- 논문 : 컨설턴트의 직무만족과 사회적 지지가 컨설팅성과에 미치는 영향에 관한 연구. 벤처창업연구[15.02]

제4장. 공기업·지방공기업 평가기준 해석과 생성형AI 도입 전략

1. 공기업 경영평가와 생성형AI

1) 공공성과 생산성, 생성형AI로 동시에 잡아야 할 시대

공기업은 태생적으로 공공성과 생산성이라는 이중 책무를 안고 있다. 시민의 삶의 질을 높이기 위한 정책 집행의 현장인 동시에, 예산과 자원의 효율적 운영을 통해 국가재정에 기여해야 하는 성격을 지닌다. 이 두 축은 때로 상충한다. 공공성을 중시하면 비효율 논란에 직면하고, 생산성을 앞세우면 공익성이 흔들린다.

그러나 지금, 생성형 AI의 도래는 이 오래된 균형의 딜레마에 새로운 해법을 제시하고 있다.

단순한 업무 효율화를 넘어, AI는 이제 '정책의 전달력'과 '공공서비스의 투명성'을 강화하는 도구로 작동하고 있다. 지방공기업의 민원응대 GPT 시스템은 하루 수백 건의 질의에 1분 내 응답하며 시민 신뢰를 높이고 있고, 중앙 공기업은 생성형 AI를 통해 연간 수백 시간에 달하는 실적보고서 작성 업무를 단축하고 있다.

즉, AI는 생산성의 도구이자 공공성의 파트너가 되었다.

이제 공기업이 경영평가를 준비하며 마주해야 할 질문은 명확하다. "우리 조직은 AI를 통해 공공성과 생산성 모두를 설계하고 있는가?" 이 책의 제4장은 이러한 질문에 대한 실천적 해답을 제시한다.

공기업과 지방공기업의 경영평가 항목을 NCS 기반 직무 흐름과 AI 도입 전략으로 재해석하고, 실적 향상과 평가 대응 모두에 실질적으로 기여할 수 있는 구조를 제안한다. 공공성과 생산성, 이 두

축을 동시에 잡는 미래는 더 이상 선택의 문제가 아니다. 지금 이 순간, 전략적으로 설계해야 할 과제이다.

2) 새롭게 다가오는 공기업 평가 관점

공기업 경영환경은 과거의 "보고 중심 성과관리"에서, "생산성과 공공성의 동시 달성"이라는 새로운 기조로 빠르게 전환되고 있다. 2025년 공기업 경영평가편람과 2026년 지방공기업 예고안은 이 변화의 선두에 서 있으며, 실적 제출과 계획 수립, 보고서 작성까지 전반에 걸쳐 '직무 중심 실적 증명'을 요구하고 있다.

이 시점에서 우리는 평가기준을 '다시 읽어야' 한다. 기존에는 부서 성과나 기관 전체의 총합을 중심으로 판단했다면, 이제는 NCS 기반 핵심 직무가 각 항목별 실적에 어떻게 기여했는지를 명시하는 것이 중요해졌기 때문이다.

예를 들어, "전략수립 및 정책기획" 직무는 기존엔 전략보고서 제출로 평가가 끝났지만, 이제는 해당 보고서가 AI 기반 실적 데이터와 어떻게 연동되고, KPI 추적 시스템과 어떻게 접속되었는지까지 판단한다. 단순 문서에서 벗어나 "데이터 기반 실행력"을 중심으로 평가의 눈높이가 높아진 것이다.

또한 "민원응대 및 고객지원" 직무는 기존에는 단순 처리율을 보고했으나, 최근에는 생성형AI 기반 챗봇 시스템이 도입되었는지, 자동응대율이 어떻게 개선되었는지, 민원 피크 시간대를 분석하여 선제적 대응 체계를 설계했는지가 평가 지표로 포함되고 있다.

따라서 지금의 경영평가는 다음의 3가지 축으로 다시 읽고 구성되어야 한다:

정책과 직무의 연결 : 각 정책 이행이 어떤 직무로 수행되고 있는지를 명시해야 한다.

성과와 역량의 정합성 : 실적 수치는 성과지만, 이를 낸 주체는 '직무 역량'이며 이 관계를 데이터로 설명해야 한다.

AI 기반 문서의 신뢰성 확보: 생성형AI나 RPA로 생성된 계획서·보고서도, NCS 기반 업무프로세스와 연계되어야만 정성평가에서 신뢰받는다.

요약하면, 지금은 단순히 잘 쓴 보고서가 아니라 직무에 기반하여 실질적 가치창출이 입증된 보고서, 생성형 AI가 도구로서 NCS 기반의 실무 흐름을 보조하는 구조, 그리고 실적과 역량이 대응되는 구조를 설계해야 하는 시점이다.

3) 공기업 평가제도 구조

공기업의 경영평가는 「공기업의 운영에 관한 법률」에 따라 기획재정부가 주관한다. 공기업은 공기업과 준정부기관으로 구분되며, 이들은 다시 시장형·준시장형 공기업, 기금관리형·위탁집행형 준정부기관 등으로 세분화된다. 각각의 유형에 따라 평가 지표 구성과 배점, 평가 주체와 방식에서 차이를 보인다.

시장형 공기업은 자체 수익이 높고 민간과 유사한 경영환경에 놓여 있어 경영성과와 수익성 중심의 정량지표 비중이 크다. 한국전력, 인천국제공항공사 등이 이에 해당한다. 반면 위탁집행형 준정부기관은 정책집행 기능이 강하고, 서비스 제공의 질과 사회적 가치 실현이 주요 평가 항목으로 부각된다. 국민연금공단, 근로복지공단 등이 대표적이다.

2025년 평가편람은 이러한 유형별 특성을 반영하여 지표를 차별화하되, 전반적으로 공통적인 디지털 전환, ESG, 윤리경영, 재무건전성 지표의 비중을 확대하였다. 특히 '디지털 기반 업무 혁신' 지표는 공기업·준정부기관 모두에 적용되며, 생성형 AI 도입 여부, 문서 자동화 수준, 챗봇 응대 시스템 활용 실적 등이 포함된다.

또한 정성지표에서는 '사회적 가치 실현'과 '윤리경영'이 공통적으로 강화되었다. 공기업은 이를 투자 대비 효과 분석과 연계하고, 준정부기관은 서비스 수혜자 체감도 조사 등으로 연결해 평가한다.

한편 평가 프로세스에도 변화가 있다. 2025년부터는 실적보고서 사전 등록 및 메타데이터 제출이 의무화되며, 평가단은 생성형AI·OCR 기반 도구를 활용한 초안 검토와 사전 질의 기능을 도입했다. 이로써 형식적 보고서보다 직무-성과-보고 간의 정합성을 분석하는 구조로 전환되고 있다.

결국, 공기업과 준정부기관 간의 평가제도 차이는 성과의 기준이 아니라 성과의 구현 방식에서 차별화되는 단계로 진화하고 있다. 따라서 생성형 AI 전략도 각 기관의 유형과 역할에 맞게 설계되어야 하며, 이는 곧 경영평가 고득점 전략의 핵심 지점이 된다.

4) 지방공기업 평가제도 구조

지방공기업의 경영평가는 「지방공기업법」 제78조에 따라 행정안전부가 매년 수행하며, 대상은 전국 258개 지방공사·공단(지방직영 포함)이다. 중앙 공기업과 달리, 지방공기업 평가는 지역책임성, 주민밀착 서비스, 공공투명성을 중심으로 설계되어 있으며, 평가기준은 「지방공기업 경영평가 편람」에 의해 운영된다.

2026년도 예고안에 따르면, 평가 체계는 ▲리더십과 전략 ▲재무성과 ▲조직관리 ▲사회적 가치 ▲디지털 혁신 ▲성과 및 정책이행 등 6개 영역으로 구성되며, NCS 기반 핵심 직무 분류를 기준으로 세부지표를 설계하려는 움직임이 강화되고 있다. 예컨대 "고객 응대 및 민원관리", "성과기획 및 예산관리", "현장 운영 및 기술관리" 같은 직무군 단위로 실제 성과를 연계해 평가하는 방식이다.

행안부는 2026년 평가부터 직무중심 문서 제출 체계를 시범 도입할 예정이며, 실적보고서 작성 시 생성형 AI 활용이 평가점수에 간접 반영될 수 있도록 보고서 자동화, AI 기반 데이터 분석, 민원 챗봇 도입 여부 등을 정성지표 항목에 포함시킬 방침이다. 이는 단순히 기술 도입 여부를 묻는 것이 아니라, 해당 기술이 직무 프로세스를 어떻게 개선했는지를 문서화하라는 요청이다.

예를 들어, A시 시설관리공단이 "민원관리 및 응대" 직무에서 생성형AI 기반 챗봇을 도입하여 연평균 민원 처리 시간을 3일에서 1일로 단축하고, 응대 만족도를 15%포인트 개선한 경우, 이 성과는 NCS 직무 코드와 연동된 평가보고서에 자동 반영된다. 이처럼 직무와 기술, 성과 간의 연결고리를 만드는 것이 핵심이다.

또한 편람은 평가결과의 활용성을 높이기 위해 실적분석 → 정책피드백 → 예산 반영까지 연결하는 체계를 강조하고 있다. 이로 인해 향후 평가는 단순 등급 부여를 넘어, 지역 예산 배분 및 조직운영 승인에 직접 영향을 미치는 관리 수단으로 강화되고 있다.

결국, 지방공기업의 경영평가는 중앙 공기업과는 다른 논리로 움직인다. 지방행정의 신뢰 회복, 주민 체감 서비스 강화, 디지털 역량의 실무 전환이 핵심 키워드이며, 이에 따라 생성형 AI는 단순

보고서 작성 도구가 아닌, 직무혁신을 매개하는 실적 생성 도구로 간주되고 있다.

5) 키워드 'ESG' '디지털' '성과중심' '안전·보건'

2025년 공기업 및 2026년 지방공기업 경영평가는 단순한 실적 점검을 넘어, 기관의 지속가능성과 미래 대응력을 측정하는 방향으로 재편되고 있다. 이러한 흐름은 'ESG', '디지털', '성과'라는 세 가지 키워드로 집약되며, 이는 경영 전 영역에 걸쳐 직무 기반 실적 생성과 AI 기반 시스템 활용 여부로 구체화되고 있다.

먼저, ESG(Environment · Social · Governance)는 단일 항목이 아니라 모든 항목에 통합되어 반영되도록 확장되었다. 예를 들어, 환경 분야에서는 탄소중립 계획 수립, 전력소비 절감, 태양광·IoT 연계 운영관리, 사회 분야에서는 지역사회 기여도, 취약계층 고용, 지배구조 측면에서는 이사회 투명성, 내부통제 수준 등이 주요 지표로 작용한다. 2026년부터는 ESG 보고서 제출이 의무화될 가능성이 높아, 생성형AI 기반 보고서 초안 도출 및 사례정리 자동화가 실질적인 대응 전략이 되고 있다.

둘째, 디지털 전환(DX)은 '업무 자동화'에만 국한되지 않는다. 핵심은 직무 흐름상 데이터 활용의 내재화다. 즉, 예산 편성, 실적 취합, 민원 분석, 회의록 정리, 고객 질의 응답 등 전 영역에서 생성형AI · RPA · 챗봇이 단순 반복작업을 대체하며, 업무 속도와 정확성을 획기적으로 개선하고 있다. KOTRA, 한국전력, 국민연금공단은 실적보고서 초안 작성, 메일 · 문서 자동화, 내부통제 시뮬레이션 등에 생성형 AI를 도입하여 연간 수백 시간의 인력 부담을 줄이고 정량성과 정합성을 동시에 확보했다.

셋째, 성과 중심 평가는 '결과'보다 '기여'를 본다는 점에서 변화하고 있다. 단순 수치 나열이 아닌, 그 수치가 어떤 정책 목적에 얼마나 실질적으로 기여했는지, 어떤 직무 흐름을 통해 실현되었는지, 그리고 이 과정에서 AI 기반 기법이 어떤 역할을 했는지가 중심이다. 성과는 이제 단순한 '성과물'이 아니라, 실행력 있는 직무 시스템의 증거로 해석된다.

이러한 변화는 결국 하나의 방향으로 수렴한다.

"생성형 AI는 실적을 꾸며주는 도구가 아니라, 실적을 '만드는' 직무 파트너인가?"라는 질문에 답해야 한다는 것이다.

2025년과 2026년의 경영평가는 바로 이 질문에 대한 각 기관의 실천력을 묻는 시험대다. 성과 중심 시대에서 AI는 보조 도구가 아닌 공동작업자로 역할을 바꿔가고 있다. 그 흐름에 올라타지 못한 조직은 점점 낮은 점수와 신뢰, 그리고 예산 감소라는 현실적 리스크에 직면하게 될 것이다.

2. 평가항목별 생성형 AI 대응 전략

1) 생성형 AI는 '성과관리 도구'

생성형 AI는 더 이상 미래의 기술이 아니다. 공기업에서 생성형 AI 기반 생성형 AI는 보고서 자동작성, 민원 응대, 실적 정리, 회의록 전사 등을 중심으로 빠르게 확산되고 있으며, 그 영향은 성과관리 체계의 구조 자체를 변화시키고 있다. 특히 2025년도 공기업 경영평가와 2026년 지방공기업 예고안에서는, 이러한 기술이 단순 지원

도구가 아닌 직무 기반 성과 산출의 핵심수단으로 자리 잡고 있다.

전통적인 성과관리는 '기획-이행-보고-피드백'의 순환 구조였다. 이 흐름은 대부분 수작업 문서, 단편적인 지표, 연 1회 제출 방식으로 관리되었고, 실적의 신뢰성과 속도 모두 한계를 갖고 있었다. 그러나 생성형 AI는 이 모든 단계에서 직무 단위로 데이터를 자동 수집·요약하고, 보고 형식에 맞게 실적을 구성하며, 핵심 성과지표(KPI)를 중심으로 문서를 구조화하는 방식으로 작동하고 있다.

예컨대 전략기획 직무에서는 생성형AI가 전년 실적과 기관 목표를 분석하여 전략보고서 초안을 생성하고, 예산관리 직무에서는 RPA 연계 생성형AI가 지출 실적과 계획 대비 집행률을 수치로 요약해 실적보고서에 포함시킨다. 민원관리 직무에서는 챗봇이 일상민원 80% 이상을 응대하며, 그 이력은 자동 요약되어 민원처리 통계 및 피드백 항목으로 반영된다.

이러한 흐름은 성과관리를 정량화하고 표준화하며, 동시에 직무역량 기반의 실적 구조를 자동화하는 역할을 한다. 이는 곧 NCS 기반 직무단위 평가제도와의 정합성을 높여주며, 평가자 입장에서도 "이 성과가 어떤 직무를 통해 실현되었는가"를 명확하게 파악할 수 있게 한다.

요약하면, 생성형 AI는 단순한 기술이 아니라,

성과를 생성하고 관리하고 증명하는 일련의 흐름에서 '직무 실행력'을 정량화하는 도구이다.

이제 공기업은 단순히 AI를 도입했는지를 말할 것이 아니라,

성과가 'AI에 의해 만들어졌는지' '어떤 직무와 연결되어 생성되었는지'를 증명해야 하는 시대에 진입했다.

2) 실무의 논리, 실행체계

공기업은 매년 사업계획과 연차 전략을 수립하고, 이를 경영목표와 연계한 실행계획으로 구체화해야 한다. 그러나 현실에서는 다음과 같은 구조적 문제가 지속되고 있다.

부서별 KPI와 경영목표가 단절되어 있으며, 실적 취합과 목표 대비 이행 점검이 수작업 Excel 중심으로 이뤄지고, 실적보고서 초안은 대부분 '작년 템플릿 복사' 수준에서 반복 생산된다.

그 결과, 전략 수립은 형식화되고, 실행 점검은 후행적으로 이뤄지며, 실제 문제 해결보다는 보고서 완성에 급급한 상황이 반복되고 있다. 경영평가 항목 중 '리더십과 전략'에서 정성지표의 차별화가 어려운 원인이다.

생성형 AI는 이 구조를 본질적으로 변화시킬 수 있다. 특히 생성형AI 기반 보고서 생성, 실적 통계 자동 요약, 목표-실적 비교 서술 자동화 기능은 '전략 수립 → 실행 점검 → 리더십 보고' 전 과정을 자동화하며 다음과 같은 흐름을 가능하게 한다:

기관의 비전 및 중장기 계획, 전년도 실적, 당해 연도 정부 정책방향을 생성형AI가 통합 분석하여 전략 초안 자동 생성이 가능하다.

KPI별 실행계획 수립 시 생성형AI가 예산-지표-책임부서 자동 배치를 돕는다.

이행 점검은 RPA와 생성형AI가 성과 지표 입력값을 주간 단위로 요약, 목표 대비 편차 분석 후 리더십 보고용 문서를 생산한다.

예컨대 한국전력은 2024년 상반기 생성형AI 기반 전략계획서 자동화 툴을 도입해 전략 초안 작성 시간을 기존 평균 3주 → 1일 이내로 단축하고, 전략-KPI 연계도를 시각화하여 이사회 보고서 신뢰도를 향상시켰다.

전략 일관성 · 작성시간 · 정성평가 가점 동시 달성하게 한다.

【기대 효과】

생성형AI 실행	효과
전략기획 생성형AI	시간, 인력 30%이상 절감
KPI 이행 점검 자동화 생성형AI	보고서 정합성 오류율 감소
KPI 이행 점검 자동화 생성형AI	'전략의 실행력' 항목 고득점
전략기획 생성형AI	데이터와 정부 기조를 반영
전략기획 생성형AI	"정책 일관성과 전략 연계성" 제고

(https://cloud.google.com/transform/ko/gen-ai-kpis-measuring-ai-success-deep-dive)

3) 생성형AI 기반 인력계획 수립과 교육훈련 내역 정리 자동화

공기업의 조직 및 인사관리 평가는 조직 정원, 비정규직 비율, 여성 관리자 비중 등정량지표와 인력운영의 적정성, 인사전략 수립 노력 등 정성지표로 구성된다.

그러나 현실에서는 다음과 같은 문제가 반복되고 있다:

인력계획은 단순 충원/퇴직 인원 중심의 연례표 형식에 머무르고, 교육훈련 실적은 부서별로 분산되어 정합된 보고 체계 구축이 어렵다.

인사전략이나 직무역량 분석은 대부분 수작업 설문조사 또는 인사팀 내 수기로 작성된다.

이로 인해 조직 역량 개선 노력의 실체가 불분명하고, 평가단의 정성 항목 문답에서 "AI로 자동화된 게 아닌 수작업 서류 중심"이라는 지적이 빈번히 제기된다.

생성형AI 기반 인력계획 자동 수립 & 교육훈련 내역 정리가 가능하여 진다.

생성형AI와 RPA를 결합하면 조직관리의 흐름을 다음과 같이 자동화할 수 있다:

생성형AI가 NCS 기반 직무분류, 기관 중장기 전략, 과거 인사변동 추세를 분석하여 부서별 필요인력 예측이 가능하다.

실시간 인사정보시스템(HRIS) 데이터를 생성형AI가 요약하여 "현원 vs 목표 정원 vs 직무역량 갭" 보고서 자동 생성한다.

교육훈련 실적은 생성형AI가 자동 전사·요약하여 직무별 교육이수율, OJT-비정규교육 이력, 역량 변화 흐름을 정리한다.

예를 들어, 서울교통공사는 생성형AI를 통해 5년간 이직률·근속률·교육이수패턴 데이터를 학습시켜 2025년 신규 채용 인원, 직무별 재교육 계획, 인사적체 해소 전략을 자동 추출하였다. 이 결과는 조직개편안, 인사혁신 보고서, 교육계획서 등과 연계되어 실질적인 정성평가 가점 요소로 작용하고 있다.

【기대 효과】

생성형AI 실행	효과
인사정보시스템(HRIS) 생성형AI	인사계획 실현력·교육성과 추적력 강화
인사정보시스템(HRIS) 생성형AI	부서별 인력 수급오차 ±10% 이내
교육이수내역 자동 정리	보고서 작성시간 30% 단축
NCS 직무-인력-성과 연계문서 자동화	'인력운영 적절성' 가점
'인사•교육' 데이터 생성형AI	채용, 교육, 배치 효율 제고
(https://cloud.google.com/transform/ko/gen-ai-kpis-measuring-ai-success-deep-dive)	

인사관리의 핵심 평가지표인 "역량 기반 인력 운영체계"를 정량적으로 입증할 수 있다.

4) 생성형AI 기반 예산 · 지출 실적 요약과 투명성 제고 전략

재무성과 항목은 공기업 경영평가에서 가장 비중 높은 지표 중 하나다.

재무건전성(수지차액 · 부채비율 · 이자비용 등), 예산의 집행률 및 효율성, 내부통제 체계가 주요 항목이다. 하지만 현실에서는 다음과 같은 문제들이 반복된다.

예산 집행 실적은 여전히 부서별 수작업 취합 → 총괄팀 엑셀 종합 방식으로 주먹구구식 운용이라고 볼 수도 있다.

회계 연도 종료 직전 '몰아쓰기' 현상, 불용액 및 목적외 지출 비율 증가도 지적된다.

실적보고서 문구는 대부분 "○○% 집행, 효율적으로 추진함" 등 정형화된 서술 반복된다.

감사 시 지적되는 "지출 투명성 부족", "성과 대비 예산 배분 근거 불명확"이 반복된다.

특히 지방공기업은 ERP · 회계시스템을 갖추고 있더라도, 생성형AI 기반 자동 요약과 지출 사유 분석 체계가 없어, 정성지표 작성 시 반복적 오류와 시간 낭비가 빈번하다.

생성형AI 기반 예산-성과 연계 문장 생성 & 투명성 정량화를 대신할 수단은 없다고 본다.

생성형AI는 회계 · 지출 데이터와 연동하여 아래와 같은 역할을 수행할 수 있다.

RPA와 연동해 월별 지출 실적 · 불용예산 · 집행률 통계 자동 정리를 수행한다.

예산 항목별 지출 목적 · 성과 · 성과지표 KPI와의 연계 관계를 요약하여 생성형AI가 보고 문장 자동 생성한다.

감사 지적 항목 기반으로 생성형AI가 유사 사례 검색 → 대응 보고 문안을 추천한다.

예를 들어, 한수원은 생성형AI를 활용해 사업별 지출실적, 계약내용, 성과지표를 통합 관리하고 있으며, 보고서 초안 생성부터 감사 대응 문안까지 자동화하였다. 이를 통해 지출 투명성 향상 및 재무성과 정성지표 항목에서 가점을 확보하였다.

【기대 효과】

생성형AI 실행	효과
내부통제 실효성 생성형AI	집행 효율 향상, 내부통제 수준 제고, 감사 대응력 향상
월별 지출요약 생성형AI 자동화	재무 실적보고서 작성시간 30% 단축
정책 KPI 연동 생성형AI	불용예산 발생률 5% 이하
예산-성과 연계 보고 자동화	'예산 집행의 계획성과 투명성' 항목 가점
유사 사업 비교 생성형AI	예산, 관리, 감사효율 제고
(https://www.wgsn.com/ko)	

재무성과 항목에서 생성형AI는 단순 문서 작성의 보조를 넘어, 예산과 정책성과의 인과관계를 연결해주는 실적 관리 도구로 기능하고 있다.

이제는 숫자만 나열하는 보고가 아니라, 생성형AI가 말해주는 '재정운영의 서사'가 평가를 좌우하는 시대다.

5) 윤리, 청렴 및 내부통제 수단으로 생성형AI 기반 회의록 · 지시이력 · 내부 감시 자동화 전략

공기업과 지방공기업 반부패 대책 보고는 "청렴교육 ○○회, 내부

감사 ○○건"식의 실적 중심 나열에서 한 발자국도 더 나가지 않는다.

지시사항 이행은 부서별로 기록이 상이하고, 기관장 결재 및 리더십 보고 과정도 엑셀/메일 기반 수동 처리가 일반적이다.

결과적으로 투명성과 책임의 구조화 부족, 형식적 정성지표 작성이 반복되므로 고득점과는 거리가멀다.

감사 시 '지시이행률·감사권고 이행현황' 등의 정합성 부족이 지적되며, 정량성과 책임추적성(tracing accountability) 확보에 어려움을 겪는다.

생성형AI 기반 시스템은 다음과 같은 방식으로 윤리·통제 업무를 실질적으로 자동화할 수 있다.

회의록을 음성 인식하여 텍스트로 변환하는 것은 물론, 생성형AI 요약으로 자동 정리, 주요 안건·의사결정·이견·책임자 항목별 문서화로 Data를 확보한다.

기관장 지시사항을 생성형AI가 자동 지시일자, 내용, 부서, 이행 기한기록·분류하고, 이행 여부를 자동 추적한다.

감사 결과를 생성형AI가 사건별-부서별-유형별 요약 보고서로 생성, 동일 유형 반복 여부까지 분석 가능한 것도 덤이다.

윤리경영 활동 내역은 생성형AI를 통해 '청렴 캠페인 → 피드백 → 재정비 과정'을 일관된 서사로 기술이 가능하고, 선진 공기업의 사례도 적지 않다. 인천국제공항공사는 생성형AI를 통해 월간 회의록과 부서 지시사항을 자동 기록하며, 지시사항 미이행 건에 대해 이행률과 처리 소요시간을 시각화하여 청렴도와 내부통제 신뢰성을 강화하였다.

【기대 효과】

생성형AI 실행	효과
내부통제 실효성 입증	청렴도 신뢰 확보
회의록 자동화	기관평균 300시간 이상 절감/연간, 회의 당일 요약률 95% 이상
지시사항 이행 추적 자동화	책임구조 명확화, 감사 대응 용이
생성형AI 기반 정성보고서	'윤리경영의 실효성' 항목 가점 확보
반복 부패유형 사전 분석	리스크 사전 대응 체계 강화

(https://www.inss.re.kr/main/main.do)

생성형AI는 청렴·윤리 영역에서 단순한 문서 정리 수준을 넘어서, 투명한 조직 운영의 증거를 '디지털 문서'로 남기는 도구로 진화하고 있다.

이는 평가자의 가장 중요한 관점인 "이 조직은 스스로를 감시할 수 있는가?"라는 질문에 실질적이고 자동화된 답을 제공하는 방식이다.

6) 고객만족 및 민원관리 평가 제고를 위한 생성형AI 기반 민원 분류·응답 자동화와 CS 성과 추적

공기업과 지방공기업은 민원관리시스템을 운영하고 있으나, 실제 운영 방식은 수동적이다.

민원 내용은 접수 후 사안별 수작업 분류 및 담당자 지정, 동일 유형 민원 반복 접수에도 분류 기준·응답 가이드라인 부족이 일반적이다.

민원 응답 내용은 형식화된 문안 반복, 응대 품질에 대한 피드백 수집 미흡함으로, 고객만족도 조사는 연 1회 수준으로 실시간 CS 품질 관리는 사실상 전무한 실태이다.

이러한 구조는 고객 응대 프로세스를 단절시키고, 민원 발생과 조직 내 성과관리 연결이 어렵게 만든다. 또한 민원 처리의 투명성과 신뢰도를 저해하여 경영평가 정성지표 '고객만족 노력' 항목에서 차별화된 점수를 얻기 어려운 구조를 만든다.

생성형AI 기반 민원관리 자동화 전략은 생성형AI가 민원 접수 시 자연어 내용을 실시간 분석하여 요금·안전·행정 등 유형을 자동 분류한다.

민원 응답은 생성형AI가 기관의 법령·내부지침·기존 대응 사례를 참고하여 초안 자동 생성으로 초기 대응 지연을 방지한다.

반복 민원은 생성형AI가 학습하여 문제 유형, 개선 제안, 응대 히스토리 축적하여 Data를 식별하여 사전 문제를 차단한다.

민원 응대 후 이메일, 설문, 재문의 등 고객 반응을 생성형AI가 분석하여 CS 응대 품질 스코어를 생성한다.

서울디지털재단은 민원 챗봇과 생성형AI를 연계하여, 행정/시설/요금 관련 단순 민원의 응답시간을 평균 1.7일→0.2일로 단축, 만족도 응답률을 35% 향상시켰다. 이는 고객 접점 데이터가 조직 내 CS 개선 지표 및 리더십 KPI로 환류되는 계기를 마련했다.

【기대 효과】

생성형AI 실행	효과
CS 품질 관리 도입	평가 신뢰 확보
내부지침 기반 생성형AI 응답	민원 응답 자동 초안 정확도 92% 이상
반복 민원 유형 분류	유사 민원 재접수 건수 20~30% 감소
실시간 응답률, 만족도, 재문의율 등 CS 성과를 대시보드화	리더십 확보
CS 품질 관리 체계의 확립	정성지표 고득점

(https://www.nownsurvey.com/board/hotissue/view/wr_id/171/ptype/all/stx/)

생성형AI는 민원 처리의 '신속성'뿐 아니라 '정확성', '지속적 개선 추적'까지 연결함으로써, 고객 접점을 성과관리 지표로 전환하는 AI 도구로 진화하고 있다.

7) 성과 및 정책이행제고 관점 생성형AI 기반 KPI 이행률 분석 및 정책과제 보고 자동화

공기업 및 지방공기업은 기관별로 설정한 핵심성과지표(KPI)에 대한 이행실적과 함께, 정부 정책과제의 수행 현황을 실적보고서에 포함시켜야 한다.

현실은 KPI 실적은 부서별 정리 후 단순 수치 보고로 이뤄지며, 분석은 최소화되고, 정책과제 이행 여부는 '추진 중/완료' 형식으로 기재하는 것이 일반적이어서 실효성과 입증이 부족한 실정이다.

이에 따라 동일 과제가 중복되거나, KPI와 정책과제의 연계 논리 부재로 고득점과는 거리가 많다. 보고서 문구는 매년 동일 서술 반복, 실질성과 진전도 설명 부족이 대다수이고, 이로 인해 평가자는 단순 수치만 나열된 실적표를 받고도 "그래서 이 조직은 무엇을 성취했는가?"라는 질문에 답을 얻지 못하게 된다.

생성형AI 활용은 이 난제를 해결하고 정책이행 영역을 자동화할 수 있다.

KPI 실적 입력값을 기반으로 생성형AI가 이행률 분석, 편차 사유 요약, 향후 조치 초안을 자동 생성한다.

정책과제 추진 일정, 회의록, 실적 DB 등을 생성형AI가 통합 분석해 정책이행 보고서 자동 구성하고 연동되므로 한 번 기록한 것을 다각도로 사용이 가능하다.

동일 과제 · KPI 간 연계도를 생성형AI가 판단하여 성과 흐름형 문단 구성 지원이 가능하다.

【기대 효과】

생성형AI 실행	효과
실적관리 정합성과 전략일관성 확보	평가 대응력 확보
KPI 이행률 요약 보고서 생성형 AI 응답	5일 → 0.5일 이하로 단축
실적 수치 누락·오류 발생률	절반이하로 축소
전략-성과 연계 생성형AI	평가자 피드백 반영
생성형AI 자동화	기재부/행안부 정기보고 답변서 생성 지원

(https://clickup.com/ko/blog/419622/how-to-use-ai-for-performance-reviews)

생성형AI는 단순한 '성과 편집기'가 아니다.

실적 데이터의 의미를 조직적 언어로 바꾸고, 정책성과로 연결해 주는 해석 엔진이다.

성과관리를 '제출용'에서 '운영용'으로 바꾸는 전환점이 바로 여기에 있다.

8) 사회적 가치 실현을 위한 생성형AI 기반 ESG 이행현황 정리 및 사회성과 서사화 전략

사회적 가치 실현 항목은 공기업 및 지방공기업 모두에게 적용되는 핵심 정성지표로, ESG(환경·사회·지배구조) 이행 수준, 일자리 창출, 지역사회 기여, 이해관계자 대응 등 다양한 세부 요소로 구성된다. 현장실태는 ESG 활동은 환경팀, 기획팀, 총무팀 부서별로 추진되어 통합 보고 어려움은 물론 실적 유지에 오류, 누락, 소통의 한계가 드러나는 지표이다.

활동 실적은 수치 없이 "적극 추진함", "사회적 가치 고려" 등의 추상적 서술이 될 수밖에 없다. 맥락이 연결되지 않는 서술은 득점에 골머리를 썩인다.

활동별 실적(KPI, 수혜자 수, 감축량 등)을 생성형AI가 표로 요약하고, 사회성과를 문단형 보고서로 자동 서술한다.

사회적 가치 사례는 생성형AI가 사건 발생 → 대응 → 성과 흐름으로 서사화해 평가 보고서에 적용 가능하다.

ESG 핵심지표와 연계해 UN SDGs 항목 매핑 자동화, 국제 기준에 부합한 구성을 해 낸다.

한국지역난방공사는 생성형AI 기반으로 무료 점검, 친환경 교육 등 지역사회 기여활동을 유형별로 분류하고, '2024년 사회성과 보고서' 초안 전체를 생성형 AI로 자동 구성하였다. 보고서는 실적-목표-성과 흐름으로 정리되어 기재부 제출 자료에도 활용되었다.

【기대 효과】

생성형AI 실행	효과
실적관리 정합성과 전략일관성 생성형AI	평가 적합도 향상
ESG 보고서 작성 시간	30% 이상 축소
활동수혜자 수 · 기여도 자동 계산	정량성 강화, 평가 설득력 제고
사회성과 서사 구성 생성형AI 자동화	정성지표 수용성 제고
UN SDGs · K-ESG 지표 연계 자동화	감사 · 평가 대응 효율성 향상
(https://www.economidaily.com/view/20250318102070542)	

9) 디지털 혁신 및 정보화 평가는 생성형AI 기반 DX 활동 성과 분석과 지표 자동화

【디지털 혁신 및 정보화 항목】

▲ 정보시스템 운영 성과
▲ DX 전략 및 추진성과
▲ 정보보안 대응 노력

스마트시스템 도입, 클라우드 전환, 앱 개발 등 DX 관련 활동이 부서별로 분산되어 성과 통합에 애로가 있다. 보고서는 "DX 전략 수립", "정보시스템 고도화 추진 중" 등의 반복 문구 위주 서술하여 보안 진단 결과, 개인정보보호법 대응 내역 등 정보보안 활동 정리가 부재한 채 성과분석이 진행된다.

DX 추진이 단기 실험에 머무르고, 성과와 예산 간 연계성이 부족하여 평가단은 "무엇을 디지털화했고, 얼마나 개선되었는가?"에 대한 명확한 답변을 얻지 못하며, 정량·정성 평가 모두에서 낮은 등급을 받는 사례가 반복된다.

생성형AI는 DX 실적 정리 & 보안 대응 보고 자동화로 DX 활동과 정보화를 정형화된 실적 지표로 구조화하고, 평가용 보고서 초안을 자동 생성하는 기여할 수 있다.

DX 관련 시스템 개선내역, 사용자 수, 업무시간 단축 효과 등 실적 데이터를 생성형AI가 자동 수집 및 요약 한다.

다음으로 정보보안 대응 내역(점검 결과, 보안 업데이트 기록 등)을 생성형AI가 연도별 자동 정리도 가능하다.

클라우드 전환, RPA 도입, 전자문서화 실적 등을 생성형AI가

지표화된 문장 구조로 보고서화로 전환된다.

예산 대비 성과(ROI), 개선 이전·이후 업무시간 절감률 등 DX 효과를 계량화하여 설명을 붙인다.

한국무역보험공사는 생성형AI를 활용해 ERP·정보포털·RPA 성과 데이터를 통합 분석하고, "DX 추진성과 정리 보고서"를 자동 작성하여 2024년 경영평가 정성지표에서 상위 10% 이내 성과를 기록하였다.

【기대 효과】

생성형AI 실행	효과
DX 실적 통합 + 정보화 대응 정량화	전략 일관성 확보
DX 활동 자동 정리로 실적 보고서 작성시간	30% 이상 축소
클라우드 전환 효과 정리	사용자 만족도 2배 상승 사례
사회성과 서사 구성 생성형AI 자동화	정성지표 수용성 제고
정보보안 감사 대응서 생성형AI 자동화	감사·평가 대응 효율성 향상
(https://www.pwcconsulting.co.kr/ko/insights/generative-ai.html)	

생성형AI는 단순히 DX를 설명하는 것이 아니라, "DX를 통해 조직이 어떤 성과를 냈는지"를 스스로 알고 말하게 해주는 도구다.

AI가 조직의 AI 활용 수준을 보여주는 역설이 성립되는 시점, 평가자는 그 보고서에서 기관의 미래 혁신 역량을 확인하게 된다.

10) 조직문화 및 내부 협업 지표에서 생성형AI 기반 조직진단 요약과 협업 기록 자동화

【조직문화 및 내부 협업 항목】

▲ 소통 활성화
▲ 부서 간 협력 노력
▲ 조직진단 시행 여부와 개선방안 마련

조직은 현실적 한계에 노출되고, 조직문화 진단은 외부 컨설팅 후 요약 보고서에 일부 인용하는 데 그친다.

협업활동은 프로젝트 단위로 존재하나, 성과나 갈등해소 과정 기록 부족함도 지적사항이다.

소통/협업 노력은 "간담회 실시, 타부서 협업 TF 구성" 식의 사실 기술 위주 서술이 대부분 기관에서 반복된다.

개선안 수립은 있으나 후속 실행계획·효과 측정 부재

결과적으로 조직문화 개선은 정성평가 항목임에도 구체적 실적·지표·서사 없이 문서화되며, 평가자가 개선 노력을 확인하기 어렵다.

2) To-Be: 생성형AI 기반 조직진단 요약 및 협업 스토리 자동 구성

생성형AI는 조직문화와 협업 관련 내용을 다음과 같이 구조화하고 자동화할 수 있다:

조직진단 결과 요약: 외부 진단 보고서의 핵심 통계와 문장을 생성형AI가 요약해 '현황-문제점-개선권고' 문단 자동 생성

부서 간 협업 이력: 생성형AI가 회의록, 메일, 프로젝트 기록을 기반으로 협업 주제, 참여부서, 결과 요약 문장 자동 생성

내부 커뮤니케이션 데이터(슬랙, 공지, 설문 등)를 분석해 생성형 AI가 소통 패턴과 갈등 요인 시각화 및 요약

개선 실행 여부와 후속 피드백을 생성형AI가 연결시켜 "문화 개선→성과 반영→재피드백" 구조 구성

예: 한국조폐공사는 생성형AI 기반으로 전사 협업 TF 기록을 자동 정리하고, 조직문화 개선 이행 상황을 간단한 서사로 구성하여 '리더십 소통 성과' 보고서 초안을 매월 자동 생성하고 있다. 이는 내부 만족도조사 결과와 연계되어 경영평가 정성 지표에서 실효성 인정을 받았다.

【기대 효과】

생성형AI 실행	효과
조직문화 진단의 실체화 + 협업성과의 문서화	평가 적합성 향상
조직문화 진단 결과 요약 자동화	30% 이상 축소
협업 스토리 자동 구성 생성형AI	'타부서 협력' 평가 항목 가점
협업·소통 지표 시각화	리더십 확립, 실행력 강화
"진단→이행→성과→재진단" 구조화	조직문화 개선의 선순환 흐름
(https://www.aitimes.kr/news/articleView.html?idxno=30030)	

생성형AI는 조직 내부의 '정서', '공기', '기류'를 수치와 문장으로 포착해 서사화해주는 감성 - 구조화형 AI다.

즉, 협업과 조직문화도 이제는 AI가 '보여줄 수 있는 성과'가 된다.

3. 생성형 AI 실전 적용 가이드

　공기업과 지방공기업의 경영평가는 '재무 건전성', '운영 효율성', '사회적 가치', '혁신 및 디지털 전환' 등 다양한 핵심 지표로 구성된다. 이들 지표는 단순히 수치를 입력하는 수준을 넘어서, 관련 문서를 작성하고 설명을 덧붙이며, 구체적인 성과 사례까지 구성해야 하므로 실무자의 시간과 에너지가 많이 요구된다.

　이러한 상황에서 생성형 AI는 각 지표에 맞춘 자동화 도구로 활용될 수 있으며, 실무자의 부담을 줄이고 평가 대응의 완성도를 높이는 데 기여할 수 있다.

　예를 들어, 재무 건전성 지표에서는 생성형 AI가 재무제표 데이터를 분석하고, 부채비율의 변화나 이자보상비율 등 주요 항목의 시사점을 요약 문장으로 자동 생성할 수 있다.

　운영 효율성 보고서에서는 AI가 예산 집행률, 조직 내 자산 활용 성과 등을 기반으로 간결한 보고서 초안을 만들어낼 수 있다.

　사회적 가치 지표는 정성적 설명이 중요하므로, AI가 보도자료나 내부 인터뷰, 언론 기사 등을 수집·분석하여 대표적인 공헌 사례를 정리해주는 방식으로 활용된다.

　디지털 전환 지표에서는 기관의 자동화 시스템 도입 현황, 전산화율 변화, 업무 처리 시간 단축 등 내용을 AI가 일관된 형식으로 정리할 수 있다.

　생성형 AI의 도입은 실무상 유용하지만, 그 과정에서 유의해야 할 몇 가지 고려사항도 존재한다.

　첫째, 정책 해석이나 기관장의 의도처럼 고도의 판단이 요구되는 영역은 사람의 판단이 전제되어야 한다.

둘째, AI가 작성한 문서는 오류 가능성을 내포하고 있으므로, 사전 검토 및 사후 점검 체계를 반드시 마련해야 한다. 품질관리 절차 없이 AI 결과만 수용하는 것은 위험하다.

셋째, 보안과 개인정보 보호가 중요한 평가 문서의 특성상, 외부 서버를 사용하는 오픈형 AI보다는 폐쇄형 AI 환경이나 내부 서버 기반 모델을 활용하는 것이 바람직하다. 생성형 AI는 어디까지나 효율화 도구이며, 평가 대응력의 강화는 사람과 기술이 함께 만들어내는 결과로 봐야 한다.

1) 기술이 아니라 전략이다

생성형 AI가 공기업의 업무에 도입된다고 해서, 곧바로 혁신이 일어나는 것은 아니다.

Chat생성형AI, Claude, Bard와 같은 대형 언어모델(Large Language Model, LLM)은 강력한 도구지만, 그 자체로는 변화의 동력이 아니다.

중요한 것은 도구가 아니라 그 도구를 어디에, 어떻게 연결할 것인지에 대한 전략적 설계다.

공기업은 '공공성'과 '생산성'이라는 이중 목표를 지니고 있으며, 기존의 수작업 행정·보고체계는 반복성과 형식성에서 오는 비효율성을 안고 있다.

'생성형AI 리터러시' 확보: 단순 프롬프트 입력이 아닌, 맥락(Context) 설계 중심의 업무 구조화 능력이다.

업무별 맞춤 적용 전략: 실적보고서, 민원응대, 회의록 정리, KPI 점검 등 업무단위에 맞춘 AI 활용 방식이다.

데이터 정합성과 안전성 확보: 생성형AI의 응답이 문서화·공표되는 환경에서, 정확성과 책임을 담보하는 기준 마련하는 것이다.

내부 피드백 구조와 연계: 생성형AI를 단순 '도구'가 아니라, 조직 학습 구조에 내재화하는 방법론인 "기술이 아니라 전략이다"라는 말은 단지 구호가 아니다.

생성형 AI는 '일하는 방식'을 바꾸는 것이며, 이를 위한 첫 단계는 기술을 다루는 것이 아니라, 조직의 언어와 업무의 흐름을 새롭게 설계하는 것이다.

2) 생성형 AI 적용 단계별 업무 프레임워크

공기업이 생성형 AI를 현장 업무에 도입하려면 단순한 기술 도입을 넘어서, 업무 흐름 내 전략적 단계 구성이 필요하다.

아래 5단계 프레임워크는 조직의 여건과 업무 특성에 따라 유연하게 조정 가능하며, 도입 - 적응 - 확산 - 제도화로 이어지는 전략적 전개 흐름을 제시한다.

① 준비 단계 (Pre-Test Phase)

AI 조직 내 이해도 진단: 생성형AI 활용 사전 인식조사, 교육 수요조사
적용 가능한 업무군 선별: 민원응대, 회의록, 보고서, KPI, 실적정리 등
프롬프트 설계 테스트: 초기 테스트용 프롬프트 개발 및 업무 반응 확인
핵심 질문1: "어떤 업무에 도입할 수 있는가?"
핵심 질문2: "즉시 실행, 중장기 준비, 자동화 위임의 근거를 대줘."

② 시범 단계 (Pilot Phase)

선정된 1~2개 부서/팀에서 생성형AI 시범 적용
사용 사례 정리: 보고서 자동화, 회의록 정리 등 성과 도출
문제점 파악 및 개선: 부정확한 응답, 보안 이슈 등 이슈 공유
핵심 질문: "도입 시 어떤 문제가 나타나는가?"

③ 정착 단계 (Operationalizing Phase)

실제 업무 플로우 내 생성형AI 통합: 실적보고, 정성평가 초안, 일정 점검 자동화
내부 매뉴얼 작성: 부서별 생성형AI 활용 가이드 및 응답 검증 절차
컨텍스트 엔지니어링 강화: 단순 프롬프트보다 상황 맥락 중심 설계로 전환
핵심 질문: "어떻게 일상 업무에 녹여낼 것인가?"

④ 확산 단계 (Scaling Phase)

성과 기반 부서 확대: 실적 향상, 보고서 품질 개선 부서 중심 확산
내부 교육 강화: 생성형AI 리터러시 교육, 활용 사례 공유
적용 업무 다각화: KPI 추적, 정책 서사 구성, 민원 자동분류 등 확장
핵심 질문: "어떻게 전체 조직에 퍼뜨릴 것인가?"

⑤ 제도화 단계 (Institutionalizing Phase)

생성형 AI 활용 표준매뉴얼 제정
정책-성과-교육과의 연결 구조 구축
연례 평가체계 반영: 성과지표, 윤리검토, 사용자 피드백 구조화
핵심 질문: "이제 제도와 평가 기준으로 어떻게 정착시킬 것인가?"

이 5단계는 공기업이 단순 기술 활용을 말하는 것이 아니다. '업무문화와 조직학습의 전환'으로 이어지는 전략 로드맵이다.

생성형 AI는 먼저 도입이 아니라, 구조적 적용의 '순서'가 먼저 설계되어야 할 도구다.

3) 고객만족도 강화와 성과 체감

생성형 AI는 보다 신속하고 정확한 정보 제공을 통하여 국민과의 소통 창구를 혁신적으로 개선하고 접근성을 높임으로써 공기업의 대국민 서비스 품질을 향상하고 국민의 체감 만족도를 제고할 수 있다.

24시간 상시 응대가 가능한 민원 자동응답 시스템 구축을 통하여 국민이 언제든 필요한 정보를 얻을 수 있도록 함으로써, 단순 반복적인 질의에 대한 대기 시간을 획기적으로 단축시키고 민원인의 편의성이 극대화된다. 또한 복잡하고 전문적인 정책 문서를 국민이 이해하기 쉬운 언어로 요약하고, 이를 기반으로 카드뉴스나 Q&A 형식의 시민 배포용 콘텐츠를 자동으로 생성하는 기능은 정보의 접근성을 대폭 향상시키며, 국민이 주요 정책을 보다 쉽게 이해하고 공감하는 데 기여할 수 있다. 나아가 특정 지역 주민의 특성과 빈번하게 발생하는 민원 유형을 학습·분석하여 지역 맞춤형 FAQ를 제공함으로써, 주민의 필요에 부합하는 정교하고 개인화된 정보를 제공할 수도 있다.

생성형 AI의 도입은 국민과의 소통 채널을 근본적으로 혁신하여 민원 처리의 신속성과 정보 제공의 정확성을 확보하며, 이는 궁극적으로 국민의 행정 서비스 이용 경험에 긍정적인 변화를 가져올 수 있다. 이는 단순히 수치적인 만족도를 넘어, 국민이 공공 행정의 변화와 노력을 직접적으로 체감하고 신뢰를 강화하는 데 직접적으로 기여하게 될 것이다.

4. 공기업을 위한 생성형 AI 부서별 우선 적용 도메인

1) 생성형AI 활용 유형별 대표 사례

3가지 유형별로 적용 도메인을 우선 지정하고 현장 효과성을 검증하는 방식이 필요하다.

【유형 1】

정책기획·실적보고 도메인 : 전략 부서 중심
적용부서 : 기획조정실, 평가총괄, 전략기획팀 등
주요 기능 : 생성형AI를 통한 실적보고서 요약, 연도별 계획–성과 비교 보고서 생성
생성형AI 기반 성과계획 수립 초안 작성 : 기관 비전, KPI, 주요사업 서술 지원
생성형AI가 정성지표 평가 문항에 따른 사례 구조화
예시 : A 공사는 2024년 생성형AI를 기획조정실에 시범 도입해, 실적보고서 초안 작성과 전략지표 요약 작업을 자동화함으로써 보고서 작성 소요시간 45% 절감, 경영전략의 서술 일관성 향상으로 정성평가 고득점을 유도하였다.

【유형 2】

민원응대·CS 성과 도메인 : 대국민 접점 중심
적용부서 : 고객만족팀, 민원처리과, 지역본부 민원창구 등
주요 기능 : 생성형AI 기반 민원 유형 자동 분류와 1차 응답 문안 생성
반복 민원에 대한 표준응답DB 자동 구축
민원처리 이력 자동 정리 → CS 지표화
예시 : B 지방공사는 생성형AI를 민원처리과에 적용하여, 하루 평균 78건의 민원 중 단순 민원 55%를 생성형AI가 자동 응답 처리
민원 응답 만족도 3개월 만에 11% 상승, 민원 대응 시간 40% 단축

【유형 3】

홍보·외부 커뮤니케이션 도메인: 메시지 생산 중심
적용부서: 홍보실, 대외협력팀, ESG 전담부서 등
주요 기능: 생성형AI 기반 보도자료, 소셜 콘텐츠 초안 자동 작성

내부 성과를 국민 눈높이에 맞춰 서사화(스토리텔링)
ESG · 지역상생 활동 등 사회적 메시지 번역기 역할
예시 : C 공단은 생성형AI를 홍보실에 우선 적용하여, 월간 보도자료 초안을 생성하고 ESG 활동을 카드뉴스 형식으로 재구성해 배포
생성형AI 도입 후 외부기관 보도 채택률 22% 증가, 홍보물 제작 주기 50% 단축

【적용유형 요약】

유형	적용부서	주요 업무	기대효과
정책기획형	기획 · 전략	실적보고서, 성과계획	보고 품질 · 속도 향상
민원처리형	민원 · CS	민원 응답 자동화	응답속도 · 만족도 제고
홍보 · 커뮤니케이션형	홍보 · 대외	콘텐츠 생성 · 서사화	대국민 메시지 강화

2) 공기업 생성형 AI 도입 경계

생성형 AI는 정형화된 데이터나 반복적인 업무에 매우 탁월한 성능을 발휘할 수 있다. 예를 들어, 민원 응답 유형을 분석하거나 일정한 형식의 계약서를 초안으로 작성하는 업무에는 유용하게 활용될 수 있다. 하지만 모든 업무에 AI를 동일하게 적용하는 것은 적절하지 않다. 특히 판단과 해석이 필요한 복잡한 업무에서는 여전히 사람이 중심이 되어야 한다.

이러한 상황에서 AI를 무분별하게 적용하면 오히려 정책적 혼선, 불필요한 예산 낭비, 기관 신뢰성 저하로 이어질 수 있다. 따라서 AI 도입에 앞서 다음의 세 가지 요소에 대한 사전 검토가 반드시 필요하다.

첫째, 타당도(Tolerability) 검토가 선행 되어야 한다.

자동화를 추진하는 업무가 실제로 반복적이고 정형화된 업무인지, 그리고 자동화를 통해 의미 있는 성과를 낼 수 있는지를 먼저 따져보아야 한다. 단순히 "자동화가 가능하다"는 이유로 추진할 경우, 사람이 판단해야 할 업무를 AI에 맡겨 오히려 업무 복잡도와 오류 가능성을 증가시킬 수 있다.

둘째, 민감도(Sensitivity)를 따져 봐야 한다.

해당 업무 결과가 정책 결정, 외부 발표, 인사 평가 등 민감한 사안에 영향을 미칠 수 있는지 여부를 반드시 살펴야 한다. 예를 들어, 잘못된 통계를 AI가 자동으로 계산하여 외부에 공표할 경우, 기관의 신뢰가 심각하게 훼손될 수 있다. 민감한 정보일수록 사람의 최종 확인과 책임 있는 운영 구조가 필수적이다.

셋째, 적합성(Suitability)을 확인해야 한다.

기술적으로 자동화가 가능한 업무인지, 그리고 조직의 승인 절차, 부서 간 협업 구조에 부합하는지도 중요하게 살펴야 한다. 일부 업무는 AI로 자동화할 수 있을지라도, 실제로는 사람의 승인이나 협의가 필요한 구조라면 AI만으로 해결되지 않는다.

실제 사례로 보는 적용 가능성과 한계

성공 사례를 들어보자.

행정안전부 산하의 한 기관은 단순 민원 응답 업무에 AI 챗봇을 도입하였다. "주차장은 어디인가요?", "민원 접수 시간은 언제인가요?"와 같은 반복 질문에 AI가 자동으로 응답하게 하여 연간 민원 처리 시간이 38% 단축되는 성과를 거두었다. 이처럼 타당도와 민감도가 낮은 업무에는 AI 도입이 매우 효과적일 수 있다.

한 공기업은 기관장의 대외 연설문 초안을 AI가 작성하도록 시도하였다. 그러나 결과물에 어색한 표현, 정책 방향과 불일치한 내용이 포함되어 기관 내부에서 논란이 되었고, 결국 AI 도입은 철회되었다. 민감도가 높은 업무에는 사람 중심의 확인과 검토 절차가 필요하다는 교훈을 준 사례이다.

또 다른 공기업은 경영평가 보고서 자동화를 추진하면서, 정량지표(예산 집행률, 이행률 등)는 AI가 정리하도록 하고, 정성지표(조직문화, 사회적 책임 등)는 사람이 직접 작성하는 방식으로 역할을 나누었다. 이처럼 업무의 성격에 따라 AI와 사람의 역할을 구분하는 방식은 현실적이고 효과적일 수 있다.

공기업의 업무는 단순한 일직선형 구조가 아니다. 대부분의 행정 업무는 여러 부서 간 협업, 복수 단계의 승인 절차, 결재 체계, 상급기관 보고로 구성되어 있다. 이처럼 복잡한 조직 구조에서 하나의 업무만을 자동화하면 전체 업무 흐름이 단절되고, 오히려 비효율이 증가할 수 있다.

예컨대 민원 접수 및 분류는 AI가 자동으로 처리하더라도, 관련 부서의 검토 및 답변 작성, 결재 승인은 여전히 수작업으로 남아 있는 경우가 많다. 이러한 경우, 프로세스 전체를 고려한 자동화 설계가 필요하다.

AI 시스템의 도입은 단발성 비용 지출로 그치는 것이 아니라, 초기 투자, 유지보수, 기술 인력 확보 등 지속적인 자원 투입이 요구되는 사안이다. 단순한 챗봇 도입조차도, API 연동, 응답 시나리오 설계, 데이터 검수, 오류 대응 등의 절차가 동반된다.

예산이 충분하지 않거나 전담 기술 인력이 없을 경우, 시스템은 도입 이후 운영되지 못하고 중단될 가능성이 높다. 따라서 기술 도입에 앞서 운영 인프라와 예산 여력까지 포괄한 계획 수립이 필요하다.

3) 생성형 AI기반 공기업 업무 자동화의 한계

생성형 AI는 공기업의 업무 효율성과 행정 대응 속도를 높이는 데 매우 유용한 도구가 될 수 있으나, 그 무분별한 도입은 혼선, 신뢰 저하, 예산 낭비를 초래할 수도 있다.

따라서 AI 도입을 고려할 때는 다음과 같은 질문에 스스로 답할 수 있어야 한다.

이 업무는 자동화하기에 충분히 타당한가?
정책이나 외부 공개 등 민감한 영역은 아닌가?
우리 조직의 구조와 적합하게 맞물릴 수 있는가?

이와 같은 기준을 기반으로 점진적이고 전략적인 접근을 취할 경우, AI는 공기업의 신뢰할 수 있는 실무 파트너로 자리 잡을 수 있다.

4) 경영평가와의 연계 고려사항

AI 자동화는 단일 업무 단위에서는 효율을 낼 수 있지만, 공기업 업무는 다부서 협업과 결재 절차, 보고 체계가 중첩된 구조이므로, 단편적인 자동화는 전체 프로세스에 오히려 혼선을 유발할 수 있다. 따라서 업무 간 연계성 분석과 프로세스 재설계가 반드시 선행되어야 한다.

공기업 경영평가 지표 중에는 다음과 같이 프로세스 전반의 연계성과 협업 시스템을 평가하는 항목이 존재한다.

「경영관리」지표의 "조직 운영 효율성", "책임경영체계"
「혁신성과」지표의 "디지털 전환 노력 및 실행도"
「성과지표 관리」항목의 "성과창출 체계의 정합성"

이러한 항목에서는 단일 AI 시스템 도입 여부보다는, AI가 조직 전체의 업무 흐름 속에서 얼마나 유기적으로 작동하고 있는지, 협업 체계를 어떻게 개선했는지에 주목한다.

성공사례인 국민권익위원회 민원처리 시스템을 보자.

국민신문고의 자동 분류 시스템은 민원 내용을 부서별 키워드에 따라 자동 배분하도록 설계되었으나, 부서 간 처리 절차와 연결되는 워크플로우도 함께 정비하였다. 이로 인해 단순 자동화에서 나아가 전체 프로세스 개선과 조직 연계성 향상으로 이어졌고, 경영평가 지표 중 "민원 대응 체계의 효율화" 항목에서 높은 점수를 받았다.

모 지방공기업의 문서 자동화 사업의 경우는 경영기획실에서 계약서 자동화 솔루션을 도입했으나, 법무팀, 사업부서, 감사부서 간 검토·결재 프로세스가 별도로 운영되어 자동화된 문서가 실제로 활용되지 못하고 중복 작성이 이어졌다. 이로 인해 "조직 간 연계성 부족"이라는 감점을 초래했다.

AI는 도입만으로 효과가 나는 것이 아니라, 지속 가능한 운영 기반이 필요하다. 이를 위해선 예산 배정, 기술 인력 확보, 유지보수 체계 등 운영 기반 전반에 대한 계획이 마련되어야 한다.

마지막으로, 공공기관의 AI 도입 및 경영평가 대응 전략 수립 시 의사결정 도구를 사전에 준비하여야 혼선을 줄일 수 있다. "즉시 실행, 중장기 준비, 자동화 위임" 등의 시급성과 중요도 난이도를 고려한 우선순위 설정과 예산, 조직, 법적 요구사항에 적확한 생성형AI 도입과 실행, 성공 이 연결된 전략 수립이 가능합니다.

5. 공기업과 지방공기업 평가관점의 차이와 유사점

1) 비슷한 관점

구분	공기업(공기업·준정부기관)	지방공기업
평가 주관	중앙(기획재정부)	지방(행정안전부)

평가 절차	실적보고서 제출 → 평가위원회 평가 → 결과 공개	실적보고서 제출 → 평가위원회 평가 → 결과 공개
주요 평가지표	경영관리(전략, 조직·인사, 재무, 혁신 등), 주요사업, 사회적 가치, 혁신 가점 등	경영관리(전략, 조직·인사, 재무, 혁신 등), 주요사업, 사회적 가치 등
평가 목적	공공성 및 경영효율성 제고, 대국민 서비스 향상	경영효율성 및 공공성 제고
실적·성과 중심	계량 및 비계량 지표 혼합, 실적 평가	계량 및 비계량 지표 혼합, 실적 평가

공기업, 지방공기업 모두 ESG, 디지털 전환, AI 활용 등의 항목을 점점 더 강조하고 있는 실정이다.

실적보고서, 정성평가, 경영혁신(혁신과제), 사회적 가치 실현 등 큰 흐름은 동일하다.

비판적인 관점인 단기 성과·양적 지표 중시, 중장기적·정성적 평가지표 비중이 낮다는 비판도 양쪽에 모두 적용 된다.

2) 공기업과 지방공기업이 다르게 적용되는 관점

구분	공기업(공기업·준정부기관)	지방공기업
법적 근거	「공공기관의 운영에 관한 법률」	「지방공기업법」
평가 주체	기획재정부(중앙정부)	행정안전부(지자체)
기관 유형	공기업(시장형, 준시장형), 준정부기관(기금관리형, 위탁집행형) 등 다양	시·도 산하 지방공사, 지방공단 등
재무성과 배점	공기업 20점, 준정부기관 13~18점(비중 높음)	별도 항목(배점은 상대적으로 낮은 편)
주요사업·사회적 가치 평가	정책 목표 달성, 혁신과 소통, 국민경제 기여 등 중앙 정책 우선	지역사회 기여, 일자리 창출 등 지역 정책 우선

평가지표 세부 항목	중앙의 정책·사회적 가치 실현 중심, 주요사업별 맞춤형	지역사회 서비스 개선, 주민 체감도 등 지방 특화 지표 포함
데이터 기반 행정평가	데이터·AI 활용 지표(기술혁신, 자동화 등) 점차 강화, 도입 속도 빠름	데이터·AI 평가 도입은 초기 단계, 도입·확산에 한계 있음
평가결과 활용	성과급, 기관장 평가, 정책 지원 등에 광범위 활용	주로 성과급, 지방재정 지원 연계 등

중앙 공기업은 정책, 국민경제, 공공서비스 전체에 영향 미치는 대형 사업이 많아 재무성과·혁신성과 배점이 높을 수 밖에 없는 구조다.

지방공기업은 지역 밀착형 서비스, 주민 만족, 지역 일자리 등의 실적이 강조되고, 평가지표가 현장성과 및 지역 특수성에 더 초점을 맞추고, 지방자치와 지방분권의 영향을 받는다.

AI 활용·경영혁신 등 신지표는 중앙부처, 공기업에서 시범적/선도적으로 먼저 적용되는 경향이 강하고, 지방공기업은 중앙 공기업 평가를 벤치마크 하면서 점진적 도입 추세를 보인다.

6. 신정부 핵심 이슈 '안전과 보건', '정보보안과 리스크 관리'

1) 안전과 보건

경영평가에서 강화되는 안전·보건의 가치가 중요해 지는 것이 확연하다.

2024년 공공기관 경영평가 결과를 보면, 단기 재무 성과에 치우친 기존 평가 방식의 한계가 명확하게 드러난다. 이에 정부는 국민이 직접 체감하는 안전·보건 및 재난 관리 항목의 비중을 대폭 강화하며 평가의 방향을 전환하고 있다.

'안전'이 공공기관의 핵심 가치가 되어서, 이제 공공기관의 평가는 재무적 성과를 넘어 안전사고 예방, 근로자 건강관리, 그리고 재난 대응 역량을 핵심 가치로 삼습니다. 이러한 변화는 단순한 평가 항목의 추가가 아니라, 공공기관의 존재 이유를 '수익성'이 아닌 '공공성'과 '국민 안전'에 두겠다는 정부의 강력한 의지를 반영한다.

정책 환경 변화와 대응의 중요성

공공기관의 관리 및 평가 기능이 기획재정부에서 국무총리실로 이관될 가능성이 커지면서, 안전·보건 정책은 더욱 중요한 국정 어젠다가 됩니다. 이는 공공기관이 안전·보건을 단순한 의무가 아닌, 기관의 생존과 직결된 핵심 경영 과제로 인식하고 선제적으로 대응해야 한다는 것을 의미한다.

안전관리 수준 고도화에서 AI와 디지털 기술은 안전·보건 관리 효율성을 극대화하는 강력한 도구이다. 공공기관 AI 매뉴얼에서는 생성형 AI, 사물 인터넷(IoT), 디지털 트윈 기술을 활용해 위험 요소를 예측하고, 재난 대응을 시뮬레이션하는 등 안전 관리 업무를 고도화할 것을 제안한다.

2) 정보보안과 리스크 관리

공공기관이 생성형 AI를 도입할 때 정보보안과 리스크 관리가 가장 먼저 고려해야 할 핵심이다. AI는 방대한 데이터를 활용해 업무 효율성을 크게 높이지만, 동시에 개인정보 유출, 민감 정보 노출, 알고리즘 오류 등 다양한 위험을 수반한다. 특히 국민의 세금과 신뢰로 운영되는 공공기관은 단순한 기술적 편의보다 법적·윤리적 안전장치를 우선적으로 확보하기위해서 정보보안의 세 가지 기본 원칙을 준수한다.

먼저, 주민등록번호나 계좌번호 등 개인 식별 정보는 AI에 입력하지 않는 것을 원칙으로 한다. 만약 입력이 필요하다면 반드시 익명화 또는 암호화 절차를 거쳐야 한다.

내부 데이터 관리 : 생성형 AI가 활용하는 중요 문서는 내부망 저장소에서 관리된다. 외부 클라우드 서비스를 이용할 경우 반드시 보안 인증 여부가 확인되어야 한다.

둘째, 사용자별로 접근 권한이 세분화되어, 최소한의 범위 내에서만 AI 학습 및 활용이 이루어지도록 엄격하게 통제된다.

이어서, AI도입으로 발생 가능한 리스크를 식별하고 관리하기 위한 체계를 구축한다 생성형 AI 도입에 따른 위험은 크게 세 가지로 분류하고 체계적으로 관리해야 한다.

먼저, AI 모델이 잘못된 정보를 생성하거나 편향된 판단을 내릴 수 있다. 이러한 오류를 방지하기 위해 사전 검증 절차가 마련되고, '휴먼 인 더 루프(Human-in-the-loop)' 체계를 구축하여 사람이 최종적으로 검토하게 된다.

둘째, 개인정보보호법, 공공데이터법 등 관련 법령을 철저히 준수해야 한다. 법령 위반은 기관 신뢰도 하락으로 직결된다.

셋째, 데이터 품질 저하, 시스템 장애, 사용자 오류 등 AI 활용 과정에서 발생할 수 있는 문제에 대비하여 비상대응 매뉴얼이 준비되어야 한다.

공공기관 경영평가 지표 중 '내부통제 및 위험관리'와 '정보화 수준 제고' 항목은 정보보안과 직접적으로 관련된다. 생성형 AI를 활용하여 보안 및 리스크 관리 체계를 강화하면 경영관리 효율성을 높이고, 조직의 신뢰도를 향상시키며, 지속가능한 혁신 역량을 보여줄 수 있다. 이는 경영평가에서 높은 점수를 얻는 핵심 전략이 된다.

제5장

AI 승부처
– 데이터 활용

《 저자_ 윤기영 》

윤 기 영
Yoon, Ki-Young

저자소개

학력
- 한양대학교 경영대학원 (MIS 전공) 석사
- 연세대학교 문과대학 (철학과) 학사

주요 경력
- 중앙경영연구원 컨설팅본부 이사
- 넥스엔정보기술 이사
- 씨에이에스 데이터사업본부 이사
- 보훈 디지털 혁신방안 연구 (국가보훈부, 2024)
- 새만금 빅데이터 과제발굴 및 분석사업 (새만금개발청, 2023)
- 데이터 관리체계 ISP수립 및 품질개선 용역(인천광역시, 2021)
- 다수 중앙행정기관 및 공공기관 SI 용역 PM 수행

자격사항
- 데이터거래사/과학기술정보통신부장관[2025]

제5장. AI 승부처 · 데이터 활용

1. 매일 업무에서 부딪치는 데이터

우리가 가장 본격적으로 알게 된 인공지능은 아마 2016년 이세돌 9단과 바둑 대국을 했던 구글 딥마인드에서 개발한 '알파고'다. 당시 일반인들은 적어도 바둑에서는 인공지능이 인간을 능가하기는 어렵다고 생각했다. 그런데 딥마인드 개발팀은 바둑 기보 16만 건을 학습시키고 이후 알파고 스스로 자기 대국을 하루에 수 십 만 번 바둑을 두게 하여 학습한 결과 알파고는 사람을 상대로 4승 1패의 전적으로 승리를 기록하게 된다.

이 때 이후 막연하게나마 인공지능에는 사람처럼 '학습'이 필요하다는 것을 알게 됐고, 2022년 GPT-3,5 기반의 ChatGPT를 오픈할 당시 공개된 바에 따르면 그 이전 버전인 GPT-3이 크롤링, 웹텍스트, 서적, 위키피디아등 다양한 소스 데이터 45TB를 '학습'했고 모델을 한 번 훈련시키는 데 1,200만 달러 정도가 들었고 총 4,600만 달러에 이른다고 알려졌다.

인공지능이 사람 대신에 전문가처럼 무엇을 판단하고 결과를 내놓으려면 그렇게 하도록 하는 '무엇'이 필요하다. 예를 들어 소상공인 지원을 위해 정책을 수립하기 위하여 특정 지역의 상권 분석이 필요한 경우, 구매력을 파악하기 위해 시간대 별로 어느 나이대의 사람들이 있는지, 어떤 종류의 상품과 서비스를 제공하는지, 또 그 밀집도는 어느 정도인지, 매출의 크기는 어떤지 등 판단하고 추론할 '자료'가 있어야 한다. 목적에 따라 필요한 '자료'는 정말 다양할 것이다. 여기서 표현한 '무엇'과 '(근거)자료'의 역할을 담당하는 것이 바로 '데이터'다.

우리가 하루 일상을 살아가는 데도 많은 것이 데이터로 기록된다.

출근할 때 교통카드를 사용했다면 어디서, 어디로, 언제, 어떤 교통수단으로, 어떤 루트로 이동했는지가 기록되었을 것이고, 가까운 사람을 위해 선물을 구매했을 경우 매장에서는 POS 시스템에서 어떤 상품을 언제 얼마나, 얼마에 판매되었는지에 대한 데이터가 발생하고, 카드사에서는 회원이 남자인지, 여자인지, 나이대는 얼마인지, 직업은 무엇인지 등의 정보와 어디에 있는 샵에서 언제 얼마나 구매했는지 정보가 생성된다 -여기서 카드사는 업종은 알 수 있지만 구체적 상품 정보는 알 수 없을 수 있다-. 여기에 또 통신사는 통화 정보 외에도 이동정보 등의 데이터를 자동적으로 기록하고 있다. 물론 서비스 제공업체는 자신의 영업 목적에 맞는 정보와 부가적인 정보를 생성하고 축적하는 것이지만 고객인 우리가 발생시킨 이러한 데이터로 그 기업이 새로운 시장을 만드는 등 경쟁력을 높일 수 있는 중요한 수단으로써 가치를 가지며 접근하기 어려운 고유의 자산이 되고 있다.

[우리가 물건을 하나 살 때에도 다양한 데이터가 생성 · 저장된다]

이렇게 자산으로서의 데이터는 그 기업 고유의 데이터뿐만 아니라 외부 데이터와 결합 또는 융합되는 경우에는 전혀 다른 새로운 관점의 데이터 가치가 생길 수 있다.

 우리 공공기관은 이런 면에서 정말 유리한 입장에 있다고 할 수 있다. 물론 개인정보보호법 등 제약도 있지만 우리의 모든 업무는 전자결재 시스템, 통계 포털, 민원관리 시스템 등 다양한 정보화 도구가 도입되면서 그 결과를 '데이터'로 축적하고 있다. 우리 공공기관은 데이터를 생산하며 데이터를 보유하고 있는 조직이라는 점에서 전체 데이터 가치사슬에서 중요한 역할을 담당하고 있다. 인공지능과 빅데이터 시대에서 데이터는 우리를 다른 조직, 경쟁조직보다 앞서게 할 핵심 요소이다.

1) 행정 현장에서 데이터가 사용되는 사례

오늘날 대부분의 공공행정은 데이터를 중심으로 운영되고 있으며, 이러한 데이터는 단순한 숫자나 표 이상의 의미를 지닌다. 현장에서 흔히 마주치는 데이터 활용 사례는 다음과 같다.

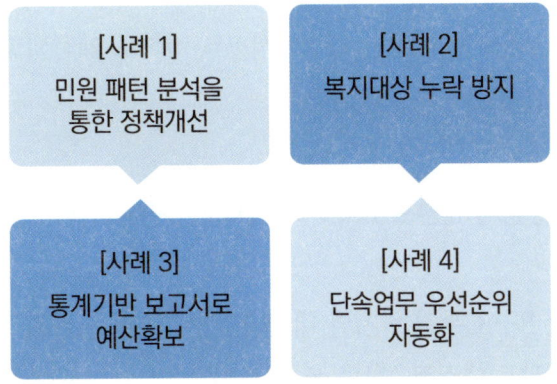

[사례 1] 민원 패턴 분석을 통한 정책 개선 : 데이터 분석을 통한 행정 대응 사례

서울시 A구청 민원실에서는 1년간 접수된 민원 데이터를 분석한 결과, 특정 동(洞)의 가로등 고장과 관련된 민원이 월 평균 20건 이상 지속적으로 발생하고 있음을 발견했다.

기존에는 단순히 '접수' → '처리'로 대응했지만, 민원 유형별, 지역별 데이터를 분류·집계함으로써 해당 민원이 조도 센서 문제로 인한 반복 고장임을 확인하고 전체 조도 센서를 사전 교체하고 정비 주기를 조정함으로써 이후 관련 민원이 90% 이상 감소하였다

[사례 2] 복지 대상자 누락 방지 : 데이터 정제와 표준화로 행정 품질 향상 사례

복지과 B팀은 기초생활수급자 자동 심사 시스템의 연계 오류로 인해 일부 대상자의 자격 재심사가 누락된 사례를 발견했다.

이후 담당자는 해당 시스템의 데이터 중 '주소'와 '가구원 수' 필드의 누락률이 높다는 점을 파악하고 먼저 주소 포맷을 표준화하고,

가족관계 정보를 주민등록 연계로 자동 보완하게 설정함으로써 그 결과, 심사 누락률이 15%에서 1% 이하로 개선되었으며, 복지 행정의 신뢰도가 향상되었다.

[사례 3] 통계 기반 보고서로 예산 확보 : 근거의 객관화로 정책 실행 사례

서울시 B구 C부서는 지역 내 청년 정책 추진을 위해 구청 예산을 신청하면서, 단순히 "청년 체감 어려움"만 서술했던 초안은 부서

간 협의 과정에서 반려되었다. 이에 인구 데이터와 취업통계, 지역 청년층 1인 가구 증가율 등 데이터 기반 보고서로 재작성한 결과, 청년 고립지수 상승이라는 구체적 근거를 확보하였고 구체적 지표와 비교 지역 사례를 활용해 정책 타당성 입증함으로써 최종적으로 예산이 승인되고, 청년 정책 TF가 구성되었다.

[사례 4] 단속 업무의 우선순위 자동화 : 경로 최적화 사례

주차 단속팀 D팀은 CC TV, 단속 촬영 데이터, 민원 데이터를 활용해 불법 주정차 상습지역을 주간·시간대별로 분석하고 단속 순서를 데이터 기반으로 재배치하고 이전에는 경험에 의존했던 순회 순서를 민원 집중도 및 위반률에 기반한 경로로 재설정하여 단속 효율이 30% 증가되고 민원도 점진적으로 감소하였다.

2) 정확한 데이터가 주는 행정의 변화

데이터의 정확성은 단순한 통계 오류를 넘어서 행정의 신뢰성과 효율성 전반에 결정적인 영향을 미친다. 데이터가 정확하게 관리되고 분석될 경우, 공무원 개개인의 업무부터 기관 전체의 정책 실행까지 유기적으로 수행할 수 있다. 반대로 부정확한 데이터는 반복적인 오류와 행정 낭비, 나아가 국민의 불신을 초래할 수 있다.

◆ **정책 수립의 근거가 되는 정확성, 객관성 확보**

행정에서 하나의 정책을 기획하거나 보완할 때, 단지 현장의 느낌이나 민원 몇 건만으로 판단하긴 어렵다. 예를 들어, 노후 주택지역에 대한 리모델링 지원 정책을 수립할 경우, 해당 지역의 주택 연식,

주민 연령, 민원 내용, 주변 개발 현황 등의 다양한 데이터가 정확하게 확보되어야 예산 편성도 가능해진다.

만약 일부 주소 데이터가 잘못 입력되어 통계에서 누락되면, 실제 정책 대상이 제대로 파악되지 않거나 자격이 없는 곳에 예산이 배정될 수도 있다.

◆ 행정업무의 효율성과 민원 대응 속도 향상

정확한 데이터는 업무처리 속도를 높이고 오류 재확인 과정을 줄여 전체적인 행정 효율을 끌어올린다.

만약, 만약, 민원 내용에 확인이 필요한 경우 민원인을 식별할 수 있는 정보가 (전화번호 혹은 메일 주소) 부정확하다면 사실 확인 등의 조치에 많은 시간이 투입된다. 이는 행정력 낭비로 이어지고, 시민의 불만으로 연결될 수 있다.

◆ 대국민 신뢰 확보

정확한 데이터는 국민에게 신뢰받는 행정을 실현하는 기초가 된다. 예를 들어 통계청이 발표한 지역별 청년 실업률 수치가 지방정부 정책과 상이할 경우, 시민은 혼란을 느낄 수 있다. 하지만 수집된 데이터의 출처, 단위, 기준을 맞추고 오류를 줄이면 국민은 행정기관이 일관된 기준으로 판단하고 있다고 신뢰하게 된다.

또한, 민원에 대한 처리 결과를 데이터로 남기고 이를 시각화하거나 분석하여 공개하면, 단순히 민원에 대응하는 수준을 넘어 데이터 기반으로 문제를 해결하는 적극 행정의 모습을 보여줄 수 있다.

◆ **부정확한 데이터가 일으키는 행정 리스크**

부정확한 데이터는 실제 현장과 정책 사이의 괴리를 만들어내고, 때로는 정책 실패로 이어질 수 있다. 예를 들어, 아동 급식 지원사업에서 가구원의 수를 잘못 입력하여 대상자에서 누락된 사례, 또는 도로 유지관리 예산을 배정하면서 반복 민원지역이 제대로 반영되지 않아 예산이 전혀 배정되지 않은 사례 등은 모두 정제되지 않은 데이터로 인한 행정 실패 사례다. 이는 단지 오류의 문제가 아니라, 국민의 삶과 신뢰에 직접적인 영향을 미친다는 점에서 치명적이다.

2. 우리 업무에서 다루는 데이터의 유형

우리가 업무에서 읽고 활용하는 자료는 문서파일(한글, 텍스트, 이메일, 공문), PDF파일, 스프레드시트(엑셀, 한셀 등), 사진, 동영상 파일 등 다양한 형태가 있다. 그냥 늘 사용하던 것들이라 사용할 때는 의식하지 않지만 데이터 관점에서 조금만 바라보면 조금 다르게 분류할 수 있다. 이러한 분류가 데이터 클렌징(정제)을 포함한 데이터 관리의 출발점이 된다.

1) 정형 데이터와 비정형 데이터

◆ **정형데이터란?**

정형 데이터(structured data)는 행(row)과 열(column)로 구분된 표 형태로 구조화된 데이터를 말한다. 쉽게 말해, 엑셀처럼 칸이 명확히 구분되어 있는 데이터가 대표적이다.

- 예시
  - 주민등록번호, 주소, 성명 등이 정리된 엑셀 파일

- 민원 접수번호, 접수일, 담당자, 처리상태가 있는 행정포털 민원 DB
- 특징
  - 필드명이 정해져 있어 검색·분류·분석이 용이
  - 데이터베이스(DB)나 통계 시스템에 바로 활용 가능
  - 오류나 누락도 쉽게 식별할 수 있어 클렌징이 비교적 간편

◆ 비정형데이터란?

비정형 데이터(unstructured data)는 정해진 구조 없이 저장된 텍스트, 이미지, 음성, 영상 등 자유 형식의 데이터를 말한다. 공공기관의 보고서, 회의록, 이메일, 사진 자료 등이 이에 해당한다.

- 예시
  - 자유서술형 민원 내용 ("너무 시끄럽고 위험해요")
  - 주민이 첨부한 사진이나 파일
  - 공문서 본문 내용, PDF 보고서, 스캔한 한글문서
  - 음성 민원, CCTV 영상, SNS 게시글 등
- 특징
  - 구조화되어 있지 않아 자동 분석이 어려움
  - 분석 전, 일부 특성에 대해 정형 데이터로 '전처리(텍스트 마이닝, 이미지 태깅 등)'가 필요함

◆ 이런 구분이 왜 중요한가?

정형과 비정형 데이터는 처리 방식이 다르기 때문에, 업무 목적에 따라 구분하고 이해하는 것이 중요하다. 예를 들어, 통계 보고서를

만들거나 예산 분석을 할 땐 정형 데이터가 필요하고, 민원의 구체적 사유를 분석하거나 정책 의견을 수렴할 땐 비정형 데이터를 텍스트 분석해 활용해야 한다.

◆ 정형 · 비정형 데이터는 어떤 문서와 시스템에 담겨 있을까?

정형/비정형 데이터는 단순한 개념 구분을 넘어서, 실제 행정문서, 시스템, 일상적인 업무 파일 속에 그대로 담겨 있다. 이제 우리 행정 업무 속에서 데이터를 어떤 방식으로 다루고 있는지 실례를 중심으로 살펴본다.

① 엑셀 기반 문서 – 대표적인 정형 데이터
[실무 예시]
- 주민자치센터 민원접수 내역: 접수일, 성명, 전화번호, 민원유형, 처리상태
- 현장 점검 결과표 : 점검일, 점검자, 항목별 점수, 특이사항
- 행정업무 추진일지 : 일자별 업무명, 주관부서, 진행상황
- 대부분 '행 단위'로 관리되며, 엑셀 파일이나 행정 포털의 표 형식으로 관리됨
- 정형 데이터로 자동 분석, 필터링, 정렬 등 가능

② 공문서 및 회의자료 – 혼합형 또는 비정형 중심
[실무 예시]
- 공문서 본문 : "○○구 보육시설 통합관리 방안 검토 결과 …" 등 서술형 중심

- 회의자료 PDF: 도표와 설명 혼합, 표는 일부 존재하나 문장 중심
- 한글보고서(hwp): 각 부서의 정책 추진 실적, 내부 의견, 협의 내용 등
- 텍스트 기반 비정형 데이터가 주를 이룸
- 주요 내용을 자동 추출하려면 자연어 처리(NLP)나 키워드 분류 필요

③ 민원 처리 시스템 - 정형 + 비정형의 대표사례
[실무 예시]
- 민원 접수번호, 접수일, 담당자 등은 정형 데이터
- 민원 본문("동네 공사 소음이 너무 심합니다")은 비정형 텍스트
- 첨부파일(사진, 녹음 등)은 비정형 멀티미디어 데이터
- 하나의 건에서도 정형 + 비정형이 동시에 존재
- 클렌징 시, 필드별 처리 방식이 달라야 함

④ 내부 시스템(예산, 인사, 통계 등)

시스템	포함된 데이터	구분	실무 활용 예
재무·회계 시스템	예산항목, 코드, 집행일자, 금액	정형	회계결산 보고, 감사자료 준비
인사관리 시스템	직원번호, 근속연수, 직급변경일	정형	인사이동 분석, 인원통계
e-문서 시스템	회의록, 코멘트, 승인 경로 등	비정형	업무이력 추적, 협의 내용 파악
통계포털	연령대별 인구 수, 시설 개수 등	정형	정책 기초자료, 보고서 근거 수치

※ **반정형 데이터**

정형, 비정형 데이터 외에 반정형이란 말을 들어본 적이 있을 것이다. 대표적인 형태가 XML (Extended Markup Language)이다. 정형데이터처럼 고정된 구조를 가지고 있지 않고 필요에 따라 객체의 속성을 정의하고 활용할 수 있는 데이터 구조를 말한다.

2) 공공 데이터와 민간 데이터

현대 행정은 이제 행정기관이 자체적으로 보유한 정보만으로 정책을 세우는 시대는 지났다. 교통, 복지, 환경, 안전 등 거의 모든 정책 분야에서 민간이 생산한 데이터도 매우 중요한 소스 자료가 되고 있다. 따라서 공공기관은 '공공 데이터'와 '민간 데이터'를 구분하고, 필요한 경우 이 둘을 조합해 정책을 설계해야 한다.

◆ **공공 데이터란?**

공공 데이터는 정부 · 지자체 · 공공기관 등에서 업무 수행 중 생성된 데이터로, 법적 정의에 따라 일정 조건을 갖추고 있다.
- 법적 정의
  - 「공공데이터의 제공 및 이용 활성화에 관한 법률」 제2조 제1호
  - "공공데이터란 공공기관이 생성 · 취득하여 관리하는 전자적 형태의 자료 또는 정보로서, 국민에게 제공할 수 있도록 정비된 것"
- 실무 예시
  - 행정안전부 인구통계
  - 국토부 건축물대장 데이터
  - 국민권익위 민원데이터

- • 자치구의 예산집행내역, 주차위반 건수, 어린이집 운영 현황 등
- 특징
  - • 공공의 목적에 의해 생성
  - • 신뢰도와 공식성이 높음
  - • 표준화되어 있어 비교적 정형 데이터 비율이 높음
  - • 일부는 공공포털(data.go.kr 등)에서 개방되어 누구나 활용 가능

◆ 민간 데이터란?

민간 데이터는 기업, 협회, 플랫폼 사업자 등이 생성·보유하고 있는 데이터로, 공공 목적으로 직접 수집된 것이 아니지만 정책 수립에 매우 유용한 자료가 될 수 있다. 이러한 이유로 민간데이터는 구매를 통하여 확보하는 경우가 많으며 데이터분석담당 부서에 확인할 필요가 있다.

- 실무 예시
  - • 카드사 소비 데이터 : 지역 상권 활성화 정책 수립에 활용
  - • 통신사 이동 데이터 : 관광객 유입 분석, 재난 대응 동선 파악
  - • 신용 평가 데이터 : 지역경제 모니터링에 활용
  - • 배달 앱 주문량 데이터 : 식품위생 점검 대상 선정에 활용
  - • 부동산 포털 데이터 : 실거래가·관심지역 트렌드 분석
- 특징
  - • 목적은 주로 영리 활동이나 서비스 품질 개선
  - • 대부분 비정형 또는 반정형 데이터
  - • 공공기관에 바로 제공되지 않으며, 협약 또는 구매 필요
  - • 최신성, 실시간성은 뛰어나나 공식 통계로는 한계 있음

3. 현장에서 자주 마주하는 데이터의 문제

이 글을 쓸 때 가장 고민이 되는 부분이 데이터를 기반으로 무언가를 하려고 하는 우리 담당자의 데이터 역량을 어느 수준으로 맞출 것인가였다. 사실 시스템 구축과 정보화 파트에서 근무하는 사람이라면 이미 잘 알고 있는 영역이고, 데이터를 처음 다뤄 보는 사람이라면 짚고 넘어가야 할 부분이 너무 많기 때문이다. 활용할 데이터의 중요성과 복잡성이 크다면 정보화담당관실에 문의하는 것이 가장 현명한 방법이다. 그러므로 항상 해당 부서에 문의하기도 어렵고, 패턴이 있고 반복적인 형태이거나 데이터의 분량이 적은 편이라서 직접 해봐야겠다고 생각하고 용기를 낸 실무 담당자를 대상으로 한다.

우리가 지금 통계 형태의 데이터를 다루고 있다고 생각해보자. 서로 다른 담당자와 정보화담당관 쪽에서 제공받은 상당기간의 데이터가 여러 개의 파일로 왔다. 그래서 기간을 확인하려고 '날짜'에 해당하는 컬럼을 봤더니 시스템에서 추출한 자료는 'YYYYMMDD'형태로 정리되어 있는데 사람이 작성한 데이터는 'YYMMDD', 'YY-MM-DD' 등 서로 다른 형태로 표기되어 있다. 만약 이 상태에서 그대로 한 파일로 통합해서 날짜 기준으로 데이터를 정렬한다면 해당 날짜는 무조건 제외될 것이다

공공부문뿐만 아니라 일반 기업에서 데이터의 오류는 대동소이하다. 데이터 품질관리영역에서 그렇게 오랫동안 관심을 가지고 있지만 인력과 예산과 시간의 부족으로 지금까지도 해결이 되지않는 부분이다.

◎ 오류 유형 1 - 형식 오류

첫 번째는 도입부에서 언급했던 것과 같은 형식 오류이다. 즉 날짜, 주민등록번호 등 표준 형식이 있는데 그것이 무시된 경우다. 연속성을 고려하여 '20250701' 8글자 형태로 하기로 했다면 '250701'의 6글자 형태이거나 '25.7.1'형태는 파일을 하나로 만들 때 연속성을 확보할 수 없다. 연도만 필요해서 컬럼의 앞 4글자를 추출했더니 '2025', '2507', '25.7'이라 나오게 되어 같은 연도로 인식이 불가능하다.

◎ 오류 유형 2 - 데이터 누락

두 번째는 누락 데이터이다. 하나의 정보는 여러 데이터가 관계를 맺어서 구성된다. 만약 '성명', '날짜', '주소', '연락처', '성별'이 하나의 세트로 구성된 정보가 있는데 그 중에 날짜와 성별이 없다면 해당 데이터는 분류되지 않고 제외해야 할 데이터가 될 것이다.

◎ 오류 유형 3 - 데이터 중복

세 번째는 중복 데이터다. 위에서 언급한 하나의 셋에 대한 정보가 여러 사람이 작성한 자료에 공통적으로 있었다고 가정하면 통합파일에서 동일한 데이터가 그 개수만큼 중복되어 있을 것이다.

◎ 오류 유형 4 - 오타·불일치

네 번째는 오타·불일치의 경우다. 동일한 대상이 다르게 표시되는 경우에 해당하는데 '서울시', '서울특별시', '서울 특별시', '서울'등으로 표기된 경우와 '서울'을 '소울'로 잘 못 입력한 경우다.

◎ 오류 유형 5 (C5) - 부정확한 값

다섯 번째는(C5) 부정확한 값이다. 이 부분이 실제로는 가장 어려운 부분이다, 어떤 측정결과가 300~1,500의 범위에 들어가야 하는 컬럼이 있다고 생각해보자. 실제 값 400이 500으로 입력된 경우라면 틀렸다고 알아낼 방법이 없다. 그렇지만 '290', '1,600'등의 값과 스페이스만 들어간 경우, 숫자가 아니라 문자가 들어간 경우라면 해당 값이 부정확한 값으로 처음부터 배제할 수 있다.

◎ 오류 유형 6 (C6) - 글자 깨짐

여섯 번째는 글자 깨짐이다. 전자화된 문서는 다양한 형태의 문자 구성 방법이 있는데 그냥 일반적으로 인코딩이라고 이해하자. 인코딩 방법이 다르면 한 글의 경우는 100% 외계어로 찍혀나온다. 대부분 원본을 'UTF-8'로 저장하면 해결되는 경우가 많은데, 데이터 보안 프로그램 사용 여부 등과 맞물려 다양한 케이스가 발생하므로 데이터를 처음 만든 사람에게 문의해서 해결해야한다.

4. 왜 데이터를 정제해야 하나요?

데이터는 단순해 보일지라도 숫자와 텍스트의 나열이 아니다. 이러한 데이터 와 데이터 셋(set)을 기반으로 많은 행정적, 전략적 판단을 수행하고 있으며 정확하지 않은 데이터는 곧 잘못된 행정 결정으로 이어질 수 있다. 그러므로 데이터 정제는 (Data Cleansing) 이런 문제를 사전에 방지하는 중요한 작업이다.

데이터 오류로 인한 결과	실무 영향
부정확한 통계 생성	대상 및 규모 파악 실패 - 예산 과부족 책정
업무중복 - 행정력 낭비	동일한 일을 부서에 중복적 배치
정책오판	오류 데이터에 의한 잘못된 결정
시스템 오류	수작업 증가

1) 실무 오류 사례로 보는 정제 필요성

[사례 1] 자동 보고서에서 누락된 시설 점검 데이터

지방 공기업 A사는 매월 관할 지역의 상하수도 시설에 대한 점검 이력을 전산 시스템에 등록한 후 자동으로 월간 안전관리 보고서를 생성하고 있다. 그런데 특정 지역의 점검 이력이 보고서에서 누락되는 일이 발생하여, 원인을 확인해본 결과, 점검일자가 25-05-01, 2025/5/1, 5월1일 등 서로 다른 형식으로 저장되어 있었다. 시스템은 날짜 필드에서 일정한 형식(YYYY-MM-DD)만 인식하도록 되어 있어 실제로는 점검을 완료했음에도 불구하고 보고서 상에는 누락된 것으로 나타났다. 이 사례는 일상적인 데이터 입력 오류가 보고서의 신뢰도를 떨어뜨리고, 나아가 조직의 안전 관리 체계에까지 영향을 줄 수 있음을 보여준다.

[사례 2] 연료 수요 예측 오류로 인한 과잉 재고

지역 난방공사를 운영하는 공기업 B사는 계절별 열공급량을 예측하여 연료 구매 계약을 체결하고, 이에 맞춰 창고의 재고량을 조정한다. 문제는, 과거 연료 소비량 데이터를 기반으로 수요를 예측하던 중 발생했다. 지난 해 12월분 데이터가 시스템에 중복 등록되어 있었고 이로 인해 12월의 연료 사용량이 실제보다 두 배로 계산되었고, 그 데이터를 바탕으로 한 예측 결과 역시 비현실적으로 부풀려졌다. 결과적으로 올해 1분기에는 필요 이상으로 연료를 조달하게 되었고, 창고가 과밀해지며 보관 여건도 악화되었다. 추가 비용까지 발생하게 된 이 사례로 데이터 관리 실수가 계약 손실과 재정 낭비로 직결될 수 있음을 보여준다.

[사례 3] 위탁사업 정산 오류로 인한 민원 발생

교통 분야 공기업 C사는 주요 시설의 청소업무를 민간업체에 위탁하고 있으며, 월별로 각 업체의 실적을 기준으로 용역비를 정산한다. 이때 청소 구역별 작업 횟수를 기준으로 실적을 산정하게 되는데, 최근 한 업체에 과다 정산이 이루어진 것이 파악되었다. 원인은 해당 업체가 청소 구역을 B1층, 지하1층, B1, B-1 등 다양한 방식으로 기록해 시스템이 이를 동일 공간으로 인식하지 못하고 각각의 건으로 처리했던 것이다. 이로 인해 실제보다 많은 작업이 수행된 것처럼 계산되었고, 정산 금액도 그에 따라 증가했다. 이 사례는 실적 데이터에 대한 명확한 입력 기준과 표준화된 명칭 관리가 없을 경우, 자동화된 시스템이 오히려 왜곡된 결과를 낳을 수 있음을 보여준다.

2) 정제를 통한 효과

데이터 정제는 단순히 표를 깔끔하게 정돈하는 수준을 넘어, 행정의 정확성과 효율성을 높이는 핵심적인 절차이다. 우선, 정제된 데이터는 통계분석이나 정책 수립의 근거 자료로 신뢰도 높은 결과를 제공하여, 잘못된 의사결정을 예방할 수 있다. 또한, 정제된 데이터는 부서 간 협업을 용이하게 만든다. 동일한 지역을 '서울시', '서울특별시', '서울' 등 서로 다른 방식으로 기록한 사례에서 보듯, 기준이 통일되지 않으면 데이터를 병합하거나 비교하기 어려워 업무 지연이나 오류로 이어진다. 반면, 형식과 용어가 정돈된 데이터는 시스템 간 연계는 물론, 타 부서나 외부기관과의 자료 공유에서도 활용도가 높다.

행정시스템의 자동화와 인공지능 도입 측면에서도, 데이터 정제는 선행되어야 할 필수 절차이다. 결측값이나 이상치가 많은 데이터는 알고리즘 학습에 혼란을 주어 예측 모델의 정확도를 떨어뜨리고, 잘못된 경고나 보고로 이어질 수 있다. 따라서 클렌징이 잘 된 데이터는 향후 시스템 고도화나 RPA(업무자동화), AI 기반 분석 등에 있어 신뢰할 수 있는 기반 자원이 된다.

무엇보다 중요한 것은, 정제된 데이터를 기반으로 한 업무는 대민 행정의 신뢰도를 높인다. 시민에게 제공되는 통계, 서비스 안내, 정책 자료가 오류 없이 제공될 때, 행정에 대한 신뢰와 만족도는 자연스럽게 높아진다. 결과적으로 데이터 정제는 단순한 사무의 정돈이 아니라, 행정의 품질을 높이고 자원 낭비를 줄이며, 시민과의 신뢰를 쌓는 일의 출발점이다.

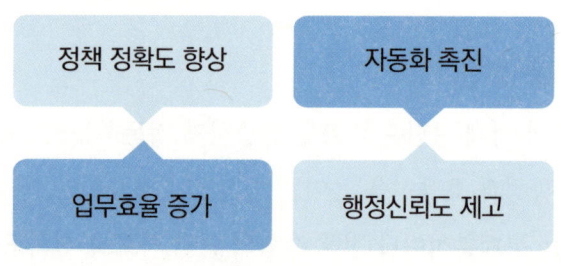

[정제를 통한 효과]

5. 데이터 클렌징 무엇을 어떻게 하나요?

일반적으로 학계와 업계에서 통용되는 개념으로 데이터 수집과 데이터정제 → 데이터 분석과 검증 → 데이터 시각화와 보고서 작성을 하나의 분석 프로세스로 볼 때 데이터 수집과 정제 (탐색적 데이터 분석 포함)에 모든 프로세스의 80%의 노력이 필요하다고 한다. 지루하고 끈기가 필요한 시간이다.

1단계 데이터 탐색	2단계 데이터 정제	3단계 데이터 변환	4단계 데이터 검증
• 데이터 구조 파악 • 데이터 분포 확인 • 데이터 품질 확인	• 결측치 처리 • 이상치 처리 • 중복데이터 처리 • 오류데이터 처리	• 데이터 유형 변환 • 데이터 스케일링 • 데이터 인코딩	• 데이터 품질 확인 • 데이터 분석 목적 정합성 확인 • 데이터 일관성 유지

[데이터 클렌징 프로세스]

 데이터 클렌징 프로세스는 위 그림처럼 4단계로 정의할 수 있지만 이 책의 독자는 1단계 데이터 탐색과 2단계 데이터 정제 이 두 단계의 내용만으로 충분할 것으로 생각한다.

 데이터 클렌징은 대량의 데이터를 대상으로 하기 때문에 툴을 (파이썬, R, RDBMS 등)을 사용하는 것이 효율적이다. 그러나 다양한 툴 들의 사용방법을 모두 설명하는 것은 이 글의 기획 의도와 다르기 때문에 이 절에서는 가장 자주 사용하는 엑셀, 한셀 등의 스프레드시트를 중심으로 설명하고자 한다.

 엑셀의 함수 등을 사용하는 것이 익숙하지 않은 독자라도 두려워하거나 걱정하지 말자. 왜냐하면, 이 책의 주제인 생성형 AI 솔루션에게 클렌징 작업을 물어보면 상세한 가이드를 제공해준다. 함수 사용법도 마찬가지다. 파일 용량이 큰 경우 일부만 처리하는 경우가 있으니 가급적 클렌징 방법을 확인 후 직접 엑셀에서 처리하는 방법을 찾는 것이 도움이 될 것으로 생각한다.

[생성형 AI ChatGPT에게 이미지를 업로드 한 후
질문하여 답변을 받은 사례]

▶ (프롬프트)

당신은 데이터사이언티스트로서 지금부터 나의 데이터클렌징 작업을 지원하고 있습니다. 이 파일의 기준년월일 컬럼은 'YYYYMMDD'형태여야 합니다.

▶ (ChatGPT 답변 내용)

엑셀파일 **예제.xlsx** 파일을 확인하고 기준년월일 컬럼이 'YYYYMMDD'형식으로 되어 있는지 점검한 후, 잘못된 형식이 있는 경우 정리(클렌징)해드리겠습니다.

1) 데이터 탐색

데이터 정제 과정의 첫 번째 단계인 데이터 탐색은 데이터를 본격적으로 다루기 전에 데이터의 특징을 파악하고 문제점을 발견하는 데 목적이 있다.

◆ 데이터 구조 파악

데이터 구조 파악은 데이터가 어떻게 구성되어 있는지 전체적인 그림을 그리는 과정이다. 데이터의 크기, 열(컬럼)의 개수, 각 열의 의미와 데이터 타입 등을 확인한다

데이터 크기 확인 : 행과 열의 개수를 파악하여 데이터의 규모를 가늠한다. (예 : COUNTA 함수를 사용하여 데이터가 있는 셀의 개수 확인)

열 이름(컬럼명) 확인 : 각 열의 이름이 직관적이고 일관성 있는지 점검 (예 : 등록일자와 등록일처럼 중복되거나 혼동을 주는 열 이름이 있는지 확인)

데이터 타입 확인 : 각 열에 숫자, 텍스트, 날짜 등 어떤 종류의 데이터가 들어있는지 파악 (예 : 주민등록번호 열에 텍스트가 아닌 숫자로 입력되어 계산에 포함될 가능성이 있는지 확인)

◆ 데이터 분포 확인

데이터 분포 확인은 각 열에 있는 데이터 값들이 어떻게 퍼져 있는지 확인하여 데이터의 특징과 이상치를 발견한다.

- 기술 통계량 확인 : 평균, 중앙값, 최빈값, 표준편차 등을 확인하여 데이터의 중심 경향성과 산포도를 파악한다. (예 : AVERAGE, MEDIAN, MODE, STDEV 함수 사용)
- 범주형 데이터 빈도수 확인 : 특정 값들이 얼마나 자주 등장하는지 확인하여 데이터의 분포를 시각적으로 이해한다. (예 : COUNTIF 함수를 사용하여 성별 열의 남/여 빈도수 확인)
- 이상치(Outlier) 확인 : 극단적으로 크거나 작은 값들이 있는지 확인한다. (예 : MAX와 MIN 함수를 사용하여 최댓값과 최솟값을 확인)

◆ 데이터 품질 확인

데이터 품질 확인은 데이터의 신뢰성을 높이기 위해 결측값, 중복값, 오류값을 찾아내고 일관성을 점검하는 과정이다.

- 결측값(Missing Value) 확인 : 비어 있는 셀이 있는지 확인한다. (예 : 필터 기능을 활용하여 빈 셀만 선택)

- 중복값(Duplicate Value) 확인 : 동일한 데이터가 여러 번 입력된 경우가 있는지 확인한다. (예 : 데이터 탭의 중복된 항목 제거 기능 활용)
- 데이터 일관성 확인 : 같은 의미의 데이터가 다른 형식으로 입력되어 있는지 확인한다. (예 : 서울특별시와 서울시, 남과 M처럼 표현 방식이 다른 경우)

2) 데이터 정제

데이터 정제는 데이터 탐색 단계에서 발견한 문제점들을 실제로 수정하고 보완하여 데이터의 품질을 높이는 과정이다.

◈ 결측치 처리 (Missing Value)

결측치는 데이터가 누락되어 비어있는 셀을 의미한다. 결측치를 방치하면 분석 결과가 왜곡될 수 있다

- 결측치 확인: 필터 기능을 사용하여 비어있는 셀을 찾는다
- 처리 방법
  - 삭제 : 데이터가 적거나, 결측치가 너무 많아 복원이 어려운 경우 해당 행(row)을 삭제한다.
  - 대체 :
    ▸ 평균/중앙값/최빈값으로 대체 : 숫자 데이터의 경우 평균이나 중앙값으로, 범주형 데이터의 경우 최빈값으로 대체 (예 : AVERAGE, MEDIAN, MODE 함수 사용)
    ▸ 고정값으로 대체 : 의미 있는 고정값을 넣는다. (예 : 알 수 없음, N/A)
    ▸ 이전/다음 값으로 대체 : 시계열 데이터의 경우 이전 또는 다음 값으로 대체한다.

◈ 이상치 처리 (Outlier)

이상치는 대부분의 데이터와 동떨어져 극단적으로 크거나 작은 값을 의미한다. 이상치는 데이터 입력 오류인 경우가 많으므로 적절히 처리해야 한다.

- 이상치 확인 : MAX, MIN 함수 또는 필터 기능을 사용하여 비정상적인 값을 찾는다.
- 처리 방법
  - 삭제 : 이상치가 명백한 오류이고 그 수가 적다면 해당 행을 삭제
  - 수정 : 이상치가 입력 오류라고 판단될 경우, 올바른 값으로 수정
  - 대체 : 이상치를 결측치로 간주하고 평균/중앙값 등으로 대체

◈ 중복데이터 처리 (Duplicate Value)

중복 데이터는 동일한 데이터가 여러 번 반복되는 것을 의미한다. 중복 데이터는 데이터의 신뢰성을 떨어뜨리고 통계 계산을 왜곡할 수 있다.

- 중복값 확인 : 데이터 탭의 '중복된 항목 제거' 기능을 사용하여 중복 데이터를 찾는다.
- 처리 방법
  - 삭제 : 중복된 행을 삭제하여 데이터를 유일하게 만든다 (예 : 데이터 탭의 '중복된 항목 제거' 기능)

◈ 오류 데이터 처리 (Data Error)

오류 데이터는 데이터의 논리적인 규칙이나 형식에 맞지 않는 데이터이다. 이는 데이터 입력 시 발생한 오타나 잘못된 값 입력 등으로 인해 발생한다.

- 오류 확인 : 필터, COUNTIF, LEN 등 함수를 활용하여 논리적으로 맞지 않는 데이터를 찾는다. (예 : LEN 함수로 주민번호 열의 길이가 13자리가 아닌 데이터를 찾기)
- 처리 방법
  - 수정 : 올바른 값으로 수정
  - 삭제 : 오류가 너무 많거나 복원이 어려운 경우 해당 데이터를 삭제

3) 데이터 변환

데이터 정제 과정의 세 번째 단계인 데이터 변환은 데이터 분석 및 머신러닝 모델 학습에 적합한 형태로 데이터를 가공하는 과정이다.

◆ 데이터 유형 변환

데이터 유형 변환은 각 열의 데이터 타입을 분석 목적에 맞게 변경하는 과정이다. (예 : 텍스트 → 숫자, 숫자 → 텍스트, 날짜 → 텍스트)

- 유형 확인 : 각 열의 데이터 유형을 확인한다
- 변환 방법
  - 셀 서식 변경 : 텍스트를 숫자로, 숫자를 텍스트로, 날짜를 다른 날짜 형식으로 변경
  - 함수 활용 : TEXT, VALUE, DATEVALUE 함수 등을 사용하여 데이터 유형을 변환 (예: TEXT(A1, "yyyymmdd")를 사용하여 날짜를 20250805 형식의 텍스트로 변환)

◆ 데이터 스케일링 (Data Scaling)

데이터 스케일링은 여러 변수의 값 범위를 동일하게 맞춰주는 과정이다. 특히 머신러닝 모델 학습 시, 값의 범위가 큰 변수가 분석에 더 큰 영향을 미치는 것을 방지하려고 사용한다.

- 정규화(Normalization) : 데이터의 최솟값을 0, 최댓값을 1로 만들어 모든 데이터를 0과 1 사이의 값으로 변환 (공식 : (x-min)/(max-min))
- 표준화(Standardization) : 데이터의 평균을 0, 표준편차를 1로 만들어 모든 데이터를 정규 분포와 유사하게 변환 (공식: $(x-\mu)/\sigma$)

◆ 데이터 인코딩 (Data Encoding)

데이터 인코딩은 텍스트 형태의 범주형 데이터를 숫자 형태로 변환하는 과정이다. 머신러닝 모델은 숫자 데이터를 더 잘 이해하므로, 이 과정은 필수적이다.
- 레이블 인코딩(Label Encoding) : 범주형 데이터의 각 카테고리를 0, 1, 2와 같은 순서 있는 숫자로 변환 (예 : 남 → 0, 여 → 1)
- 원-핫 인코딩(One-Hot Encoding) : 각 카테고리를 새로운 열로 만들고, 해당 카테고리에 속하면 1, 아니면 0을 할당

4) 데이터 검증

데이터 정제 과정의 마지막 단계인 데이터 검증은 앞서 수행한 모든 정제 및 변환 작업이 올바르게 이루어졌는지 최종적으로 확인하고, 데이터가 분석 목적에 부합하는지 점검하는 과정이다.

◆ 데이터 품질 확인

데이터 정제 및 변환 작업을 거친 데이터에 결측치, 이상치, 중복 값 등이 다시 발생하지 않았는지 최종적으로 확인하는 단계이다. 이 단계는 정제 과정에서 발생할 수 있는 새로운 오류를 방지하기

위해 필수적이다.
- 결측치, 이상치 재확인 : 필터 기능과 COUNTBLANK 함수를 사용하여 누락된 값이 없는지, MAX, MIN 함수를 통해 이상치가 재발하지 않았는지 확인
- 중복값 재확인 : 데이터 탭의 중복된 항목 제거 기능을 다시 실행하여 중복된 행이 남아있지 않은지 검토
- 변환된 데이터 점검 : 유형 변환, 스케일링, 인코딩된 데이터가 올바른 형식으로 변환되었는지 샘플링하여 확인 (예 : LEN 함수로 주민등록번호가 13자리인지 확인)

◆ 데이터 분석 목적 정합성 확인

정제된 데이터가 최종적으로 사용될 분석 목적에 부합하는지, 그리고 분석에 필요한 모든 정보가 올바르게 포함되어 있는지 확인하는 단계입니다.
- 필요 변수 확인 : 분석에 필요한 모든 변수(열)가 포함되어 있는지 확인 (예 : 주택 공급 사업의 경우 신청자 점수, 월 소득, 가구원 수 등)
- 변수 간 논리적 관계 점검 : 변수들 사이의 관계가 논리적으로 맞는지 확인 (예 : 자녀 수가 0인데 자녀 연령 데이터가 존재하는지 여부)
- 분석용 가공 데이터 확인 : 분석을 위해 새롭게 생성한 변수(예 : 가구원 수와 자녀 수를 합산한 총 가구원 수 변수)가 정확하게 계산되었는지 확인

◆ 데이터 일관성 유지

데이터 검증 단계에서 최종적으로 확인된 데이터 정제 및 변환 절차를 문서화하여 향후 동일한 데이터를 다룰 때 일관성을 유지할 수 있도록 하는 단계이다.

- 처리 절차 문서화 : 데이터 정제 과정에서 사용한 모든 규칙과 절차를 기록 (예 : "주민등록번호 열은 텍스트 서식으로 변환함", "월 소득의 이상치는 10억 원 초과 데이터로 정의하고 제거함")
- 코드화/매크로화 : 엑셀의 매크로 기록 기능을 활용하여 반복적인 정제 작업을 자동화하는 매크로를 만든다.

6. 클린 데이터를 위한 실무 팁

데이터 클렌징은 사후 정비보다 처음부터 오류가 생기지 않도록 예방하는 것이 가장 효과적이다.

1) 데이터 입력 단계부터 주의할 점

◆ 표준 양식 활용

자유롭게 작성된 엑셀 파일은 일관성이 떨어지기 쉽다. 부서 내에서 자주 쓰는 엑셀 양식은 셀 서식, 입력 규칙, 항목명을 미리 정해둔 표준 양식을 만들어 사용하는 것이 좋다.

◆ 반드시 필요한 항목을 '필수값'으로 명시

주소나 연락처처럼 누락되면 안 되는 정보는 입력할 때 '빠뜨릴 수 없도록' 체크리스트나 조건부 서식 등을 설정하자.

◆ 날짜, 숫자, 분류 코드의 형식을 고정

예 : '2023.3.1', '2023-03-01', '2023/3/1'처럼 다양한 방식으로 입력된 날짜는 분석 시 오류를 일으킨다. 형식 고정을 통해 통일된 값을 입력하도록 하자.

◆ 공백, 특수문자 주의!

이름 뒤에 공백이 붙거나, 숫자 사이에 쉼표(,)가 들어간 경우, 시스템에서는 전혀 다른 값으로 인식된다. 입력 시 눈으로 보이지 않는 공백까지 점검하자.

2) 협업 시 데이터 기준 통일 방법

◆ 공통 용어를 미리 정하고 공유하자

예 : '서울특별시'를 '서울시'로 쓰거나, '민원접수'를 '민원 등록'으로 표현하는 등, 각 부서가 용어를 다르게 사용하면 병합이 어렵다. 문서에 적기 전에 '공통 용어 사전'을 만들어 부서 내 공유하면 좋다.

◆ 기관 내부 코드 체계를 공유하자

예 : 지역 코드, 부서 코드 등은 통합 문서에 설명을 넣거나 별도 자료로 함께 관리하면 이후 통합 분석이나 시스템 연계가 훨씬 수월해진다.

◆ 데이터 담당자 간 소통 채널을 만들자

서로 다른 부서에서 작성한 데이터를 합치려면 담당자 간 소통이 필수다. 주기적인 협의나 간단한 채팅 채널 하나로도 오류 발생을 크게 줄일 수 있다.

3) 반복 업무는 자동화하기

◆ 엑셀 '매크로'나 'Power Query'를 활용해보자

매달 같은 보고서나 자료를 만드는 경우, 일일이 정제하는 것보다 처음 한 번만 정제 절차를 매크로로 만들어두면 이후에는 클릭 몇 번으로 동일 작업을 반복할 수 있다.

◆ '조건부 서식'으로 오류값 입력을 막자

예 : 주소가 비어 있거나, 숫자 범위를 벗어난 셀을 자동으로 색칠해주는 기능을 사용하면, 눈으로 보지 않아도 이상값을 빠르게 찾을 수 있다.

참고로 다음 표는 빈번하게 필요한 데이터를 찾아 볼 수 있는 데이터 포털사이트를 정리하였으니 접속해보자.

(참고) 공공부문 데이터 포털정보

연번	사이트	실무 영향
1	https://www.data1window.kr/	• 경제금융, 교통통신, 문화체육, 건설에너지, 교육과학, 농수산식품, 제조소비, 건강의료복지, 재난안전, 행정법률, 환경지원 등 131,409 데이터 셋 제공 (25.08)
2	https://www.data.go.kr/	• 공공데이터 포털 - 103,499건 데이터 제공 (공공행정, 문화관광, 교통물류, 산업고용 환경기상, 농축수산, 재난안전, 사회복지 등 영역)
3	https://www.aihub.or.kr/	• AI 허브 - AI 기술 및 제품·서비스 개발에 필요한 AI 인프라(AI 데이터, AI SW API, 컴퓨팅 자원) 지원 - 지능정보산업 인프라 조성사업으로 추진한 AI 학습용 데이터(14개 분야)와 국내외 기관/기업에서 보유한 AI 학습용 데이터를 공개

4	https://data.nps.or.kr	• NPS (국민연금관리공단) 빅데이터 포털 - 135 여 건 데이터 셋 제공 [심사청구, 자격(가입자, 사업장, 기준소득), 징수, 급여(노령연금, 장애연금 등), 기초연금, 장애심사, 기금운용 등]
5	https://kosis.kr	• 국가통계포털 - 경제, 사회, 환경등 30여개 분야의 국내통계 - e-지방지표, 국제통계, 북한통계 등
6	https://mdis.kostat.go.kr/	• 통계청 마이크로데이터 통합서비스 - 통계청 마이크로데이터(통계조사 원자료에서 오류 등을 보정한 단위자료)와 정부 각 부처, 지자체, 연구기관 등 타 통계작성기관의 마이크로데이터를 서비스
7	https://kgeop.go.kr/	• 국토교통부 K-GEO 플랫폼 - 국가에서 생성한 표준분류체계로 분류된 약 2600여 종의 공간데이터 및 통계정보 제공
8	https://bigdata.seoul.go.kr	• 서울시 빅데이터 캠퍼스 - 서울시가 수집한 공공데이터와 민간의 미공개 데이터를 제공하여 분석할 수 있는 환경을 제공

제6장

공공기관 AI 구축 및 운영가이드

《 저자_ 신철 》

신 철
Shin, Cheol

저자소개

학력
- 경희대학교 동서의학대학원 융합건강과학과 석사과정
- 서울대학교 생활환경대학원 AMP [19.02]
- 숭실대학교 경영학(전공: 디지털경영) 박사[09.02]
- 연세대학교 경영학(전공:MIS/마케팅) 석사[04.08]
- 성균관대학교 경제학 학사[89.02]

주요 경력
- 아이티씨지 대표이사[02.04~현재]
- 6G웰니스 대표[25.04~현재]
- 경기도 기업옴브즈만 [25.08~현재]
- 한국경영기술지도사회 부회장(비상근)[19.03~25.02]
- 소재·부품·장비 SOS 현장지원단 단장[19.09~20.08]
- 대한민국산업현장교수(노동부장관)[15.11~]
- 한양사이버대학교 경영정보학과 외래교수[03.09~06.06]
- 사)기업정보화지원센터 컨설팅 본부장[99.08~02.05]
- 한신대학교 e비즈니스학과 외래교수[04.08~05.02]
- 국방부 군사혁신기획단 자문위원[99.07~01.12]
- 알티이솔루션 ERP사업부장[97.09~98.08]

자격 사항
- 경영지도사/중소벤처기업부장관[2004.08]
- 기술거래사/산업통상자원부장관[2016.12]
- 평생교육사/교육부장관[2014.8]

저서 논문
- 건강비법 6G, 6G웰니스[25.09]
- 기업핵심직무별 생성형 AI 활용법, 광문각[25.06]
- 논문 : 공공기관 경영성과에 영향을 미치는 핵심성공요인에 관한 실증 연구[09.02]
- 알기쉬운 ISP, 미래와경영[04.03]
- 알기쉬운 ERP, 미래와경영[99.03]

수상 내역
- 산업통상자원부 장관상 수상[17.12]
- 중소벤처기업부 장관상 수상[14.02]
- High Tech Awards 대상 수상[13.12]
- 대한민국 국회 지식경제위원장상 수상[10.12]
- 중소벤처기업부 장관상 수상[07.12]

제6장. 공공기관 AI 구축 및 운영가이드

1. AI 도입 성공을 위한 전략적 접근

　공공기관의 AI 도입은 단순한 기술 채택을 넘어, 기관의 업무 효율성을 극대화하고 대국민 서비스의 질을 근본적으로 혁신하는 중요한 전략적 과정이다. 오늘날 AI는 단순한 도구를 넘어, 공공기관의 의사결정 방식, 업무 처리 프로세스, 그리고 국민과의 소통 방식을 송두리째 바꾸는 패러다임의 전환을 가져오고 있다.

　이는 단순한 기술적 진보를 넘어, 기관의 본질적인 존재 이유와 역할에 대한 근본적인 재정의를 요구하는 것이다. AI는 반복적이고 예측 가능한 업무를 자동화함으로써 직원들이 보다 복잡하고 가치 있는 일에 집중할 수 있도록 돕고, 궁극적으로는 국민의 삶에 직접적으로 영향을 미치는 새로운 가치를 창출하게 된다.

　성공적인 AI 도입을 위해서는 단순히 최신 기술을 도입하는 것을 넘어, 명확한 목표 설정, 단계적이고 체계적인 로드맵 구축, 그리고 AI 활용을 위한 사람 중심의 조직 문화 혁신이라는 세 가지 핵심 전략을 종합적으로 추진해야 한다.

　이 세 가지 요소가 유기적으로 결합될 때 비로소 AI가 공공 부문에 성공적으로 안착하고 기대 이상의 성과를 창출할 수 있게 된다. 기술, 프로세스, 그리고 사람이라는 세 축이 균형을 이루며 상호 보완적으로 작동해야 AI가 기관의 지속 가능한 혁신 동력이 될 수 있는 것이다.

1) AI 도입의 목표 설정 : 업무 효율성 vs. 대국민 서비스 혁신

공공기관의 AI 도입은 크게 두 가지 목표를 지향한다. 첫째는 업무 효율성 증대이며, 둘째는 AI를 활용한 대국민 서비스 혁신이다. 과거 AI 도입의 주된 목적이 반복적이고 정형화된 업무의 자동화를 통한 비용 절감과 생산성 향상에 머물렀다면, 이제는 AI를 통해 국민의 삶에 직접적인 가치를 더하는 새로운 서비스를 창출하는 데 초점을 맞추고 있다.

업무 효율성 증대는 AI의 즉각적인 효과를 체감할 수 있는 영역이다. 챗봇을 활용한 민원 상담 자동화, 방대한 행정 문서를 분석해 핵심 내용을 요약하거나 초안을 작성하는 기능, 예산 집행 데이터를 분석해 비효율적 요소를 찾아내는 등 단순 반복 업무에 AI를 도입해 인력과 시간을 절감한다.

예를 들어, 중앙부처에서는 AI 기반 정책 문서 요약 시스템을 활용해 보고서 작성 시간을 획기적으로 줄이고, 지자체는 AI 기반 민원 서류 자동 분류 시스템으로 접수 시간을 단축할 수 있다.

이처럼 AI가 단순 업무를 대신함으로써, 직원은 더 복잡하고 창의적인 문제 해결이나 국민과의 직접적인 소통에 역량을 집중할 수 있다. 이는 인력 운용의 효율성을 극대화하고, 기관의 본질적인 미션 수행에 기여하는 선순환 구조를 만들어낸다. 다음은 AI를 통한 업무 효율성 증대 사례를 정리한 표이다.

[표6-1] 공공기관 AI를 활용한 효율성 증대사례

구분	핵심 정의	주요 적용 영역·방법	대표 사례 (본문)	조직적 영향 / 비고
업무 효율성 증대	반복·정형 업무를 AI로 자동화해 비용·시간을 절감하고 생산성을 높임	민원 상담 챗봇, 행정문서 요약·초안, 예산집행 데이터 분석, 서류 자동 분류	중앙부처 : 정책문서 요약 시스템로 보고서 작성 시간 단축 지자체 : 민원서류 자동 분류로 접수시간 단축	직원이 복잡·창의 업무와 국민 소통에 집중 → 인력 운용 효율 극대화 및 미션 수행도 제고
대국민 서비스 혁신	국민이 체감하는 맞춤·선제 서비스 창출로 삶의 편의·안전을 향상	개인 맞춤 민원 지원, 선제 알림·예측, 공공데이터 융합 기반 정책 서비스	근로복지공단 : AI 의학자문으로 심사 효율화·대기시간 단축·정확성 향상 한국수자원공사 : 스마트 물관리로 홍수·가뭄 예측·선제대응	비용 절감을 넘어 국민 체감 가치 창출 → 공공의 신뢰·국가 경쟁력 기여
목표 설정·비전 정렬 (공통)	기관 미션과 연계된 명확한 AI 비전 수립, 모든 프로젝트의 방향타 역할	"국민에게 어떤 새로운 가치를 제공할 것인가"를 중심으로 중장기 전략에 반영	—	효율성 → 혁신으로 확장되는 로드맵 설계가 필수(단기 성과 + 중장기 가치 동시 추구)

궁극적인 목표는 대국민 서비스 혁신에 있다. AI가 단순히 업무를 보조하는 것을 넘어, 기존에 제공하기 어려웠던 맞춤형 서비스나 선제적 서비스를 구현하는 것이다. 예를 들어, 근로복지공단이 도입한 AI 기반 의학자문 시스템은 복잡한 산재보험 심사 과정을 효율화하여 민원인의 대기 시간을 단축하고 정확한 결정을 내리게 돕는다.

또한, 한국수자원공사의 스마트 물관리 시스템은 과거의 강수량 및 수위 데이터를 AI로 분석하여 홍수와 가뭄을 더욱 정확하게 예측하고 선제적으로 대응한다. 이러한 사례들은 AI가 단순한 비용 절감을 넘어 국민의 삶을 더 안전하고 편리하게 만드는 데 직접적으로 기여함을 보여준다.

따라서 AI 도입 목표는 기관의 핵심 미션과 명확히 연계되어야 하며, '어떤 새로운 가치를 국민에게 제공할 것인가'에 대한 구체적인 비전 수립이 무엇보다 중요하다. 이 비전은 기관의 중장기 전략에 명확히 반영되어야 하며, 모든 AI 프로젝트의 방향타 역할을 수행해야 한다.

2) 단계적 AI 로드맵 구축 : PoC(개념증명)부터 전사적 확산까지

불확실성이 높은 대규모 AI 프로젝트를 한 번에 추진하는 것은 예산 낭비와 실패의 위험을 높인다. 따라서 소규모 시범사업(PoC, Proof of Concept)을 통해 기술적, 사업적 타당성을 먼저 검증하고, 이를 점진적으로 확대하는 단계적 접근이 성공의 핵심이다.

이는 정부의 '정부 전용 초거대 AI 기반 구축 로드맵'과 같은 상위 전략을 기관 특성에 맞게 구체화하는 과정이기도 하다. 체계적인 로드맵은 AI 도입의 불확실성을 관리하고, 성공 경험을 단계적으로 축적하여 기관의 AI 역량을 내재화하는 데 필수적인 기반이 된다.

(1) 1단계 : PoC 및 타당성 검증

AI 로드맵의 시작은 소규모 PoC에서 출발한다. 이 단계에서는 예산과 기술적 부담을 최소화하기 위해 민간의 검증된 초거대 AI 모델이나 클라우드 기반 AI 서비스를 활용한다.

특정 부서나 업무에 AI를 적용하여 예상되는 효용성을 빠르게 확인하고, 초기 성과를 창출하는 데 집중한다. 예를 들어, 민원 상담 중 자주 발생하는 질문에 대한 답변을 AI가 자동으로 생성하는 봇을 소규모로 시범 운영하거나, 특정 보고서 작성을 AI 초안 생성 기능으로 대체해 업무 시간 단축 효과를 측정한다.

이 단계에서 가장 중요한 것은 명확한 평가 지표를 설정하고, 실제 업무 환경에서 AI의 효용성과 한계를 객관적으로 파악하는 것이다.

(2) 2단계 : 파일럿 프로젝트 및 데이터 확보

PoC를 통해 AI의 성공 가능성이 확인되면, 다음 단계로 파일럿 프로젝트를 추진한다. 이 단계에서는 AI 적용 범위를 확장하고, 기관 내부 데이터를 AI에 학습시키는 작업을 시작한다.

공공기관은 방대하고 정제된 데이터를 보유하고 있어, 이를 AI 학습에 활용하면 민간 모델보다 훨씬 더 정확하고 특화된 서비스를 만들 수 있다. 내부 데이터 수집 및 정제 시스템을 구축하고, AI가 학습할 데이터셋을 체계적으로 관리하는 것이 이 단계의 핵심이다.

이 과정에서 데이터의 질적 관리와 함께 개인정보 보호 및 보안 규정을 철저히 준수해야 한다.

(3) 3단계 : 특화 모델 구축 및 통합

파일럿 프로젝트의 성공을 바탕으로 기관의 고유 데이터를 학습시킨 특화 모델을 구축한다. 이는 기관의 업무 특성과 요구사항에 최적화된 AI 서비스를 제공하기 위함이다. 이 단계에서는 외부 전문가나 민간 기업과의 협력을 통해 AI 모델을 고도화하고, 기관의 기존 정보 시스템과 AI 시스템을 통합하는 작업이 이루어진다.

이로써 AI가 기관의 핵심 업무 프로세스에 자연스럽게 녹아들게 된다. 또한, 이 단계에서는 AI 시스템의 안정성, 확장성, 그리고 보안성을 검증하는 작업도 병행된다.

(4) 4단계 : 전사적 확산 및 지속적 고도화

최종적으로 성공적으로 구축된 AI 시스템을 전 부서로 확산하고, 지속적인 운영과 고도화 방안을 마련한다. AI 활용 우수 사례를 공유하고, 직원 교육 프로그램을 정례화하여 AI 활용 문화를 정착시키는 것이 중요하다.

AI 기술은 빠르게 발전하므로, 운영 단계에서도 새로운 기술 동향을 지속적으로 파악하고, 시스템을 주기적으로 업데이트하며 성능을 개선해야 한다. 이와 같은 단계적 로드맵은 리스크를 최소화하고, AI 도입의 성공률을 높이며, 지속 가능한 AI 활용 생태계를 구축하는 가장 효과적인 전략이다.

[표6-2] 공공기관 단계적 AI 로드맵 구축

단계	목적 (Why)	핵심 실행 (What/How)	산출물 /증빙	성공지표 (KPI)	거버넌스 / 책임
1단계 : PoC · 타당성 검증	기술 · 사업 타당성 저비용 검증	상용·클라우드 AI로 소규모 실험, A/B 테스트, 평가지표 사전 정의	PoC 보고서, 성능·공정성 리포트, 비용·편익 추정, 보안·윤리 체크리스트	처리시간 단축, 정확도/정답률, PoC→파일럿 전환 의사결정	PMO, 현업 PO, 보안/윤리
2단계 : 파일럿 · 데이터 확보	범위 확대와 데이터 자산화	데이터 수집·정제·카탈로그, 가명·비식별, 품질/편향 점검, 사용자 테스트	데이터 파이프라인, 데이터 카드, 파일럿 결과서	데이터 품질지표(결측/중복↓), 모델 성능↑, 사용자 수·활용률	데이터팀, 현업, 법무/보안
3단계 : 특화 모델 구축 · 통합	기관 업무에 최적화 · 운영 준비	기관 고유 데이터 학습, 모델 고도화, API연동, 성능·확장·보안 검증	모델카드, 배포계획, 통합 테스트·성능 보고	가용성/지연시간, 인시던트 감소, 운영비 절감	플랫폼/MLOps, 개발·운영, 감사
4단계 : 전사 확산 · 지속 고도화	문화 정착 · 지속 성능 개선	교육·AI 챔피언, 우수사례 공유, 모니터링·드리프트탐지, 주기 업그레이드	운영 대시보드, 교육 이수 기록, 사례집, 운영 정책·SLA	도입부서 커버리지, 재사용/전환율, 드리프트 대응시간	CDO/PMO, 인사·교육, 각 본부

※ **MLOps** : 머신 러닝 작업(Machine Learning Operations)은 머신러닝 모델의 개발부터 배포, 운영, 모니터링에 이르는 전체 수명 주기(Lifecycle)를 효율적으로 관리하기 위한 일련의 관행, 문화, 방법론을 의미

※ **CDO** : 최고 데이터 책임자(Chief Data Officer)

3) 조직 문화 혁신 : AI 활용을 위한 인식 제고 및 역량 강화

AI 도입의 성공은 기술 자체의 완성도보다 사람의 변화, 즉 조직 문화 혁신에 달린 문제다. AI에 대한 직원들의 막연한 불안감을 해소하고, AI를 '업무의 효율성을 높여주는 동반자'로 인식하게 만드는 것이 무엇보다 중요하다. 이를 위해서는 다음과 같은 노력이 선행되어야 한다.

(1) 인식 제고를 위한 교육 및 소통 강화

직원들이 AI 기술에 대해 정확히 이해하고, 자신의 업무에 어떻게 적용할 수 있는지 스스로 고민하게 만들어야 한다. 특히 AI 관련 지식이 부족한 직원을 대상으로 AI 기초 소양 교육을 제공하고, 실제 업무에 적용 가능한 실습 기회를 부여한다.

예를 들어, '우리 기관 업무에 맞는 AI 활용법'과 같은 워크숍을 정기적으로 개최해 직원들의 적극적인 참여를 유도한다. 또한, AI 도입의 목표와 기대 효과를 명확하게 공유하고, 직원들의 의견을 수렴하는 소통 채널을 운영하여 AI에 대한 거부감을 줄인다.

(2) AI 전문가 양성 및 외부 협력 체계 구축

모든 직원이 AI 전문가가 될 필요는 없지만, AI 기술을 이해하고 활용할 수 있는 역량은 필수적이다. 기관 내부에 AI 관련 전문 부서를 신설하거나, 'AI 챔피언' 또는 '체인지 에이전트'와 같은 역할을 부여하여 AI 도입과 확산을 주도하게 할 수 있다.

이들은 AI 기술 도입의 선봉에 서서 직원들을 독려하고, 기술적 질문에 대한 내부적인 해결책을 제공하는 역할을 수행한다. 또한, 민간의 우수한 AI 전문 인력이나 기술 기업과 협력하는 체계를 구축하여 기관의 기술적 한계를 극복하는 것도 효과적이다. 이는 외부의 전문성을 내부 역량으로 흡수하고, AI 기술 변화에 유연하게 대응하는 기반을 마련한다.

(3) 휴먼 인 더 루프(Human in the Loop) 시스템 구축

공공기관 업무는 국민의 삶에 직접적인 영향을 미치므로, AI의 판단에 대한 최종적인 책임은 직원에게 있다. 따라서 AI가 내린 의사결정을 최종적으로 직원이 검토하고 승인하는 휴먼 인 더 루프(Human in the Loop) 시스템을 구축해야 한다.

이는 AI의 오류로 인한 피해를 최소화하고 공공서비스의 투명성과 신뢰성을 높이는 핵심적인 장치이다. 예를 들어, AI가 민원 서류의 적격성을 판단하면, 담당 공무원이 이를 최종 확인하고 승인하는 프로세스를 의무화한다.

이러한 이중 검증 시스템은 AI의 오류 가능성을 낮추고, 국민에게 '결정의 근거는 AI이지만 최종 책임은 인간에게 있다'는 신뢰를 부여한다.

(4) 긍정적 인센티브 시스템 도입

AI 활용에 적극적인 직원들에게 긍정적인 동기를 부여하는 것도 중요하다. AI를 통해 업무 효율을 혁신적으로 개선한 부서나 개인

에게 포상을 하거나, 업무 평가에 AI 활용도를 반영해 승진 등 인사상의 이점을 제공할 수 있다.

이러한 인센티브 제도는 AI 활용 문화를 촉진하고, 직원들이 새로운 기술을 배우고 적용하는 데 주저하지 않게 만드는 원동력이 된다. 궁극적으로 이러한 조직 문화의 변화는 AI 기술이 기관에 성공적으로 정착하는 가장 중요한 기반이 될 것이다.

2. AI 거버넌스 구축과 운영 방안

AI 기술이 공공 부문의 핵심 인프라로 자리 잡으면서, AI 시스템의 신뢰성과 투명성을 확보하기 위한 AI 거버넌스의 중요성이 커지고 있다. AI 거버넌스는 AI의 기획, 개발, 도입, 운영, 폐기 등 전 과정에 걸쳐 책임 있는 의사결정과 관리 체계를 구축하는 것을 의미한다.

특히 공공기관의 AI는 국민의 삶에 직접적인 영향을 미치므로, 민간 부문보다 훨씬 엄격하고 체계적인 거버넌스가 요구된다. AI의 오류나 편향된 판단이 국민의 기본권에 직접적인 피해를 줄 수 있기 때문이다.

공공 부문의 AI는 단순한 효율성 향상을 넘어, 사회 정의, 공정성, 그리고 민주주의의 가치를 수호하는 중요한 역할을 수행해야 한다.

1) AI 거버넌스의 개념과 중요성 : 왜 공공기관에 필요한가?

AI 거버넌스는 AI 시스템이 안전하고 신뢰할 수 있게 운영되도록 만드는 통제 시스템이다. 이는 단순히 기술적 문제를 넘어, AI가 사회에 미치는 영향을 관리하고 책임 소재를 명확히 하는 사회적,

윤리적 프레임워크를 포함한다.

민간 기업의 AI 오류는 주로 기업의 신뢰도나 경제적 손실로 이어지지만, 공공기관의 AI 오류는 국민의 권익 침해, 차별, 그리고 사회적 불신을 초래할 수 있다. 예를 들어, AI가 복지 수급 자격을 심사하는 과정에서 특정 집단에 대한 편향된 데이터를 학습해 부당한 결정을 내릴 경우, 이는 특정 계층의 생존권을 위협하는 심각한 사회적 문제를 야기할 수 있다.

이러한 사건은 단순히 기술적 결함으로 치부할 수 없으며, 공공기관에 대한 국민의 신뢰를 뿌리부터 흔들게 된다.

따라서 공공기관은 AI 도입 초기 단계부터 거버넌스 체계를 면밀히 설계해야 한다. AI 시스템의 의사결정 과정을 투명하게 공개하고, 예측 불가능한 오류나 사고에 대한 책임 소재를 사전에 규정해야 한다.

또한, AI가 내린 판단이 잘못되었을 경우, 국민이 이의를 제기하고 구제받을 수 있는 절차를 마련하는 것이 필수적이다. AI 거버넌스는 공공기관의 신뢰를 유지하고, AI 기술이 사회의 발전에 기여하도록 하는 안전장치 역할을 수행한다.

이처럼 AI 거버넌스는 공공서비스의 공정성, 책임성, 그리고 투명성을 보장하는 핵심적인 기반이 된다. AI가 사회 전반에 미치는 영향력을 고려할 때, 거버넌스는 이제 선택 사항이 아닌 필수적인 인프라로 인식되어야 한다.

2) AI 거버넌스의 3요소 : 데이터, 알고리즘, 조직·인력

AI 거버넌스는 크게 데이터, 알고리즘, 조직·인력이라는 세 가지 핵심 요소로 구성된다. 이 세 요소가 유기적으로 연결되고 균형 있게 관리될 때 AI 시스템의 신뢰성과 책임성이 확보될 수 있다.

(1) 데이터(Data) : AI의 혈액, 편향되지 않은 양질의 데이터 확보

AI의 성능과 공정성은 학습 데이터의 질에 의해 결정된다. 특히 공공기관의 AI는 다양한 사회 계층과 상황을 포괄하는 편향되지 않은 양질의 데이터를 확보하는 것이 중요하다. 특정 성별, 인종, 소득 수준의 데이터만 학습시킬 경우, AI는 편향된 판단을 내릴 가능성이 크다.

따라서 데이터 수집 및 정제 단계에서부터 데이터의 대표성과 형평성을 고려하는 체계를 구축해야 한다. 이를 위해 데이터 수집 계획 단계에서부터 특정 그룹이 소외되지 않도록 설계하고, 수집된 데이터셋에 대한 편향성 분석을 정기적으로 수행해야 한다.

또한, 데이터의 안전한 관리와 투명한 사용은 필수적이다. 공공 데이터는 개인정보와 민감한 정보를 포함하고 있는 경우가 많아, 데이터 비식별화, 암호화, 접근 제어 등 기술적 조치를 철저히 적용해야 한다.

데이터 사용 및 관리에 대한 내부 감사 프로세스를 수립하고, 사용 이력을 투명하게 기록하여 책임 소재를 명확히 하는 것도 중요하다. 데이터 거버넌스에 대한 확고한 원칙 없이는 아무리 좋은 AI 기술도 불신을 초래할 수밖에 없다.

(2) 알고리즘(Algorithm) : 투명성과 책임성 확보의 핵심

AI 모델의 의사결정 과정이 '블랙박스'처럼 불투명할 경우, 그 결과에 대한 신뢰를 얻기 어렵다. 특히 공공 부문에서는 AI가 왜 그러한 결정을 내렸는지 국민에게 설명 가능해야 한다. 이를 위해 설명 가능한 AI기술을 도입해 알고리즘의 의사결정 과정을 시각화하거나 논리적으로 설명할 수 있는 체계를 마련해야 한다.

예를 들어, AI가 특정 복지 수급 신청을 반려한 이유에 대해 판단의 근거가 된 데이터(소득, 자산, 가족 구성 등)와 규칙을 명확히 제시하는 방식이다.

이와 함께 AI 모델의 성능을 정기적으로 검증하고, 잠재적 오류를 모니터링하는 프로세스를 구축해야 한다. AI 모델은 환경 변화에 따라 성능이 저하될 수 있으므로, 주기적인 재학습과 업데이트가 필요하다. 또한, 알고리즘의 공정성을 확보하기 위해 '공정성 메트릭스(Fairness Metrics)'를 활용하여 특정 그룹에 대한 차별이 발생하지 않는지 지속적으로 점검해야 한다.

(3) 조직·인력(Organization & Personnel) : 거버넌스 실행의 주체

AI 거버넌스는 기술적 측면뿐만 아니라 조직적 측면의 뒷받침이 필수적이다. AI 관련 부서 간의 명확한 역할과 책임 분담을 통해 효율적인 의사결정 체계를 구축해야 한다. 기관 내에 AI 윤리위원회나 책임관(AI Ethics Officer)을 지정하여 AI 프로젝트의 기획 단계부터 윤리적 문제를 검토하게 하는 것이 효과적이다. 이들은

AI 시스템의 공정성, 투명성, 책임성을 종합적으로 평가하고 개선을 권고하는 역할을 수행한다.

또한, AI 기술을 총괄하는 컨트롤 타워를 구축해 각 부서의 AI 도입 계획을 조율하고, 중복 투자나 비효율적 운영을 방지해야 한다. 모든 직원이 AI 거버넌스의 중요성을 인식하고 협력할 수 있도록 교육과 인력 관리 체계를 강화하는 것도 중요하다. AI는 특정 부서의 전유물이 아니라 기관 전체의 역량으로 인식하고, 모든 직원이 AI 거버넌스 원칙을 이해하고 준수하도록 유도해야 한다.

3) 공공기관 특성을 고려한 거버넌스 체계 구축 사례

해외 선진국들은 이미 공공 부문 AI 거버넌스 구축에 박차를 가하고 있다. 이들의 사례를 분석하면 우리나라 공공기관에 적용 가능한 맞춤형 모델을 도출할 수 있다.

싱가포르는 'AI 거버넌스 프레임워크'를 통해 AI 책임 원칙을 명시하고, 기업들이 AI 모델을 개발할 때 준수해야 할 가이드라인을 제공한다. 특히 'AI 윤리적 사용 체크리스트'는 AI 도입 단계별로 점검해야 할 구체적인 항목들을 제시하여 실제 현장에서 유용하게 활용할 수 있다.

영국은 AI 시스템의 투명성을 높이기 위해 공공 부문에서 사용되는 AI 알고리즘 목록을 공개하고, 알고리즘이 내린 의사결정에 대한 설명을 제공하도록 의무화했다. 이는 국민의 알 권리를 보장하고 AI에 대한 신뢰를 높이는 효과를 낳았다.

이러한 해외 사례와 국내 특성을 고려해, 우리나라 공공기관은 다음과 같은 거버넌스 체계를 구축할 수 있다.

(1) 기관 내 전담 조직 및 위원회 설치

AI 거버넌스 위원회 : 기관장 직속으로 AI 거버넌스 위원회를 설치하여 AI 관련 중요 의사결정을 총괄한다. 위원회는 AI 전문가, 법률 전문가, 윤리 전문가, 그리고 현업 담당자로 구성하여 다양한 관점의 검토를 보장한다. 이 위원회는 AI 프로젝트의 최종 승인 권한을 가지며, 거버넌스 원칙 준수 여부를 정기적으로 심의한다.

AI 윤리 및 리스크 관리 전담 부서 : AI 모델의 편향성 분석, 개인정보보호 준수, 책임성 확보 방안 등을 실무적으로 관리하는 전담 부서를 운영한다. 이 부서는 AI 개발 및 도입 과정에서 발생할 수 있는 잠재적 리스크를 사전에 식별하고 대응하는 역할을 수행한다.

(2) AI 프로젝트 표준화 및 가이드라인 마련

AI 개발 및 운영 표준 프로세스 : AI 프로젝트의 모든 단계(기획, 데이터 수집, 모델 개발, 배포, 운영, 폐기)에 대한 표준 프로세스를 수립하고, 각 단계에서 준수해야 할 원칙과 체크리스트를 포함하는 가이드라인을 마련한다. 이는 기관의 모든 AI 프로젝트가 일관된 기준 아래 관리되도록 돕는다.

'AI 영향 평가' 의무화 : 새로운 AI 시스템 도입 시, 해당 AI가 국민의 삶에 미칠 영향을 사전에 평가하는 'AI 영향 평가'를 의무화한다. 이는 AI가 가져올 긍정적 효과뿐만 아니라 잠재적인 윤리적, 사회적 부작용을 예측하고 대응 방안을 마련하는 데 필수적이다.

(3) 책임 소재 명확화 및 피해 구제 절차 마련

AI 책임 소재 매트릭스 : AI 오류로 인한 사고 발생 시 책임 소재를 명확히 규정하는 매트릭스를 구축한다. AI 개발자, 운영자, 최종 의사결정권자 등 각 단계별 책임 범위를 명시하여 불필요한 혼란을 방지한다.

피해 구제 및 이의 제기 절차 : AI가 내린 결정에 대해 국민이 이의를 제기하고 구제받을 수 있는 명확한 절차를 마련한다. 이는 '휴먼 인 더 루프' 시스템을 기반으로 하며, AI의 판단을 인간이 재검토하는 프로세스를 포함한다.

(4) 정기적인 AI 감사(Audit) 실시

내부 및 외부 감사 : AI 시스템의 데이터, 알고리즘, 운영 프로세스 전반에 대한 정기적인 감사를 실시하여 잠재적 문제를 사전에 발견하고 개선한다. 기관 내부 감사뿐만 아니라, 독립적인 외부 기관에 감사를 의뢰하여 신뢰성을 높이는 것도 중요하다. 특히 편향성, 투명성, 보안성 측면을 집중적으로 감사해야 한다.

이러한 체계적인 거버넌스 모델은 공공기관이 AI 기술을 국민을 위한 가치 창출에 활용하는 동시에, 발생 가능한 위험을 효과적으로 관리할 수 있는 기반을 제공한다. 이는 궁극적으로 국민의 신뢰를 얻고, AI 시대의 공공 가치를 실현하는 핵심적인 전략이 될 것이다.

3. AI 윤리 및 책임성 확보 방안

AI 기술이 공공서비스의 핵심 기반으로 자리 잡으면서, 기술의 효율성뿐만 아니라 윤리적 활용과 책임성 확보가 공공기관의 가장 중요한 과제로 부상했다. 공공 부문 AI는 국민의 삶에 직접적이고 중대한 영향을 미치기 때문에, 오류나 편향으로 인한 잠재적 위험에 대한 선제적 관리가 필수적이다.

AI 윤리는 단순히 도덕적 문제를 넘어 공공기관의 신뢰와 직결되는 핵심적인 요소이며, 이를 위한 명확한 원칙과 체계가 확립되어야 한다. 궁극적으로, AI는 공공의 이익을 증진하고 사회의 공정성을 높이는 도구가 되어야 한다.

1) 공공부문 AI 윤리의 중요성 : 편향, 투명성, 책임성

공공부문 AI가 직면한 가장 큰 윤리적 도전 과제는 편향(Bias), 투명성(Transparency), 그리고 책임성(Accountability)이다. 이 세 가지 요소는 상호 연관되어 있으며, 어느 하나라도 소홀히 할 경우 심각한 사회적 문제를 초래할 수 있다.

(1) 편향(Bias)

AI는 학습 데이터에 내재된 사회적 편견이나 불균형을 그대로 학습하고 증폭시킬 수 있다. 공공기관의 AI가 잘못된 학습 데이터로 인해 편향된 판단을 내릴 경우, 특정 집단에 대한 차별이나 불이익을 초래할 수 있다.

예를 들어, 저소득층 대상 복지 서비스에 AI를 적용할 때, 과거 데이터의 불완전성이나 특정 지역에 대한 데이터 편향으로 인해 실질적인 복지 사각지대가 발생하거나, 오히려 복지 혜택을 받기 어려운 상황에 놓일 수 있다.

이러한 알고리즘적 편향은 의도하지 않은 차별을 유발하며, 이는 공공서비스의 핵심 가치인 공정성을 훼손하는 결과를 낳는다. 따라서 공공기관은 AI 모델 개발 단계부터 데이터의 편향성 여부를 정기적으로 점검하고, 데이터의 대표성과 형평성을 확보하기 위한 적극적인 노력을 기울여야 한다.

(2) 투명성(Transparency)

AI가 내린 결정 과정이 불투명하다면, 국민은 그 결과를 신뢰하기 어렵다. 특히 공공기관의 AI 시스템은 국민의 세금을 통해 구축되며, 국민의 삶에 직접적인 영향을 미치므로 AI의 의사결정 과정을 투명하게 공개하는 것이 필수적이다.

투명성 확보는 단순히 AI 모델의 작동 원리를 공개하는 것을 넘어, AI가 특정 결정을 내린 근거와 이유를 명확하게 설명하는 것을 의미한다. 이는 국민의 '설명 요구권(Right to explanation)'을 보장하고, AI에 대한 막연한 불신을 해소하는 데 중요한 역할을 한다. 공공기관은 AI의 의사결정 과정을 시각화하거나, 주요 판단 근거를 요약하여 제공하는 등 다양한 방법을 통해 투명성을 높여야 한다.

(3) 책임성(Accountability)

AI가 잘못된 결정을 내렸을 때, 그에 대한 책임을 누가 져야 하는지에 대한 명확한 규정이 없다면 AI 도입은 더 큰 사회적 혼란을 야기할 수 있다. AI로 인한 사고 발생 시 책임을 져야 하는 주체(예 : 개발자, 운영 기관, 최종 의사결정권자 등)를 명확히 하고, 피해구제를 위한 절차를 마련하는 것이 필수적이다.

이는 AI 시스템의 기술적 오류뿐만 아니라, 데이터 편향이나 알고리즘 설계의 결함으로 인한 문제까지 포괄해야 한다. 공공기관의 책임성 확보는 국민에게 안전과 신뢰를 보장하는 기본 전제가 된다.

2) AI 윤리 체크리스트 및 가이드라인 활용법

정부와 각 부처는 AI의 윤리적 활용을 위한 다양한 가이드라인을 제시하고 있다. 공공기관은 이러한 가이드라인을 기관의 특성에 맞게 구체화하고, AI 프로젝트 전 과정에 적용할 수 있는 AI 윤리 체크리스트를 마련해야 한다. 이는 추상적인 윤리 원칙을 실무 담당자가 현장에서 쉽게 적용할 수 있도록 돕는 실질적인 도구 역할을 한다.

(1) 기획 및 데이터 수집 단계

AI 도입 목적의 윤리성 : AI 시스템 도입 목적이 공공의 이익에 부합하는지, 잠재적 위험 요소를 사전에 검토했는지 확인한다.

데이터 편향성 검토 : 학습 데이터가 특정 집단에 치우치지 않고 사회적 다양성을 충분히 반영했는지 검토한다. 이는 데이터의 원천, 수집 방식, 그리고 데이터셋 구성의 적절성을 종합적으로 평가하는 것을 포함한다.

개인정보 보호 및 비식별화 : 데이터 수집 및 활용 과정에서 개인정보보호법 등 관련 법규를 준수하고, 민감 정보를 철저히 비식별화했는지 확인한다. 익명화, 가명 처리 등 다양한 기술적 조치를 적용해야 한다.

[표6-3] 기획 및 테스트 단계 체크리스트

분야	핵심 점검 항목	핵심 질문 (체크리스트)	평가 기준 (합격선)	책임 부서 (역할)	점검 주기
AI 도입 목적의 윤리성	공공의 이익 부합성 위험 사전 검토	• 목적이 공공의 이익과 기관 미션에 부합하는가? • 이해관계자(시민·취약계층) 영향평가를 수행했는가?	• 목적·효과·한계가 문서화 • 공익성 근거 제시	• 사업부 (문제 정의) • 윤리 /법무 (승인)	• 착수 전 필수
AI 도입 목적의 윤리성	공공의 이익 부합성 위험 사전 검토	• 잠재적 위해·오남용·오류 시나리오와 대응계획이 있는가? • 윤리·법무승인절차를 거쳤는가?	• 위험목록·완화계획 보유·윤리/법무 사전 승인	• 감사/ 기획 (거버넌스)	• 범위 변경 시 재점검

점검영역	세부항목	확인 질문	증빙/산출물	담당	통제	주기
데이터 편향성 검토	데이터 대표성 수집 적정성 공정성	• 원천/수집 방식이 합법·투명한가? • 사회적 다양성(성별·연령·지역 등)을 충분히 반영했는가? • 라벨 품질·불균형을 점검·보정했는가? • 편향 지표·공정성 메트릭을 산출·개선했는가?	• 데이터시트/카드 작성 • 속성별 분포·누락률 공개 • 샘플링/재가중/오버샘플링 등 보정 적용 • 공정성 지표 목표치 충족	• 데이터 팀 (수집/정제) • 모델팀 (분석/보정) • 외부 자문/내부 QA (독립 검토)	• 학습 전·후 • 릴리스 전 • 주기적 (반기/모델 업데이트 시)	
개인정보 보호 및 비식별화	법규 준수 최소 수집 재식별 위험 관리	• 개인정보보호법 등 관련 법규·내부 규정 준수 여부? • 목적달성에 필요한 최소한만 수집했는가? • 가명처리/익명화 기준·기술 적용했는가? • 재식별 위험 평가·침해사고 대응계획이 있는가? • 접근통제·암호화·보관·파기 정책이 집행되는가?	• 수집·이용·제3자 제공 근거 명시 • 가명/익명 처리 적정성 검토 통과 • 재식별 위험 허용치 이하 • 접근권한 최소화·로그 모니터링·보관기간·파기 준수	• 보안 (정책·감사) • 데이터 오너 (집행) • 시스템 운영 (접근 통제)	• 수집/공유/반출 전 • 분기 점검 • 사고/변경 시 즉시	

(2) 모델 개발 및 검증 단계

공정성 점검 : 개발된 AI 모델이 특정 집단에 불이익을 주지 않는지, '공정성 메트릭스' 등을 활용해 정량적으로 검증한다. 성별, 연령, 지역 등 다양한 기준으로 결과를 분석하여 차별적 요소가 없는지 확인한다.

설명 가능성 확보 : AI 모델의 의사결정 과정을 설명할 수 있는 AI 기술을 적용했는지 확인한다. 이를 통해 AI가 내린 판단의 근거를 논리적으로 제시할 수 있는 시스템을 구축해야 한다.

보안 취약점 분석 : 외부의 공격이나 해킹으로부터 AI 모델이 안전한지, 보안 취약점 분석을 실시한다.

(3) 서비스 운영 및 폐기 단계

실시간 모니터링 : 운영 중인 AI 시스템의 성능과 윤리적 문제를 실시간으로 모니터링하는 체계를 구축한다. 모델 성능 저하(Model Drift)나 데이터 편향성 증가를 조기에 감지하여 신속하게 대응해야 한다.

피드백 및 감사 : 사용자(국민, 직원)의 피드백을 수렴하여 AI 모델을 개선하고, 정기적인 내부/외부 감사를 통해 AI 시스템의 전반적인 건전성을 평가한다.

안전한 폐기 : AI 시스템의 수명이 다했을 때, 관련 데이터와 모델을 안전하고 영구적으로 폐기하는 절차를 마련한다.

3) AI로 인한 사고 발생 시 책임 소재 및 대응 방안

AI 시스템의 복잡성과 예측 불가능성으로 인해 오류나 사고가 발생할 가능성을 완전히 배제할 수는 없다. 따라서 공공기관은 AI 사고에 대비하여 명확한 책임 소재 규명과 신속한 대응 매뉴얼을 사전에 마련해야 한다.

(1) 책임 소재 규명 및 '휴먼 인 더 루프' 원칙 강화

AI 사고가 발생했을 때, 그 책임을 AI 자체에 전가할 수는 없다. 결국 AI 시스템을 설계하고 운영한 직원에게 최종 책임이 있다. 따라서 기관은 '휴먼 인 더 루프(Human in the Loop, HITL)' 원칙을 강화해야 한다. 이는 AI의 결정에 대한 최종 검토 및 승인 프로세스를 의무화하여 직원이 AI의 판단을 최종적으로 확인하고 책임지는 구조를 의미한다.

위험 기반 접근 : AI 시스템이 국민의 생명, 안전, 재산에 중대한 영향을 미치는 경우(예 : 의료, 재난 예측, 복지 심사 등), 인간의 최종 승인 없이는 결정을 실행하지 않도록 한다.

복수 검토 체계 : AI의 판단에 대한 신뢰도를 높이기 위해, 중요 결정에 대해서는 복수의 담당자가 교차 검토하는 시스템을 구축할 수 있다.

로그 관리 의무화 : AI가 내린 모든 결정과 그 근거, 그리고 인간의 최종 승인 여부를 명확하게 기록하고 관리하는 로그 시스템을 구축하여 사고 발생 시 책임 소재를 추적할 수 있도록 한다.

[표6-4] 서비스 운영 및 폐기 단계 체크리스트

분야	핵심 점검 항목	핵심 질문 (체크리스트)	평가 기준 (합격선)	책임 부서 (역할)	점검 주기 /트리거
실시간 모니터링	모델/ 데이터 윤리 이슈 탐지	• 온라인/배치 추론의 핵심 SLO(지연·가용·오류율) 지정 대시보드화했는가? • 데이터/예측 분포·성능(정확도등)·공정성 지표를 실시간(or 근실시간) 수집하는가? • 이상치·알림 규칙, 롤백/차단절차가 있는가? • 민감속성 추정 금지·프롬프트 악용 탐지 등 윤리 룰이 적용되는가?	• SLO/SLA 문서화 및 경고 임계치 설정 • 데이터·모델 지표상시 모니터링 • 알림→격리→롤백 목표 충족 • 윤리 룰·필터 테스트 통과	• 플랫폼 (관측·배포) • 데이터/모델팀 (지표 관리) • 보안/윤리 (룰 점검)	• 상시(실시간) • 배포 직후 집중 모니터링 • 데이터 소스 변경시
피드백 및 감사	사용자 피드백 수렴·내/외부 감사	• 국민·직원 VOC 채널(신고/이의제기/설명요청)이 열려 있고 SLA가 있는가? • 피드백이 모델 개선 백로그로 연결되는가? • 내부(분기)·외부(연1회 이상) 감사 계획·범위·독립성이 보장되는가? • 결정 로깅·추적성(왜 이 결과가 나왔는가) 확보되는가?	• VOC 응답 SLA 준수(예: 5영업일 이내 1차 회신) • 개선 티켓 추적률·반영률 목표 달성 • 감사 체크리스트 100% 수행, 중대 지적 개선 완료 • 결정 로그·설명가능성 증빙 보유	• 고객센터/민원 • 품질/기획(PM)·내부 감사/준법 • 법무·윤리 (독립 검토)	• VOC 상시/월간 리뷰 • 내부 감사 분기 • 외부 감사 연1회 (또는 고위험 반기)
안전한 폐기	시스템·데이터·모델의 안전한 종료	• 폐기 기준(수명·성능·법정 보존기간 만료)과 승인 절차가 정의됐는가?	• 폐기 계획/승인 기록 보유	• 보안 (정책·감사) • 인프라 (스토리지·백업)	• 폐기 결정시 점검 • 보존 기간 만료시

안전한 폐기	시스템 · 데이터 · 모델의 안전한 종료	• 모델/데이터 가명 · 원본 · 백업 · 로그까지 파기 또는 영구 암호화 되는가? • 제3자 제공분 · 캐시 · 샤드 · DR 센터까지 반영되는가? • 재현성/책임 추적을 위한 최소 메타데이터는 보존되는가?	• 파기 범위 100% 커버리지 (운영 · 백업 · DR · 캐시) • 재식별 위험 0수준 확인 • 법정 보존 · 파기 기한 준수	• 데이터/모델팀 (자산 식별) • 기록 관리 (보존 정책)	• 공급 계약 종료 · 시스템 교체 시

※ **SLO** : SLO(서비스 수준 목표: Service-Level Objective)
※ **DR** : DR(재해복구: Disaster Recovery)

(2) 신속한 사고 대응 매뉴얼 구축

AI 오류로 인해 문제가 발생했을 때, 국민의 피해를 최소화하고 신속하게 상황을 수습하기 위한 구체적인 대응 매뉴얼이 필요하다.

사고 보고 및 전파 : AI 오류 발생 시 즉시 내부 보고 체계를 가동하고, 관련 부서에 상황을 신속하게 전파한다.

원인 분석 및 피해 규모 파악: 사고의 원인이 데이터 편향, 알고리즘 오류, 혹은 외부 공격인지 신속하게 분석하고, 피해를 입은 국민의 규모와 내용을 파악한다.

피해 구제 및 보상 : 피해를 입은 국민을 위한 명확한 구제 및 보상 절차를 마련한다. 이의 제기 창구를 운영하고, 피해 상황을 적극적으로 해결하기 위한 전담팀을 운영한다.

대국민 소통 : 사고 발생 사실과 원인, 그리고 해결을 위한 노력 과정을 투명하게 공개하여 국민의 불안감을 해소하고 신뢰를 회복한다.

결론적으로, 공공기관은 AI 윤리를 단순한 규제가 아닌, 국민의 신뢰를 얻고 공공 가치를 실현하는 필수적인 전략으로 인식해야 한다. 편향을 최소화하고, 투명성을 확보하며, 책임 소재를 명확히 하는 체계를 구축함으로써, AI는 비로소 국민의 삶에 긍정적인 변화를 가져오는 진정한 혁신 도구로 활용될 수 있을 것이다.

4. AI 활용 성과 측정 및 경영평가 연계

공공기관의 AI 도입이 단순한 기술적 시도를 넘어선 성공적인 혁신으로 인정받기 위해서는, 그 효과를 객관적으로 입증할 수 있는 체계적인 성과 측정이 필수적이다. 또한, 이러한 성과를 경영평가와 효과적으로 연계시키는 전략은 AI 도입의 당위성을 강화하고 기관의 경쟁력을 높이는 중요한 요소가 된다.

AI 활용 성과는 단순한 시스템 구축 여부가 아닌, 실제 업무 혁신과 국민 편익 증진에 얼마나 기여했는지에 초점을 맞춰 측정해야 한다. 이는 AI 도입이 단기적인 프로젝트로 끝나지 않고, 기관의 지속 가능한 혁신 동력으로 자리 잡게 만드는 핵심적인 과정이다.

1) AI 도입 성과 측정 지표 개발 : 정량적/정성적 지표

AI 도입의 성공을 객관적으로 입증하기 위한 지표는 크게 정량적(Quantitative) 지표와 정성적(Qualitative) 지표로 나눌 수 있다. 두 가지 지표를 균형 있게 활용하여 AI의 도입 효과를 다각적으로 평가하는 것이 중요하다.

(1) 정량적 지표 개발 및 측정 방안

정량적 지표는 AI 도입의 직접적인 효과를 수치로 보여주는 객관적인 증거다. 이는 투자 대비 효과(ROI)를 명확히 하고, 성과 보고서의 설득력을 높이는 데 핵심적인 역할을 한다.

업무 효율성 지표 : 업무 처리 시간 단축률: AI 도입 전후로 특정 업무를 처리하는 데 걸리는 시간을 비교하여, 시간 절감 효과를 백분율로 산출한다. (예 : AI 기반 민원 서류 자동 분류 시스템 도입 후 처리 시간이 30% 단축)

인력 재배치 효과 : AI 도입으로 인해 단순 반복 업무에서 해방된 인력이 보다 가치 있는 업무(예 : 정책 수립, 복잡한 민원 상담 등)에 투입된 시간이나 비율을 측정한다.

처리량(Throughput) 증대 : 단위 시간당 처리할 수 있는 업무량의 증가율을 측정한다. (예 : AI 챗봇 도입 후 야간 및 주말 민원 응대 건수 50% 증가).

비용 절감 지표 : 인건비 절감액 : AI가 대체한 업무에 투입되던 인건비를 계산하여 절감 효과를 산출한다. 운영 비용 절감액: AI 기반 예측 시스템 도입으로 인한 설비 유지보수 비용 절감액이나, 전력 사용량 최적화로 인한 에너지 비용 절감 효과를 측정한다.

정확성 및 안정성 지표 : 오류율 감소 : AI 도입 전후의 업무 오류 발생률을 비교한다. (예 : AI 기반 행정 문서 초안 작성 시스템 도입 후 오탈자 및 오류율 10% 감소).

시스템 가용성 : AI 시스템의 24시간 운영 가능 여부와 장애 발생률을 측정한다. (예 : AI 챗봇 24시간 운영으로 야간 민원 응대율 100% 달성, 민원인 대기 시간 80% 감소).

정량적 지표는 AI 도입의 즉각적인 성과를 보여주지만, 이는 AI가 가져오는 전체 가치의 일부만을 보여줄 수 있다. 따라서 정성적 지표를 병행하여 AI의 장기적, 전략적 가치를 함께 평가해야 한다.

(2) 정성적 지표 개발 및 측정 방안

정성적 지표는 AI 도입이 가져온 비수치적, 즉 주관적인 가치를 평가한다. 이는 AI가 조직 문화, 대국민 서비스 품질 등에 미친 긍정적인 영향을 보여주며, 보고서에 깊이와 설득력을 더한다.

직원 만족도 지표 :

업무 만족도 조사 : AI 도입 후 직원들의 업무 부담 완화, 만족도, 스트레스 감소 등에 대한 설문조사를 실시한다. (예 : AI 도입 후 '단순 업무 비중 감소' 항목에서 85% 이상 긍정적 답변).

조직 문화 변화 : AI 활용 우수사례 공유, 내부 AI 전문가 양성 등을 통해 기관의 디지털 혁신 문화가 얼마나 확산되었는지 측정한다.

[표6-5] 정량적 지표 개발 및 측정 방안

분야	지표명	정의/산식	주 데이터 소스	측정 주기	예시(설명)	책임부서
업무 효율	업무 처리 시간 단축률	(도입 전 평균 처리 시간 – 도입 후 평균 처리시간) ÷ 도입 전 × 100%	업무시스템 로그, 타임스탬프, RPA 로그	월/ 분기	민원 서류 자동분류 도입 후 평균 45 → 31분 (–31.1%)	담당 부서 MLOps

구분	지표	산식	데이터 출처	주기	예시	담당
업무 효율	인력 재배치 효과 (시간/비율)	(고부가가치업무 투입시간 증가÷총근무시간) × 100%	인사·근태, 업무배분표, 프로젝트 타임시트	분기	반복업무 300h를 정책기획으로 전환(비율 +15pp)	인사/기획
	처리량 (Throughput) 증대	(도입 후 단위시간 처리건수 − 도입 전) ÷ 도입 전 × 100%	콜·챗봇/민원 접수 로그, 처리대장	월	챗봇도입 후 야간·주말 응대 200→300건 (+50%)	고객지원/민원
정확성·안정	오류율 감소	(도입 후 오류건수÷총건수) − (도입 전 오류율)	품질점검 표본, 검수 로그	월/분기	행정 문서 초안 오탈자 3.0%→2.7% (−10%)	품질/감사
	시스템 가용성 (Availability)	가동시간 ÷ 총시간 × 100% (또는 장애율)	모니터링, 인시던트 리포트	상시/월	24×7 챗봇 가용성 99.93%, 야간 대기시간 80%↓	플랫폼
재무 성과	ROI (투자 수익률)	(연간 금전적 편익 − 연간 비용) ÷ 총 투자비 × 100%	재무, 위 지표 합산	반기/연	(절감 6억 + 추가가치 2억 − 비용 3억) ÷ 5억 = 100%	재무/PMO

※ **PMO** : PMO(프로젝트관리조직: Project Management Office)

국민 및 고객 만족도 지표 :

고객 만족도 조사 : AI 기반 서비스(예: 챗봇, AI 추천 시스템)에 대한 국민의 만족도, 편의성, 신뢰도 등을 설문조사로 측정한다.

민원 유형 분석 : AI 도입 후 민원 유형이 단순 문의에서 복잡하고 심층적인 상담으로 변화했는지 분석한다.

서비스 품질 향상 : AI 기반으로 제공된 서비스의 투명성, 공정성, 맞춤형 제공 여부 등을 평가한다. (예: AI 기반 복지 사각지대 발굴 서비스에 대한 국민 체감도 조사).

전략적 기여도 지표 :

정책 결정 지원 : AI 기반 데이터 분석이 기관의 주요 정책 결정에 얼마나 기여했는지, 새로운 정책적 인사이트를 도출했는지 사례 중심으로 평가한다.

기관 이미지 제고 : 'AI 선도 기관'으로서의 대외 이미지가 어떻게 변화했는지 언론 보도, 외부 평가 등을 통해 확인한다.

이러한 정량적, 정성적 지표를 종합적으로 활용하여 AI 도입의 효과를 입체적으로 분석하는 것이 중요하다.

[표6-6] 정성적 지표 개발 및 측정 방안

구분	지표명	정의·평가방법	데이터 소스/증빙	측정 주기	예시(설명)	책임부서
직원 만족/경험	업무 만족도	AI 도입 전·후 업무부담·만족·스트레스 체감 변화 설문(5점/7점 Likert) 및 자유서술 분석	정기 직원 설문, 인터뷰, 포커스그룹, HR 상담 기록	분기/반기	"단순업무 감소" 85% 긍정, 스트레스 평균 3.8→3.1	인사/조직문화, PMO

구분	지표	측정방법	데이터 원천	주기	목표/현황	담당
조직문화/역량	디지털 혁신 문화 확산	사내 AI 우수 사례 공유 빈도, 사내 발표, 교육 참여율, 사내 전문가 (챔피언) 수	사내 포털 게시물, 교육 이수 로그, 커뮤니티 운영 기록	분기	사내 세미나 월 2회, 현장 제안 30%↑	교육/혁신TF, 각 본부
국민/고객 체감	고객 만족도	AI 기반 서비스 (챗봇/추천/예측)의 만족·편의·신뢰 설문	온라인 설문, VOC, 앱스토어 후기, 민원 통계	월/분기	챗봇 응대 만족 78→86, 신뢰 "긍정" 65%→80%	민원/고객센터, 품질
국민/고객 체감	민원 유형 심화	도입 전·후 민원 난이도/유형 변화 분석(단순→복합 비중)	콜·챗봇 로그, 상담 태깅, 대시보드	월	야간 단순문의 1차 해결 65% 달성	고객센터/데이터
서비스 가치	품질·공정·맞춤성 체감	투명성·공정성·맞춤 제공 여부에 대한 체감 조사 및 표본 평가	이용자 설문, 접근성 점검, 공정성 점검 리포트	반기	복지 사각지대 발굴 서비스 체감 3.6→4.3	윤리/품질, 서비스 부서
정책·의사결정	정책 결정 지원 기여	AI 분석이 정책 수립·집행에 제공한 인사이트·사례 수와 영향도(의사결정 반영 여부)	정책 보고서, 회의록, 대안비교 문서	분기/반기	교통혼잡 완화 정책 대안선정에 AI 수요예측 반영	기획/정책, 데이터 분석
대외 평판	기관 이미지 제고	"AI 선도기관" 관련 언론/평가/수상/벤치마킹 요청 등 정성지표	보도자료, 미디어 모니터링, 외부평가 결과	반기/연	외부 기관 8곳 벤치마킹 방문, 장관상 수상	대외협력/홍보

2) 경영평가 항목별 AI 활용 성과 어필 전략

공공기관 경영평가는 기관의 운영 효율성과 사회적 책임을 종합적으로 평가하는 중요한 절차다. 기획재정부는 이미 경영평가 항목에 AI 활용 실적을 반영하고 있으며, 이는 AI 도입이 단순한 유행이 아니라 기관의 핵심 경쟁력임을 의미한다. 경영평가에서 AI 활용 성과를 효과적으로 어필하기 위해서는 각 평가 항목과 AI의 기여도를 명확하게 연결하는 전략이 필요하다.

(1) 주요사업 성과 항목 연계 전략

주요사업 성과 항목은 기관의 핵심 미션 달성도를 평가한다. AI가 이 항목에 기여했음을 증명하기 위해서는, AI를 활용해 기관의 고유 업무를 혁신한 구체적인 사례를 제시해야 한다.

AI 기반 정책 효율화 : AI가 방대한 데이터를 분석해 정책 수립의 정확성을 높이거나, 정책 효과를 예측하는 데 기여한 사례를 제시한다. (예 : 한국전력공사의 AI 기반 전력 수요 예측 시스템 도입으로 전력 공급 효율성 증대 및 블랙아웃 예방)

대국민 서비스 혁신 : AI를 활용해 국민이 직접 체감할 수 있는 새로운 서비스를 창출하거나 기존 서비스의 질을 획기적으로 개선한 사례를 강조한다. (예 : AI 기반 복지 사각지대 발굴 시스템으로 신규 복지 수급자 1만 명 발굴, 맞춤형 복지 정보 제공)

안전 및 재난 관리 : AI를 활용해 사회 안전망을 강화하거나 재난 예측 시스템을 고도화한 사례를 보고한다. (예 : 수자원공사의 AI

기반 홍수 예측 시스템 도입으로 특정 지역 침수 피해 20% 감소)

이러한 사례를 제시할 때는 반드시 정량적 지표(예 : 시간 단축, 비용 절감, 정확도 향상)를 함께 명시하여 객관성을 확보해야 한다.

(2) 조직·인사 및 고객만족도 항목 연계 전략

조직·인사 항목 : AI가 내부 업무 프로세스를 개선하고 직원 역량 강화에 기여한 점을 부각한다. AI 기반 지식 관리 시스템 구축으로 직원들이 업무 자료를 찾는 시간이 단축되었거나, AI 활용 교육 프로그램 운영으로 직무 만족도가 높아진 사례를 제시할 수 있다. 이는 단순한 기술 도입을 넘어 조직 문화 혁신에 기여했음을 보여준다.

고객만족도 항목 : AI 챗봇 도입으로 고객 응대율이 향상되고, 대기 시간이 줄어들었다는 객관적인 데이터를 제시한다. 또한, AI 기반 맞춤형 서비스 제공으로 국민의 만족도가 높아진 사례를 설문조사 결과와 함께 보고한다. 이는 AI가 단순한 민원 해결을 넘어 국민과의 소통을 강화하고, 서비스 품질을 근본적으로 향상시켰음을 보여준다.

보고서 작성 시에는 스토리텔링 기법을 활용하는 것이 효과적이다. 'AI가 없었을 때의 문제점 → AI 도입을 통한 해결 방안 → 구체적인 성과 지표와 사례'의 흐름으로 작성하면 평가자의 이해를 돕고 공감을 얻을 수 있다.

3) 우수사례 및 확산을 통한 기관 경쟁력 제고

AI 기술은 매우 빠르게 발전하며, 모든 공공기관이 각자의 역량만으로 최신 기술을 도입하고 고도화하는 것은 비효율적이다. 따라서 공공기관 간의 AI 활용 우수사례를 공유하고 협력적 생태계를 조성하는 것은 전체 공공 부문의 디지털 역량을 높이고 기관 경쟁력을 제고하는 데 필수적이다.

(1) 내부 및 외부 공유 전략

내부 확산 : 성공적인 AI PoC 사례를 기관 내부의 모든 부서와 공유하여 AI 활용에 대한 긍정적인 인식을 확산한다. 정기적인 'AI 컨퍼런스', 우수사례 발표회, 내부 뉴스레터 등을 통해 성공 사례를 적극적으로 홍보하고, 'AI 챔피언' 제도를 통해 AI 활용을 독려한다.

외부 공유 : 다른 공공기관, 정부 부처, 민간 기업과 우수사례를 공유한다. 정부가 운영하는 '기술 마켓' 내에 'AI 전용관'을 마련하여 기관의 AI 모델, 데이터셋, 활용 노하우 등을 등록하고, 이를 필요로 하는 기관이 활용할 수 있게 한다. 이는 기관 간의 긍정적인 경쟁을 유도하고, 전체 공공 부문의 AI 역량을 상향 평준화하는 효과를 가져온다.

(2) AI 생태계 조성 및 협력 방안

민간과의 협력 : AI 기술력에서 앞선 민간 기업과 적극적으로 협력하는 생태계를 구축해야 한다. 공공기관은 방대한 고품질 데이터를 제공하고, 민간은 AI 모델 개발 및 기술 지원을 담당하는 상호 보완적인 관계를 형성할 수 있다.

공동 R&D 및 프로젝트 추진 : 유사한 AI 도입 목표를 가진 기관들이 공동으로 연구개발(R&D) 프로젝트를 추진하여 중복 투자를 방지하고, 리스크를 분담할 수 있다. (예: 여러 지자체가 함께 AI 기반 교통량 예측 모델을 공동 개발하는 방식)

오픈소스 활용 및 기여 : 이미 개발된 오픈소스 AI 모델을 적극적으로 활용하여 개발 비용과 시간을 절약하고, 기관이 개발한 AI 모델을 오픈소스로 공개하여 기술 생태계에 기여하는 선순환 구조를 만든다.

우수사례 공유 및 확산은 단순히 정보를 나누는 행위를 넘어, 기관들이 함께 배우고 성장하는 지식 공유의 장(Knowledge Sharing Platform)을 만든다. 이는 궁극적으로 개별 기관의 역량을 넘어 국가 전체의 AI 경쟁력을 강화하는 기반이 될 것이다.

[표6-7] 내부 및 외부 공유 전략

구분	핵심 전략	세부 실행 과제	운영체계/ 전담	성과지표 (예시)	리스크 · 완화
내부 확산	성공 PoC · 우수 사례 전사 확산	사내 'AI 컨퍼런스' · 우수 사례 발표회 정례화, 부서별 브라운백, 내부 뉴스레터 · 위키 구축 · 'AI 챔피언' 제도(부서별 리더) 운영	CDO/DT 본부 총괄, 현업-IT 공동 PMO, 사례 등록 · 검증 절차	행사/참여율, 사례 등록 · 재사용 건수, 교육 이수율, PoC→본사 업전환율, 업무시간 절감 총합	형식적 공유 →성과연계 OKR로 관리, 개인정보/ 보안→사전 비식별 · 보안 검토 게이트

※ **OKR** : OKR(목표와 핵심 결과 : Objectives and Key Results)

외부 공유	기관간 우수 사례 공개·거래 촉진	타 공공기관·부처·민간과 사례 교류회, 정부 '기술마켓' 내 'AI 전용관' 등록 (모델·데이터셋·가이드·운영 노하우)	전담 오픈 이노베이션팀, 법무·보안 사전심사, 표준 메타데이터·라이선스 템플릿	등록 자산 수, 다운로드/재사용·참조 건수, 공동 활용·이전 계약 수, 대외평가·보도지표	표준 부재·품질 편차→제출체크리스트·품질심사, 저작권/보안→라이선스·등급공개 체계

[표6-8] AI 생태계 조성 및 협력 방안

협력 축	협력 모델	데이터/기술 교환	거버넌스·계약	성과지표 (예시)	리스크·완화
민간과의 협력	공공-민간 상호보완 (공공: 고품질 데이터, 민간: 모델·플랫폼)	안전한 데이터 샌드박스, API 기반 접속, 프라이버시·보안 점검 체크리스트	MOU→실행계약 (SLA·보안·성능 KPI), 윤리·법규 준수 조항, 분쟁 해결 절차	공동 모델 성능 개선폭, 서비스 출시, 민간 투자/매칭 금액	데이터 유출·윤리 리스크→접근권한 최소화·가명/비식별, 윤리 심의위원회
공동 R&D/프로젝트	유사 목표 기관간 컨소시엄	공통 데이터 스키마·벤치마크, 모델·피처 스토어 공유	총괄기관-PMO, 비용·리스크 분담 규칙, 성과 공유 원칙	중복투자 절감액, 공동 논문/특허/파일럿 수, 본사업전환 수	조정비용 ↑→ 의사결정·변경관리 규정, 일정 리스크→공동 로드맵

| 오픈소스 활용·기여 | 기존 오픈소스 적극 활용·역기여 | 포크→내부 검증→기여 PR, 보안 스캔·라이선스 준수 | 오픈소스 정책(허용/주의/금지 라이선스), 취약점 대응 프로세스 | 개발비·기간 절감, PR 머지수, 이슈 해결 리드타임 | 라이선스 컴플라이언스→자동 점검, 보안 취약점→모니터링·패치 SLA |

5. 맺음말 : AI 시대, 공공기관의 미래를 위한 제언

AI는 더 이상 미래 기술이 아니라, 이미 우리 사회의 패러다임을 바꾸고 있는 현실이다. 공공기관은 이러한 거대한 변화의 흐름에 수동적으로 대응하는 것을 넘어, 국가 AI 생태계의 디딤돌 역할을 수행하며 능동적으로 미래를 준비해야 한다.

AI 시대의 공공기관은 기술의 잠재력을 최대한 활용하여 공공의 가치를 실현하고, 궁극적으로 국가 경쟁력 향상에 기여해야 하는 사명감을 가져야 한다. 이를 위해 다음 세 가지 제언을 바탕으로 미래를 위한 구체적인 전략을 모색할 필요가 있다.

1) 국민 체감형 AI 서비스의 지속적 발굴 및 고도화

공공기관 AI의 최종 목표는 국민의 삶을 더 편리하고 안전하게 만드는 것이다. 기술을 위한 기술 도입이 아닌, 국민이 직접 체감하고 만족할 수 있는 '국민 체감형 AI 서비스'를 지속적으로 발굴하고 고도화하는 데 집중해야 한다. 이는 국민의 삶 속에서 AI가 어떻게 긍정적인 변화를 가져올 수 있는지 고민하는 것에서 시작된다.

(1) 국민의 목소리에 귀 기울이는 AI 서비스 발굴

AI 서비스를 기획할 때, 가장 먼저 고려해야 할 것은 국민의 실제 불편함이다. 복잡한 민원 절차, 접근하기 어려운 정보, 느린 행정 처리 속도 등 국민이 일상에서 겪는 문제점을 AI로 어떻게 해결할 수 있을지 고민해야 한다.

예를 들어, AI 기반 민원 상담 챗봇을 단순 Q&A 수준에서 벗어나 개인 맞춤형 민원 서류 안내 및 작성 지원, 복지 혜택 추천 등으로 고도화할 수 있다. 또한, 빅데이터 분석을 통해 숨겨진 정책 수요를 파악하고, 이를 AI 서비스 개발에 반영해야 한다.

사회관계망서비스(SNS)의 여론 분석, 민원 데이터 분석 등을 통해 국민의 불만 요소를 사전에 파악하고, 이를 해결할 수 있는 선제적 AI 서비스를 구축하는 것이다. 예를 들어, AI가 실시간으로 소셜 미디어를 분석해 특정 지역의 재난 징후를 감지하고, 해당 지역 주민에게 즉시 긴급 알림을 보내는 시스템을 구축할 수 있다.

(2) 기존 서비스에 AI를 접목한 혁신

새로운 서비스 뿐만 아니라, 기존의 공공서비스에 AI 기술을 접목하여 혁신하는 것도 중요하다. 행정 절차의 효율성을 높이는 것에서 나아가, 서비스의 정확성과 만족도를 동시에 높여야 한다.

[표6-9] 국민 체감형 AI 서비스의 지속 발굴·고도화

세부영역	핵심 전략	구체 실행 과제	성과지표 (예시)	담당/ 거버넌스
국민 목소리 기반 발굴	실수요 · 불편 해소형 과제선별	민원/VOC · SNS 여론 · 페르소나 정의, 상위 페인포인트 우선순위화	민원 1차 해결률↑ 대기시간↓	민원부서 · 데이터팀 · PMO
개인화 민원 지원	챗봇→ 도우미 고도화	개인 맞춤 서류 안내/ 작성, 복지 혜택 추천, 멀티모달 입력 (음성/이미지) 지원	셀프서비스율↑ 재방문 의도↑ 오류 접수↓	서비스 부서 · 플랫폼 윤리
선제 서비스	조기 감지 · 즉시 알림	SNS/센서 실시간 분석으로 재난 징후 탐지 · 지역 맞춤 경보	조기경보 정탐률↑ 경보 리드타임 (분) 단축	안전총괄 · 데이터 · SRE
기존 서비스 혁신(복지)	사각지대 발굴	공공데이터 융합 · 위험점수 산출 · 적극 안내	신규 대상자 발굴 수, 지원 연계율↑	복지부서 · 데이터 · 법무
기존 서비스 혁신(재난)	예측 · 대응 자동화	기상/지형/과거사건 기반 위험지도 · 대피 시나리오	피해액↓ 인명피해 0목표 예측 정확도↑	재난대응 · GIS · 데이터
기존 서비스 혁신(보건)	공중보건 인텔리전스	감염 예측 · 개인 맞춤 건강권고 · 취약군 알림	예측정확도↑ 예방접종률↑	보건부서 · 의학자문 · 데이터

복지 사각지대 발굴 : AI가 방대한 공공 데이터를 분석해 복지 혜택을 받지 못하고 있는 소외 계층을 선제적으로 찾아내고, 맞춤형 복지 정보를 제공할 수 있다. 이는 복지 정책의 효율성을 극대화하고, 사회 안전망을 강화하는 데 기여한다.

재난 예측 및 대응 : 기상 데이터, 지형 정보, 과거 재난 기록 등을 AI로 분석하여 홍수, 산불 등 재난 발생 가능성이 높은 지역을 예측하고, 신속한 대피 명령 및 대응 전략을 수립하는 데 활용할 수 있다. 이는 인명 및 재산 피해를 최소화하는 데 결정적인 역할을 한다.

의료 및 보건 서비스 : AI 기반 질병 예측 모델을 활용하여 감염병 확산을 예측하거나, 개인의 건강 정보를 분석해 맞춤형 건강 관리 서비스를 제공할 수 있다. 이는 공중 보건 향상에 크게 기여할 수 있다.

국민 체감형 AI 서비스는 단순히 기술적 우수성을 자랑하는 것을 넘어, 국민의 삶을 실질적으로 개선하는 데 그 가치가 있다. 공공기관은 이러한 서비스를 지속적으로 발굴하고 고도화하여 AI가 '국민을 위한 기술'임을 증명해야 한다.

2) 민간과의 협력 생태계 조성 : 데이터 공유 및 기술 마켓 활용

AI 기술은 매우 빠르게 발전하고 있으며, 공공기관이 모든 것을 자체적으로 해결하는 것은 불가능하다. AI 역량 격차를 해소하고 혁신을 가속화하기 위해서는 민간의 우수한 기술력과 데이터를 적극적으로 활용하고, 공공기관의 자원을 민간과 공유하는 협력 생태계를 구축해야 한다. 이는 공공과 민간이 상생하며 국가 전체의 AI 경쟁력을 높이는 가장 효과적인 방안이다.

[표6-10] 민간과의 협력 생태계: 데이터 공유·기술 마켓 활용

세부영역	협력 모델	데이터/기술 교환	성과지표 (예시)	거버넌스/계약 (주요 조항)
민간 기술력 활용	상용/솔루션 우선 도입+ 맞춤화	공공: 도메인데이터·업무지식 제공 / 민간: 모델·플랫폼·MLOps	정확도↑, 운영비↓	SLA(성능/보안), 데이터 사용 범위, 윤리·컴플라이언스, 분쟁조정
공공 데이터 개방	안전한 데이터 개방·유통	가명·비식별·품질검증 후 API/데이터포털 제공	개방 데이터셋 수, 다운로드·재사용 건수↑	라이선스 (허용범위), 보존·파기, 책임한계
기술 마켓/플랫폼	모델·데이터·가이드 공유	정부 '기술 마켓/AI 전용관' 등록·공동 활용	등록자산수, 이전·공동R&D 건수↑	표준 템플릿, 품질심사, 감사 로그

(1) 민간의 기술력 적극 활용

공공기관은 자체적으로 AI 모델을 개발하고 운영하는 것보다, 민간의 상용 초거대 AI 모델이나 AI 솔루션을 활용하는 것이 훨씬 효율적일 수 있다. 특히 초기 도입 단계에서는 민간의 검증된 기술을 활용해 시행착오를 줄이고, AI의 효용성을 빠르게 검증해야 한다. 민간의 AI 전문 기업과 협력하여 기관의 특성에 맞는 맞춤형 AI 모델을 구축하거나, AI 컨설팅을 통해 최적의 도입 전략을 수립할 수 있다. 이를 통해 공공기관은 핵심 역량에 집중하고, 민간은 새로운 시장 기회를 창출하는 윈-윈(Win-Win) 관계를 구축할 수 있다.

(2) 공공데이터의 개방과 공유

공공기관은 국민의 삶과 관련된 방대하고 신뢰성 높은 데이터를 보유하고 있다. 이러한 공공데이터는 민간 AI 기술 개발의 중요한 원료가 될 수 있다. 공공기관은 개인정보 비식별화, 보안 강화 등의 조치를 취한 후, 공공데이터를 민간에 개방하여 혁신적인 AI 서비스 개발을 유도해야 한다.

예를 들어, 교통량, 기상, 재난 등의 데이터를 민간에 개방하면, 이를 활용한 AI 기반 내비게이션, 재난 예측 서비스, 스마트 도시 솔루션 등이 개발될 수 있다. 이는 민간의 혁신을 촉진하고 새로운 비즈니스 모델을 창출하는 계기가 된다.

(3) 기술 마켓 활용 및 협력 플랫폼 구축

공공기관 간, 그리고 공공기관과 민간 간의 AI 활용 노하우와 기술을 공유하는 플랫폼을 활성화해야 한다. 정부가 운영하는 '기술 마켓'이나 'AI 전용관' 등을 적극적으로 활용하여 기관이 개발한 AI 모델, 데이터셋, 활용 사례 등을 등록하고, 이를 필요로 하는 다른 기관이나 민간 기업이 활용할 수 있게 해야 한다.

이는 개별 기관의 중복 투자를 방지하고, 성공 사례를 빠르게 확산시키는 효과를 가져온다. 또한, 정기적인 'AI 기술 교류회'나 '협력 워크숍'을 개최하여 기관들이 서로의 경험을 공유하고, 공동 프로젝트를 발굴하는 장을 마련해야 한다. 이러한 협력 생태계는 공공기관의 AI 역량을 단기간에 향상시키고, 민간 부문의 혁신을 촉진하여 국가 AI 경쟁력을 강화하는 기반이 될 것이다.

3) AI 기술 변화에 선제적으로 대응하는 공공기관의 역할

AI 기술은 매일같이 진화하고 있다. AI 시대의 공공기관은 이러한 기술 변화에 수동적으로 대응하는 것이 아니라, 사회적 변화를 주도하는 선제적인 역할을 수행해야 한다. 이는 단순히 기술을 도입하는 것을 넘어, 기술이 사회에 가져올 긍정적 효과와 잠재적 부작용을 예측하고, 이를 관리하는 역할을 포함한다.

(1) AI 기술 변화에 대한 예측 및 정책 반영

공공기관은 AI 기술 동향을 지속적으로 모니터링하고, 미래에 도래할 기술이 기관의 업무와 국민의 삶에 어떤 영향을 미칠지 예측해야 한다. 예를 들어, 멀티모달 AI가 가져올 변화를 예측하여 음성, 이미지, 텍스트를 모두 활용하는 복합 민원 시스템을 미리 구상하거나, 온디바이스 AI가 보편화될 것에 대비해 개인정보를 외부로 전송하지 않는 안전한 AI 서비스 모델을 개발할 수 있다. 이러한 예측을 바탕으로 기관의 장기적인 AI 로드맵을 수립하고, 관련 법제도 및 정책을 정비해야 한다.

[표6-11] 선제 대응하는 공공기관의 역할(기술 · 윤리 · 인재)

세부영역	핵심 내용	주요 실행 과제	성과지표 (예시)	담당/ 거버넌스
기술 예측 · 정책 반영	미래 기술 조기 포착 · 로드맵화	기술 스캐닝(분기), 멀티모달 민원 PoC, 온디바이스 AI 파일럿, 연차별 AI 로드맵 · 예산 연동	연간 PoC 수, 본사업 전환율, 로드맵 업데이트 회수	CDO/ 정책기획 · 예산 · PMO

윤리 · 책임 표준	최고 수준 공공 AI 윤리	편향 · 공정성 점검, 설명가능/책임소재, 사고대응 SLA, 알고리즘 투명성 가이드	공정성 지표 충족률, 설명요청 처리 SLA, 사고↓	윤리위 · 법무 · 감사 · 품질
인재 육성 (내부)	실무형 AI 역량 강화	직무별 교육 트랙, AI 챔피언 · 코치 제도, 실전 과제 · 커뮤니티 운영	교육 이수율, 현장 개선 제안 수, 재사용 사례↑	인사 · 교육, 각 부서 리더
사회 교육 (대국민)	AI 리터러시 확산	시민 대상 기초 · 안전 · 활용 교육, 취약계층 맞춤 콘텐츠	프로그램 참여율, 인식 개선도, 안전사고↓	대외협력 · 교육 · 홍보

(2) AI 윤리 및 책임의 표준 제시

공공기관은 AI 기술을 활용하는 데 있어 최고의 윤리적 표준을 제시해야 한다. 민간 부문이 자율적인 규제에 의존하는 반면, 공공기관은 국민의 신뢰를 바탕으로 AI를 운영해야 하므로, 윤리적 원칙과 책임성을 선도적으로 확립해야 한다. 편향성 없는 데이터 활용, 투명한 알고리즘 공개, 그리고 사고 발생 시의 명확한 책임 소재 규명 등을 모범적으로 수행함으로써, 민간 부문 AI의 윤리적 기준을 선도하는 역할을 할 수 있다.

(3) AI 시대의 인재 육성 및 사회적 교육

공공기관은 AI 기술을 활용하는 내부 인재를 육성하는 동시에, AI 기술이 가져올 사회적 변화에 국민이 적응할 수 있도록 지원해야 한다.

내부 인재 육성 : AI 기술을 이해하고 활용할 수 있는 직원을 지속적으로 양성하고, AI 관련 지식 공유 문화를 조성해야 한다. 이는 기술적 전문성뿐만 아니라 AI 윤리 및 리스크 관리 역량까지 포괄해야 한다.

국민 교육 및 인식 제고 : AI 리터러시 교육 프로그램을 운영하여 국민이 AI 기술을 올바르게 이해하고 활용할 수 있도록 돕는다. 이는 AI에 대한 막연한 불안감을 해소하고, AI 시대의 새로운 기회를 포착할 수 있는 기반을 마련하는 데 기여한다.

공공기관은 AI 기술의 수용자(User)를 넘어, 기술과 사회의 바람직한 관계를 만들어가는 선도자(Pioneer)가 되어야 한다. 이러한 선제적인 노력만이 AI 시대에 공공의 가치를 지속적으로 실현하고, 궁극적으로 대한민국의 지속 가능한 성장을 이끌어갈 수 있을 것이다.

[표6-12] "AI 3대 강국 도약"을 위한 7대 국가 과제

	과제(What)	왜 지금(Why)	핵심 해결방안(How) - 정책 패키지	1~2년 실행 KPI(예시)	주관/협업
1	국가급 AI 연산·전력 인프라 초격차	연산력·전력·냉각이 'AI 주권'의 기반. GPU 조달 경쟁 심화	• 국가AI연산망: 국공유GPU+민간 클라우드 혼합(바우처/크레딧)·K-Cloud • 국산 AI반도체(가속기) R&D • 상용화 가속·친환경 데이터센터(수냉/재생에너지)	• 누적 GPU/AI 가속기 확보량(만대)·공공·산업 연산 바우처 집행률 90%+·데이터센터 ≤ 1.15	과기정통부·산업부 / NHN·KT·AWS·GPU 벤더

※ **GPU** : GPU(그래픽 처리 장치 : Graphics Processing Unit)

2	전략 데이터 개방·안전 활용 체계	고품질 데이터가 모델 성능을 결정. 신뢰·프라이버시 동시 확보필요	• 부처별 데이터 메쉬·데이터 트러스트(가명·비식별 표준)·합성데이터·연합학습·온디바이스 우선 원칙·'AI 전용관' 통해 공공·민간 데이터·모델 유통	• 개방 데이터셋 수/다운로드 수 2배↑·재식별 위험평가 100% 사전 완료·합성 데이터 활용 과제 200건	과기정통부·행안부 / NIA·KDI·민간 데이터 중개기관
3	초격차 인재·팀 유치 (스칼라십·이민·연구비)	국내 인재 부족, 유출심화, 글로벌 쟁탈전	• 박사/포닥'코리아 펠로우십'(연 3천명), 산학공'AI 석좌' 300명·초고급인력 패스트트랙비자·세제·스톡옵션 완화·대형 컴퓨트크레딧+오픈 데이터 패스	• 박사·포닥 유입 3천명/년 • 핵심 기술 PI 300명 유치·연구팀 compute 크레딧 집행 90%+	교육부·과기정통부·법무부 / 대학·출연연·빅테크
4	반도체·패키징-AI 동맹(메가클러스터 활용)	HBM·첨단 패키징과 AI가 상호 촉진	• 용인 메가클러스터 연계: HBM/첨단 패키징-R&D-모델 공동개발·NPU 칩렛·경량모델 최적화 컨소시엄·전력·물·부지 인프라 패스트트랙	• HBM/패키징 신공정TRL 상향·AI용 NPU POC→양산 2건 이상·민관 합작 투자 유치 10조원+	산업부·경기도 / 삼성·SK하이닉스·IP스타트업
5	신뢰·안전·표준 선도 (리스크 기반 규제 운영)	글로벌 AI 규제 정비 국면, '안전+혁신'의 균형 필요	• AI 기본법 하위령·가이드 신속 정비 (리스크 기반 규제)·AI 안전연구소·국가 평가센터: 레드팀·벤치마크 보안 평가 상시화·국제표준(ISO/IEC/ITU) 선점·시험인증 수출 지원	• 고위험 모델 사전평가 100%·안전·보안 레드팀 200건/년·국제표준(신규/개정) 주도 30건	과기정통부·국표원·KISA / 산학연 컨소시엄

※ **HBM** : HBM(고대역폭 메모리 반도체: High Bandwidth Memory)
※ **NPU** : NPU(신경망 처리 장치: Neural Processing Unit)

6	공공 부문 AI 전면 전환 (AI+X 100대 프로젝트)	정부가 '최초의 큰 수요자'가 되어 시장을 견인	• 공공 LLM 가이드에 따른 조달 · 성능평가 고도화 · 복지 · 보건 · 재난 · 교통 등 AI+X 100대 프로젝트 발굴 · 조기 집행 · 결과기반(Outcome-based) 조달 · 규제샌드박스확대	• 100대 프로젝트 착수율 100% · 민원 처리시간 30%↓, 대기 50%↓ Outcome 조달 비중 50%	기재부 · 행안부 · 과기정통부/ 전 중앙 · 지자체
7	글로벌 동맹 · 시장 개척 (표준 · 공급망 · ODA)	시장 · 표준 · 공급망은 국경을 넘는 게임	• 미 · EU · 동남아와 AI/반도체 공급망 · 표준 동맹 · 개발협력형(ODA) AI 패키지 수출(보건 · 교육 · 행정) · 해외 GPU · 전력 · 부품 조달 협정 · 펀드 조성	• 해외 조인트 프로젝트 50건 · ODA형 AI 솔루션 수출 2조원 · 국제 공동펀드 10조원 규모	외교부 · 산업부 · KOICA / 수출기업 · 금융公

대한민국은 'AI 3대 강국'을 목표로 인프라, 데이터, 인재, 반도체, 신뢰 · 안전, 공공 전환, 글로벌 협력의 일곱 축을 동시에 추진하고 있다.

먼저 공공과 민간이 함께 쓰는 대규모 연산 · 전력 인프라와 친환경 데이터센터를 확충해 연산 주권을 확보한다.

데이터는 가명 · 비식별 표준을 바탕으로 합성데이터와 연합학습을 병행해 안전하게 개방 · 유통하며, 이를 통해 모델 성능과 신뢰를 높인다.

인재 정책은 장학·비자·스톡옵션 완화와 대규모 컴퓨트 크레딧을 묶어 최상위 연구자와 팀을 국내로 유치한다.

반도체-AI 동맹은 HBM·첨단 패키징·NPU와 경량 모델 최적화를 한 몸처럼 연계해 하드웨어와 소프트웨어의 동반 도약을 꾀한다.

규제는 리스크 기반으로 정비하고, 국가 평가·레드팀 센터를 상시화해 안전성과 국제표준 선도를 동시에 달성한다. 공공부문은 AI+X 100대 프로젝트와 결과기반 조달을 통해 민원·복지·재난·보건 등 핵심 서비스의 체감 성과를 가속한다.

대외적으로는 공급망·표준 동맹과 ODA형 패키지 수출을 확대해 해외 프로젝트와 자본을 확보한다. 집행은 민관 컨소시엄과 중앙 PMO가 분기 로드맵과 예산을 동기화하며 속도를 높이고, 성과는 연산량·데이터 개방·인재 유치·서비스 전환율·표준·수출 지표로 1~2년 내 가시적으로 증명한다.

제7장

AI 활용 노하우

《 저자_ 김근오 》

김 근 오
Kim, Keun-Oh

저자소개

학력
- 호서대학교 벤처대학원 벤처경영 박사과정[25.02~현재]
- 아주대학교 경영대학원(e-Biz전략MBA) 석사[05.08]
- 성균관대학교 컴퓨터공학 학사[02.02]

주요 경력
- 케이티링커스 차장[92.09~20.11]
- 케이티 Customer부문 부장[20.12~23.12]
- 케이티서비스남부 팀장[24.01~현재]
- 고양산업진흥원 면접위원 [23.04~현재]
- 경기도 기술닥터사업 평가위원 [24.06 ~ 26.06]
- 경기도 경제과학진흥원 혁신멘토 [21.01~현재]
- 정보통신기술진흥센터 평가위원[16.04~현재]
- 한국콘텐츠진흥원 평가위원 [16.05]
- 과학기술정보통신부 창조경제타운 멘토 [16.04]

자격 사항
- AICE Basic/한국경제신문/KT[24.10]
- NCS활용면접관/한국인적자원관리원[24.09]
- 경영지도사/중소벤처기업부[15.10]
- 국제공인정보감사사(CISA)/ISACA[09.04]
- 정보처리기사/한국산업인력공단[92.03]

▶ 유튜브 : 5060AI교실, G5AI

제7장.

1. AI 활용 용어집

1) AI 활용 용어

용어	정의	실무 활용 예시
인공지능 (AI)	인간의 학습, 추론, 인식 능력 등을 컴퓨터 시스템으로 구현한 기술	민원 응대, 데이터 분석, 의사결정 지원 등 다양한 공공업무 자동화
범용인공지능 (AGI)	인간처럼 다양한 분야에서 문제를 해결하고, 학습하며, 창의적 사고를 할 수 있는 능력을 가진 인공지능을 의미합니다.	음악 작곡, 언어 번역, 문제 해결, 의사결정 자기학습, 추론 및 창의적 작업 활용
머신러닝	데이터를 기반으로 스스로 학습하여 성능을 향상시키는 AI 기술	민원 유형 분류, 예산 예측, 정책 효과 분석
딥러닝	인간 뇌의 신경망을 모방한 인공신경망을 활용한 고급 머신러닝 기법	이미지 인식(CCTV), 음성 인식(민원 녹취), 자연어 처리(문서 분석)
자연어 처리 (NLP)	인간의 언어를 컴퓨터가 이해하고 처리하는 기술	민원 자동 분류, 문서 요약, 챗봇 서비스
대규모 언어 모델(LLM)	방대한 텍스트 데이터로 학습된 자연어 처리 모델	보고서 작성, 정책 분석, 민원 응대, 다국어 번역
대규모 행동 모델(LAM)	lam은 사용자의 행동 패턴을 학습하여, 웹이나 앱을 직접 조작하는 모델	이커머스 마켓의 상황을 실시간 분석 후 판매와 가격, 할인율 반영
생성형 AI	텍스트, 이미지, 음성 등 새로운 콘텐츠를 생성하는 AI	정책 초안 작성, 홍보물 제작, 민원 답변 초안 생성
MLOps (Machine learning Operation)	머신러닝 개발부터 및 배포 운영까지 전체 수명 주기를 효율적으로 일련의 관행 및 도구	머신러닝 모델 개발 배포를 통합해 개발 속도를 단축
챗봇	사용자와 대화하며 정보 제공이나 업무를 수행하는 AI 시스템	24시간 민원응대, 내부 업무 문의대응, 신청서 작성 안내

용어	설명	활용 예시
RPA(Robotic Process Automation)	반복적인 업무를 자동화하는 소프트웨어 로봇 기술	데이터 입력, 서류 처리, 정기 보고서 생성 자동화
데이터 마이닝	대량의 데이터에서 패턴을 발견하고 유용한 정보를 추출하는 기술	정책 성과 분석, 민원 트렌드 파악, 예산 사용 패턴 분석
AI 윤리	AI 개발 및 활용 과정에서 고려해야 할 윤리적 원칙과 지침	개인정보 보호, 알고리즘 편향 방지, 의사결정 투명성 확보
알고리즘 편향	AI가 학습 데이터의 편향성을 반영하여 불공정한 결과를 내는 현상	정책 결정, 대민 서비스 제공 시 특정 집단 차별 방지
설명가능한 AI(XAI)	AI의 의사결정 과정을 인간이 이해할 수 있게 설명하는 기술	행정 결정의 근거 제시, 민원인에게 처리 과정 설명
컴퓨터 비전	컴퓨터가 이미지나 영상을 인식하고 분석하는 기술	CCTV 분석, 문서 스캔, 시설물 안전 점검
음성 인식	사람의 음성을 컴퓨터가 인식하고 텍스트로 변환하는 기술	회의록 자동 작성, 민원 전화 내용 기록, 음성 명령 처리
추천 시스템	사용자 데이터를 분석해 맞춤형 정보나 서비스를 추천하는 기술	맞춤형 복지 서비스 추천, 관련 정책 안내, 교육 프로그램 제안
강화학습	환경과 상호작용하며 보상을 최대화하는 방향으로 학습하는 AI 기법	교통 신호 최적화, 에너지 사용 효율화, 정책 시뮬레이션
지식 그래프	개념 간의 관계를 그래프 형태로 표현한 지식 베이스	법률 정보 연결, 정책 간 관계 파악, 복잡한 행정 절차 안내
엣지 AI	중앙 서버가 아닌 기기 자체에서 AI를 구동하는 기술	현장 업무 지원, 네트워크 없는 환경에서의 AI 활용, 보안 강화
디지털 트윈	물리적 대상을 가상 환경에 복제하여 시뮬레이션하는 기술	도시 계획, 재난 대응 시뮬레이션, 시설 관리
프롬프트 엔지니어링	AI에게 효과적인 지시를 설계하는 기술	업무 자동화, 문서 생성, AI 활용 효율 극대화

용어	설명	활용 예시
파인튜닝	기존 AI 모델을 특정 목적에 맞게 추가 학습시키는 과정	특정 행정 업무, 전문 분야, 지역 특성에 맞는 AI 구축
레이블링	AI 학습을 위해 데이터에 정답을 표시하는 작업	업무 데이터 구축, AI 학습 데이터 준비, 민원 분류 체계 구축
합성 데이터	실제 데이터를 모방해 인공적으로 생성한 데이터	개인정보 보호, 부족한 데이터 보완, 다양한 시나리오 테스트
연합학습	데이터를 공유하지 않고 여러 기관이 협력하여 AI를 학습시키는 방법	기관 간 데이터 공유 없이 협업, 개인정보 보호, 부처 간 협력
자동화 수준 (LoA)	AI 시스템이 업무를 자동화하는 정도를 나타내는 단계	업무 프로세스 재설계, 단계적 자동화 계획 수립
인간-AI 협업	인간과 AI가 각자의 강점을 살려 함께 업무를 수행하는 방식	의사결정 지원, 복잡한 분석 작업, 창의적 문제 해결
AI 거버넌스	AI 시스템의 개발, 배포, 사용을 관리하는 프레임워크와 정책	AI 도입 정책 수립, 윤리적 가이드라인 마련, 책임 소재 명확화
데이터 품질 관리	AI 학습용 데이터의 정확성과 품질을 관리하는 체계	행정 데이터 표준화, 오류 데이터 정제, 신뢰성 있는 AI 구축
AI 모델 평가	AI 시스템의 성능과 영향을 평가하는 과정	행정 서비스 품질 관리, 민원 처리 정확도 측정, 정책 효과 분석
AI 옵스 (AIOps)	AI 운영을 자동화하고 최적화하는 기술과 방법론	AI 시스템 관리, 성능 모니터링, 지속적 개선

2) 24년~ 25년 현재 최신 AI 용어

연도(출처)	용어	정의 및 개요
24년 (wiki)	Agentic AI	인간의 개입 없이 자율적으로 목표를 설정하고 실행하는 AI 시스템. 기존의 RPA와 달리, 강화학습과 딥러닝을 활용하여 복잡한 결정을 스스로 내릴 수 있음. 소프트웨어 개발, 고객 지원, 사이버 보안 등 다양한 분야에 적용됨.

24년 (wiki)	멀티모달 AI (Multimodal AI)	텍스트, 이미지, 음성 등 다양한 형태의 데이터를 동시에 이해하고 생성하는 AI. 인간의 오감처럼 여러 모달리티를 융합하여 세상을 이해하고 반응하는 능력을 의미합니다. (2025년에도 주요 트렌드로 언급됨)
	온디바이스 AI (On-device AI)	클라우드 연결 없이 기기 자체에서 AI 연산이 가능한 기술. 스마트폰, IoT 기기 등에서 실시간으로 AI 기능을 구현하여 빠르고 효율적인 처리를 가능하게 합니다. (2025년에도 주요 트렌드로 언급됨)
	sLLM (Small Language Model)	대규모 언어 모델(LLM)보다 작은 규모의 언어 모델. 특정 작업에 최적화되어 효율적이며, 온디바이스 AI와 함께 확산되고 있습니다.
	Embodied AI	AI가 물리적 환경에서 상호작용하고 행동하는 능력을 갖춘 AI. 로봇과 같은 물리적인 형태로 현실 세계에 적용되어 인간과 협업하는 방향으로 발전하고 있습니다.
	Generative Engine Optimization (GEO)	생성형 AI 기반 검색 결과에서 콘텐츠의 가시성을 높이기 위한 최적화 전략. 전통적인 SEO와 달리, AI가 생성한 응답 내에서 브랜드나 콘텐츠가 인용되도록 설계됨.
	호모 프롬프트 (Homo Promptus)	AI 기술을 효과적으로 활용하기 위해 '질문 능력'이 중요해진 현상을 반영하는 용어. AI에 올바른 프롬프트(명령어)를 입력하여 원하는 결과를 얻는 능력을 강조합니다.
	RAG "검색증강생성" (Retrieval-Augmented Generation)	챗봇과 같은 대규모 언어 모델(LLM) 기반 시스템에서 외부 지식 소스를 활용하여 응답의 정확성과 관련성을 높이는 기술입니다. RAG는 LLM이 학습 데이터에만 의존하지 않고 외부 정보에 접근하여 더 정확하고 최신의 답변을 제공할 수 있도록 합니다.
	NPU (Neural Processing Unit)	인간의 뇌 신경망 구조를 모방하여 인공신경망 연산에 최적화된 프로세서. 스마트폰 등 휴대용 기기에 탑재되어 온디바이스 AI를 구현하는 데 중요한 역할을 합니다.

24년 (wiki)	Living Intelligence	AI, 생명공학, 고급 센서 기술의 융합을 통해 환경에 적응하고 학습하는 시스템. 자율주행, 헬스케어 등 다양한 분야에서 응용 가능성이 있음.
25년 (wiki)	AI 에이전트 (AI Agent / Agentic AI)	스스로 생각하고 판단하며, 주어진 작업을 계획하고 실행하는 AI. 인간의 지시 없이도 목표를 달성하기 위해 자율적으로 행동하는 능력을 가집니다. (2024년부터 언급되기 시작했으나 2025년 주요 트렌드로 부상)
	GAR (Generation- Augmented Retrieval)	생성형 AI와 검색 증강 생성(RAG)의 융합을 의미하는 용어로, AI가 특정 정보를 검색하여 이를 기반으로 답변을 생성하는 방식의 고도화를 나타냅니다.
	버티컬 AI (Vertical AI)	특정 산업 분야나 전문 영역에 특화된 AI 모델. 범용 AI와 달리 특정 도메인의 깊이 있는 지식을 활용하여 더욱 정확하고 효율적인 솔루션을 제공합니다.
	공간지능 (Spatial AI)	AI가 물리적인 공간을 이해하고 인식하는 능력. 자율주행, 스마트홈, 로봇 등에서 공간 정보를 활용하여 더 정교한 상호작용을 가능하게 합니다.
	소버린 AI (Sovereign AI)	국가나 특정 기관이 AI 기술 및 데이터 주권을 확보하고, 자국 내에서 AI를 개발하고 통제하는 것을 의미합니다.
	물리 AI (Physical AI)	로봇 시스템 등 물리적인 환경에서 AI가 행동하고 학습하는 데 초점을 맞춘 분야. 인간과 로봇의 상호작용(Human-robot interaction)과 함께 발전합니다.
25년 (arxiv)	Agentic AI Optimization (AAIO)	자율적인 AI 에이전트와 웹사이트 간의 상호작용을 최적화하는 전략. SEO와 유사하게, AI 에이전트가 웹 콘텐츠를 효과적으로 탐색하고 활용할 수 있도록 설계됨.
25년 (Busines Insider)	FOBO (Fear of Becoming Obsolete)	AI의 발전으로 인해 자신의 직무가 대체될 것이라는 두려움을 나타내는 용어. 특히 빠르게 변화하는 기술 환경에서 직무 불안감을 표현함.

2. 생성형AI 종류별 특성 비교표

1) 생성형 Ai 종류별 특성

AI모델	특성요약	강점	단점	추천활용
ChatGPT (GPT-4) OpenAI	뛰어난 자연어 처리, 보고서·요약 특화 대규모 언어 모델, 풍부한 문장 생성 및 구조화 능력	공공기관용 문서톤에 적합 보고서형, 문서 생성 우수, 다국어 지원 뛰어남	최신 정보는 수동 반영 필요 길고 반복적인 정보에는 요약 필요	정책보고서 초안, 요약 문서 작성
Claude 3 Anthropic	긴 문서 입력/처리 특화, 고정밀 문서 요약	정책자료나 경영평가 항목 정리 시 유리 긴 문서를 이해하고 부록에 요약 적용	국내 사례 대응력 낮음 다소 제한적 형식 제어	정책/법령 기반 부록 요약 심층자료 정리용
Gemini 1.5 Google	웹 연계 강점, 구글 문서 연동	실시간 사례·링크 활용 구글 스프레드시트·Docs 연동 문서 작성	한국어 자연스러움은 GPT보다 다소 낮음	참고자료 자동 삽입 표/그래프 기반 부록 자료화
Felo Feloi Inc	- 프롬프트 기반 AI 맞춤 콘텐츠 생성 - 국내 공공기관/교육기관 최적화 - 음성 인식, 대화형 학습 콘텐츠, 강의 자동화 등	- 한국어에 최적화된 문체 - 공공기관용 콘텐츠 문체 맞춤 가능 - 발표자료 슬라이드 자동 생성, 도구와 연계가능 - 대화형 구성 예시(FAQ 부록등) 활용	해외 사례·언어지원 약함 창의적 표현력은 GPT보다 낮음	출처제공 적합

Perplexity Perplexity.ai	- 실시간 웹 검색 기반 AI - 출처를 명시한 **사실 기반 답변**제공 - 질문 답변 (Q&A)형 검색형 챗봇	- **최신 정책/기사/논문** 반영가능 - 모든 정보에 **출처 링크 제공**(부록의 인용 참고자료로 활용 가능) - 통계/사례 검색에 매우 강함	생성형보다는 **검색형 요약형 AI**에 가까움 데이터 요약은 가능하나, 정형화된 문체 생성은 제한적	출처제공 이미지 제공
Mistral / Mixtral Mistral AI	오픈소스 기반 경량 모델	- 사내망 또는 로컬에서 활용 가능 - 보안 민감한 공공기관 환경에 적합	- 문서 구성력 다소 낮음 - 프롬프트 설계가 더 중요	기관 내부망 기반 자동화 시스템 적용 시
Bard (이후 Gemini로 통합) Google	검색 기반 생성형 AI	- 사실 기반 정보 인용 가능 - 실시간 검색 기반 통계·사례 반영	- 문체가 형식적이지 않음 - 한국어 문서 작성 제한적	최신 정책/경영지표 반영 부록 자료 초안

3. 프롬프트, 보고서, 회의록, 보도자료

▶ 좋은 답변을 얻기 위한 프롬프트 구조

① 역할 설정 → ② 상황 제시 → ③ 원하는 결과 명시 →

④ 구체적 요구사항 포함 → ⑤ 응답 형식 지정

1) 상황별 질문 프롬프트 가이드

질문 유형	질문 예시 및 포맷
창의적인 아이디어	"당신은 **신규 사업 기획 전문가**입니다. (상황 설명). 이 조건에서 참신하고 실현 가능한 아이디어를 3가지 제안해 주세요."
구체적 자료 요청	"당신은 **경제 분야 전문가**입니다. 최근 5년간 서울시 주거 정책 변화 현황을 표 형식으로 정리하고 각 정책의 효과를 분석해 주세요."

전문가 입장 요구	"당신은 **프랜차이즈 사업 평가 전문가**입니다. 아래 조건을 가진 매장을 개설할 때, 평가 기준과 주의해야 할 점을 전문가 입장에서 조언해 주세요."
명확한 형식 지정	"다음 내용을 **표 형식**으로 간결히 정리해 주세요. 항목은 [목표, 전략, 예상 효과]로 구성해 주세요."
자료 요약 요청	"당신은 학술 **논문을 요약하는 전문가**입니다. 이 논문의 **핵심 요점**을 3가지로 나눠 **간결하게** 정리해 주세요."

▶ 좋은 프롬프트를 위한 핵심 팁 6가지 링크

- **지시어 요구** : 국장님에게 보고할 주택정책 보고서를 작성해 주세요.
- **역할 명시** : 원하는 전문가나 상황을 명확히 설정.
- **배경 상황 구체화** : 상세히 설명할수록 정확한 답변 가능.
- **조건 추가** : 기간, 지역, 대상 등 추가적인 조건 추가.
- **원하는 답변 형식 명시** : 표, 리스트, 단계별 가이드, 보고서 형식 등 지정.
- **응답 수준 명시** : 개괄적, 심층 분석, 초보자 수준, 전문가 수준 등을 제시.

▶ 실제 보고서 작성 프롬프트 예시 링크

- 다음은 국토교통부에서 보고서 자동화를 위한 **단계별** 실제 프롬프트 예시입니다.

Q. ① 프롬프트 예시 :

『서울시 주택공급 정책 현황을 바탕으로 최근 5년간의 주요 정책 성과와 향후 개선방안을 포함한 정책보고서 초안을 작성해 주세요. 보고서에는 데이터 기반의 성과 지표와 함께 정책 효과를 명확히 제시해 주세요.』

Q. ② 생성된 초안 프롬프트 예시 :

최근 5년간 서울시 주택공급 정책은 공공임대주택 확대 및 청년·신혼부부 대상 특별공급 정책으로 대표됩니다. 2019년부터 2024년까지 공공임대주택 공급량은 연평균 15% 증가하였으며, 청년층 주거 안정성 지표는 23% 개선된 것으로 나타났습니다.
향후 개선 방안으로는 도심 재개발 지역 내 추가 공공임대주택 확보와 주택공급 계획의 데이터 기반 예측 모델 도입이 필요합니다. 이를 통해 향후 5년 내 서울시 주거 안정성은 추가로 20% 이상 향상될 것으로 전망됩니다.

Q. ③ 생성된 초안을 바탕으로 보고서 작성 프롬프트 예시 :

『위의 보고서 초안을 바탕으로 보고서 배경, 목적, 추진방향, 추진계획, 기대효과 보고서를 작성해 주세요.보고서 형식은 서울시 공무원 보고서 형식으로 작성해 주세요.』

A. ① ~ ③항의 결과로 GPT-4o가 생성한 보고서 예시

서울시 주택공급 정책 추진계획 보고서

1. 배경
　서울시는 최근 5년간(2019년~2024년) 공공임대주택 공급 확대 및 청년·신혼부부 특별공급 정책을 중점적으로 추진하였습니다. 이 기간 동안 공공임대주택 공급량은 연평균 15% 증가하였고, 그 결과 청년층의 주거 안정성 지표가 23% 개선되는 성과를 나타냈습니다. 그러나 지속적인 인구 유입과 주거 수요 증가로 인해 주택 수급 불균형 문제는 여전히 존재하고 있으며, 이에 대한 추가적 개선 방안이 필요합니다.

2. 목적
　서울시는 도심 내 재개발 지역의 효율적 활용과 데이터 기반의 정확한 주택공급 예측 시스템 구축을 통해 주거 안정성을 더욱 강화하고자 합니다. 본 계획의 목적은 향후 5년 내 주거 안정성을 추가로 20% 이상 향상시키고, 주거 취약계층인 청년 및 신혼부부 대상 맞춤형 주거지원을 더욱 확대하는 것입니다.

3. 추진방향
　가. 도심 재개발 지역 내 공공임대주택 추가 확보
- 도심의 노후 주거지역을 중심으로 재개발 사업을 적극 추진하여 공공임대주택 확보 확대
- 교통 및 생활 인프라 접근성이 높은 지역에 우선적으로 공급

나. 데이터 기반의 주택공급 예측 모델 구축
- 인구통계 데이터, 주거 수요 분석 데이터를 기반으로 정확한 주택 수요 예측 모델 개발
- 예측 데이터를 활용한 전략적 주택공급 계획 수립

4. 추진계획
가. 도심 재개발 지역 내 공공임대주택 추가 확보
- 2024년 하반기 : 재개발 가능 지역 조사 및 우선순위 선정
- 2025년 상반기 : 재개발 사업 세부계획 수립 및 타당성 조사 완료
- 2025년 하반기~2027년 : 단계별 공공임대주택 공급 추진

나. 데이터 기반의 주택공급 예측 모델 구축
- 2024년 하반기 : 주택수급 관련 데이터 수집 및 분석 체계 구축
- 2025년 상반기 : 데이터 기반 예측 모델 개발 및 시험 운영
- 2025년 하반기 이후 : 본격적인 데이터 기반 주택공급 계획 운영

5. 기대효과
가. 서울시 주거 안정성의 추가적 향상
(향후 5년 내 20% 이상 추가 향상 전망)
나. 공공임대주택 공급의 효율성 및 적시성 강화. 청년 및 신혼부부 등 주거취약계층의 주거 여건 개선라. 주택정책 수립의 객관성 및 투명성 확보

▶ 표 형식 보고서 작성 프롬프트 예시

Q. ① 표 형식 프롬프트 예시 :
『당신은 서울시 정책 전문가입니다. 최근 5년간 서울시의 공공임대주택 공급 성과를 평가하고, 향후 개선 방향을 포함한 보고서를 표로 작성해 주세요.』
A. ② 🌀 생성된 프롬프트 결과 표 형태 예시 :

【서울시 공공임대주택 공급 성과 및 향후 개선 방향】

구분	공급 실적 및 정책 성과	향후 개선 방향
공공임대 주택 공급량	- 2019~2024년 공공임대 주택 공급량 연평균 15% 증가	- 도심 재개발 지역 내 공공임대주택 비율 확대

공공임대 주택 공급량	- 매입임대주택 6만 7천 가구 공급, 연간 목표치 100% 달성	- 공공재개발 사업에서 전체 세대수의 20% 이상을 공공임대주택으로 공급하도록 추진
청년·신혼부부 주거 안정성	- 청년층 주거 안정성 지표 23% 개선	- 1인 가구 공유주택 2만 실 공급 계획 수립
주거 안정성 지표	- 주거 안정성 지표 23% 개선	- 향후 5년 내 주거 안정성 추가 20% 이상 향상 목표
정책추진 방향	- 공공임대주택 공급 확대 및 청년·신혼부부 대상 특별 공급 정책 추진	- 도심 재개발 지역 내 공공임대주택 확보 - 주택 공급 계획의 데이터 기반 예측 모델 도입

▶ 회의록 프롬프트 예시 링크

Q. 아래의 내용으로 회의록을 작성해 주세요.

- 사례 제목 : 스마트 도시 프로젝트 회의록회의
- 일시 : 2025년 6월 10일 오전 10시 회의
- 장소 : 서울시청
- 회의실참석자 : 도시계획국장, 스마트도시과장, IT 전문가, 시민대표 등

서울시는 2025년부터 스마트 도시 프로젝트를 본격적으로 추진한다고 밝혔다. 이번 프로젝트는 도시의 안전성과 편리성을 높이기 위해 IoT 센서, 빅데이터 분석, AI 기술을 도입하는 것이 주요 내용이다. 김철수 도시계획국장은 "스마트 도시 프로젝트는 시민들의 삶의 질을 높이는 데 큰 역할을 할 것"이라며, "이번 프로젝트를 통해 서울시는 세계적인 스마트 도시로 거듭날 것"이라고 말했다. 김재명 건설국장은 스마트 도시 건설에 대한 기대가 크고, 전폭적인 지원을 약속했다.

A. AI 회의록 작성

1. 스마트 도시 프로젝트 개요
- 서울시는 2025년부터 스마트 도시 프로젝트를 본격적으로 추진합니다.
- 프로젝트의 주요 목적은 도시의 안전성과 편리성을 높이는 것으로, IoT 센서, 빅데이터 분석, AI 기술을 도입합니다.

2. 프로젝트 기대 효과
- 김철수 도시계획국장은 스마트 도시 프로젝트가 시민들의 삶의 질을 크게 향상시킬 것이라고 강조했습니다.
- 김재명 건설국장은 스마트 도시 건설에 대한 기대가 크며 전폭적인 지원을 약속했습니다.

3. 기술 도입 계획
- IoT 센서를 주요 도로와 공공시설에 설치하여 실시간 데이터를 수집하고 분석할 예정입니다.
- 빅데이터 분석 기술을 활용하여 교통, 환경, 복지 등의 분야에서 정책을 수립합니다.
- AI 기술을 도입하여 시민들에게 맞춤형 서비스를 제공합니다.

4. 추진 일정
- 2025년 하반기부터 시범 지역을 선정하여 프로젝트를 우선적으로 시행합니다.
- 2026년까지 서울 전역에 스마트 도시 인프라를 구축하는 것을 목표로 하고 있습니다.

5. 예산 및 자원 배분
- 이번 프로젝트에는 총 500억 원의 예산이 투입될 예정이며, 정부와 민간 기업의 협력을 통해 자원을 조달합니다.
- IT 전문가는 기술적 지원과 자문을 제공하며, 시민 대표는 시민의 의견을 반영하는 역할을 담당합니다.

6. 향후 계획
- 다음 회의는 2025년 7월 15일에 개최되며, 그 전까지 각 부서는 세부 계획을 수립하여 제출해야 합니다.
- 프로젝트 진행 상황은 정기적으로 점검하며, 필요 시 추가 지원과 조정이 이루어질 예정입니다.

▶ AI 회의록 작성

① 클로버 노트 + chatGPT AI 회의록 작성

순서	사용도구	주요 작업 내용	기능 요약 및 장점
1	Clova	네이버 로그인 후 클로버노트 마이크 버튼 클릭	회의 음성 실시간 녹음 시작

2	Clova Note	녹음 제목 설정 및 언어 선택	회의 언어가 영어인 경우 한글 설정 가능
3		회의 종료 후 '종료' 버튼 클릭	참석자 수 및 음성 종류 선택 후 저장
4		녹음 파일 자동 저장 및 관리	홈에서 파일 확인, 카테고리/날짜별 정리
5		자동 스크립트 생성	음성을 텍스트로 변환, 회의내용 복기 불필요
6		AI 요약 기능 사용	주요 주제 및 액션 아이템 자동 요약
7		다운로드 버튼 클릭	요약본 및 음성 텍스트 파일 저장 가능 (옵션 설정 포함)
8	Chat GPT	회의 요약본 + 음성 기록 제공	프롬프트로 회의록 자동 생성
9		회의록 초안 작성 및 검토	자동 요약 내용 검토 후 다운로드 가능
10		전체 과정	회의록 작성 시간 2시간 → 5분으로 단축

* 1~3순서로 회의 진행, 4 ~ 5옵션, 7 다운로드, 8~10 쳇GPT 회의록작성

A. ② 클로버 노트 + chatGPT AI 회의록 작성된 회의록 실사례 예시 :

회의록

1. 일 시 : 2025년 5월 28일(수) 오후 2시 39분 (총 16분 25초)
2. 참 석 자 : 여○○ 안전팀장, 김○○ 기획팀장, 전○○ 차장
3. 주요 논의사항:
   1) 안전관리 강화 방침
      • 안전관리를 처음부터 엄격히 적용할 예정이며, 현장 상황에 따라 탄력적 대응을 고려할 수 있으나 초기에는 엄격한 기준을 적용할 것.
      • 명확한 규칙 적용과 더불어 위험요소 판단이 애매할 경우 현장 상황을 인정하고 융통성을 발휘할 계획.
      • 위반사항 발생 시 업체별 2회까지 계도성 경고를 제공하고, 3회 적발 시 패널티 적용 예정.

2) 현장 안전 규정 준수 강조
- 안전 장비(안전모, 안전화 등)의 올바른 착용 상태에 대해 철저히 점검 예정.
- 본사의 지속적인 모니터링 예정으로, 업체들이 안전 규정을 철저히 준수하도록 강조 필요.

3) 현장 방문 및 실태 점검 계획
- 특히 대전 지역 현장에서 안전관리로 인해 업무 지장이 발생했다는 의견이 제기됨.
- 안전관리 부담 경감을 위한 현장 실태 점검 및 의견 수렴 차원에서 현장 방문 계획 수립.
- 현장 의견 반영하여 TBM(툴박스 미팅) 횟수를 조정하는 등 업무 효율성과 안전관리를 동시에 고려.

4). 철거 공사 모니터링 확대
- 기존 업무와 신규 철거 업무의 비중을 균형 있게 분배하여 철저한 현장 관리 시행 예정.
- 7월 1일부터 안전 모니터링 인원을 확대하여 ○○공사 철거 현장을 보다 철저히 관리할 계획.

5) 향후 개선 방안 논의
- 내부 직원들이 수○시설 철거를 직접 수행하고, 업체는 보○시설만 철거하여 비용 정산 명확화 제안.

4. 결론 및 후속 조치 :
- 초기부터 엄격한 안전기준 적용과 철저한 현장 관리 시행.
- 현장 의견을 수렴하여 탄력적인 업무 환경 조성.
- 총○○ 및 재○팀과 긴밀히 협력하여 월별 비용 불일치를 해소할 수 있는 구체적인 방안 도출.

5. 향후 계획 :
- 6월 중 현장 실태 점검 및 의견 수렴 진행.
- 7월 1일부터 철거 현장 안전 모니터링 인원 확대 운영 시행.
- 지속적으로 관련 부서와 소통을 통해 철거 사업 효율성과 비용 정산의 투명성 및 정확성 제고

4. 컨텍스트 엔지니어링 AI 활용의 진화

4.1. 왜 컨텍스트 엔지니어링인가?

- 초기에는 "프롬프트를 잘 쓰는 기술" 즉, 프롬프트 엔지니어링이 AI를 잘 다루는 핵심이었습니다.
- 하지만 LLM이 점점 에이전트(Agentic) 시스템처럼 발전하면서 단일 프롬프트만으로는 부족해졌습니다.
- 이제는 LLM이 다양한 도구와 외부 데이터를 활용해 문제를 해결해야 하며, 이를 위한 맥락(Context) 전체를 설계하는 것이 핵심이 되었습니다.
- Context Engineering 쉽게 이해하기
요리사(AI)가 맛있는 음식(답변)을 만들려면 레시피(프롬프트)뿐만 아니라 신선한 재료(데이터), 적절한 도구(외부 시스템), 그리고 손님의 취향(맥락)을 알아야 합니다.

4.2. 정의: 컨텍스트 엔지니어링이란?

"LLM이 작업을 완수할 수 있도록, 적절한 정보와 도구를 적절한 형식으로 제공하는 동적 시스템을 설계하는 기술"

- Ethan Mollick 교수는 이를 "AI를 사람처럼 협업 가능한 파트너로 만드는 기술"이라고 설명합니다.
- Tobi Lütke (Shopify CEO)는 "우리는 이제 컨텍스트를 구성하는 개발자(Context Engineer)가 필요하다"고 강조합니다.
- Noam Brown (Meta AI)는 에이전트형 AI에서 중요한 것은 정확한 정보 흐름과 컨텍스트의 설계라고 말합니다.

4.3. 프롬프트 vs 컨텍스트 엔지니어링

비교 항목	프롬프트 엔지니어링	컨텍스트 엔지니어링
목적	좋은 문장을 작성	완전한 맥락 구성
접근방식	정적인 문장 설계	동적인 시스템 설계
적용대상	단일 질의	다단계 에이전트
예시	너는 마케팅 전문가야	API 호출, 도구 접근, 메모리

4.4. 구성 요소: 컨텍스트 엔지니어링의 5대 핵심

1) 작업(Task) 정의 : 사용자가 원하는 작업을 명확히 설정
2) 도구(Tools)접근 : LLM이 필요한 정보를 검색하거나 조작할 수 있는 수단
3) 메모리(Memory) 활용 : 대화의 과거 내용을 요약 · 재사용
4) 형식(Format) 최적화 : JSON 등 LLM이 이해하기 쉬운 구조로 전달
5) 프롬프트(Prompt) 통합 : 역할 지시, 행동 가이드 포함

4.5. 왜 동적인가?

- 사용자 요청은 매번 다르고, 필요한 정보도 다릅니다.
- 따라서 컨텍스트는 정적인 문장이 아닌, 동적으로 생성되어야 합니다.
- 예 : "모델 컨텍스트 프로토콜"을 질문했을 때, 모델이 최신 정보를 알지 못하면 웹 검색 도구를 호출해야 정확한 답이 나옵니다.

4.6. 프롬프트 / 컨텍스트 엔지니어링 Q & A 비교

프롬프트 엔지니어링	컨텍스트 엔지니어링
Q. 2023년 서울시 인구 통계 데이터를 바탕으로 연령대별 인구 비율을 분석해주세요. 데이터를 바탕으로 연령대별 변화 추이를 시각화하고, 그에 따른 정책 제안을 해주세요.	Q. **"배경 정보 제공"** : 서울시 2023년 인구 통계는 서울시청 통계청에서 제공한 데이터를 기반으로 하며, 연령대별, 성별, 동별로 나누어진 상세한 인구 정보를 포함합니다. 이번 분석에서는 각 연령대별 인구 비율과 그 변화 추이를 중심으로 데이터를 분석하고자 합니다. **"목표 명확화"** : 분석 결과를 바탕으로 연령대별 인구의 비율이 어떻게 변화했는지, 특히 특정 연령대에서 급격한 인구 변화가 있었는지 파악해야 합니다. 또한, 해당 연령대에 대한 정책 제안도 필요합니다. **"세부 데이터 제공"** : 2023년 서울시의 총 인구는 9,700,000명이며, 이 중 30대 인구는 약 15%를 차지하고 있습니다. 30대 여성 인구는 10%로 전체 인구의 1/10입니다."위와 같은 문맥을 통해, 모델은 단순히 질문에 답하는 것보다 더 정확하고 구체적인 분석을 제공할 수 있습니다. 이는 인구 데이터에 대한 더 풍부한 배경 정보와 목표가 분명하게 정의된 프레임을 제공하기 때문입니다. **필요시 통계청 API 연동.**

A. '23년 서울시 연령대별 인구 비율 분석

서울시의 연령대별 인구 비율은 다음과 같습니다 :
유소년 인구 (0~14세) : 약 10.2%
생산연령 인구 (15~64세) : 약 69.5%
고령 인구 (65세 이상) : 약 20.3%
이러한 연령 구조는 서울시가 고령화 사회로 진입하고 있음을 나타냅니다.

◆ 연령대별 변화 추이 시각화

다음은 서울시 연령대별 인구 비율의 변화 추이를 나타낸 그래프입니다:
※ 위 이미지는 예시이며, 실제 데이터는 통계청 인구상황판 또는 서울연구데이터서비스에서 확인하실 수 있습니다.

◆ 정책 제안

1. 고령 인구 증가에 따른 정책
노인 복지 서비스 확대 : 고령 인구 비율이 증가함에 따라 노인 복지 서비스의 수요가 늘어나고 있습니다. 따라서 노인 요양 시설, 재가 복지 서비스, 건강 관리 프로그램 등을 확대하여 고령 인구의 삶의 질을 향상시킬 필요가 있습니다.
고령 친화적 도시 환경 조성: 보행 편의성을 고려한 도로 정비, 노인 친화적인 공공시설 설치 등을 통해 고령자들이 안전하고 편리하게 생활할 수 있는 환경을 조성해야 합니다.

2. 생산연령 인구 감소에 따른 대응
출산 장려 정책 강화 : 출산율 감소에 대응하기 위해 출산 장려금을 확대하고, 육아휴직 제도의 개선, 보육 시설의 확충 등을 통해 출산을 장려해야 합니다.

A. 서울시 '23년 인구 데이터 분석
배경 정보 제공 :
데이터 출처 : 서울시청 통계청에서 제공한 2023년 서울시 인구 통계 데이터를 사용합니다. 이 데이터는 **연령대별, 성별, 동별**로 세분화된 인구 정보를 포함하고 있습니다.
분석 목표 : 각 연령대별 인구 비율과 그 변화 추이를 중심으로 데이터를 분석하고, 특히 급격한 인구 변화가 있었던 연령대를 파악하여 그에 맞는 정책 제안을 제시합니다.

분석을 위한 세부 데이터 제공 :
총 인구 : 9,700,000명
30대 인구 비율 : 약 15%
(약 1,455,000명)
30대 여성 인구 비율 : 10%
(약 970,000명)

◆ 분석 및 결과

1. 연령대별 인구 비율
서울시 2023년 연령대별 인구 비율은 다음과 같이 나누어볼 수 있습니다 :
유소년 인구 (0~14세) : 약 10.2%
생산연령 인구 (15~64세) : 약 69.5%
고령 인구 (65세 이상) : 약 20.3%

2. 연령대별 변화 추이
2023년 서울시의 주요 인구 변화는 다음과 같습니다 :
30대 : 서울시의 30대 인구는 약 15%로, 전체 인구에서 중요한 비중을 차지합니다. 이 연령대는 생산연령 인구의 중요한 부분을 차지하며, 특히 경제 활동에 큰 영향을 미칩니다. 30대 여성 인구는 약 10%를 차지하며, 이를 통해 여성의 경제적 활동에 대한 지원과 정책이 필요함을 알 수 있습니다.

청년 주거 지원 확대 : 청년들의 주거 불안을 해소하기 위해 공공임대주택의 공급을 늘리고, 청년 전용 주거 공간을 마련하여 청년들의 정착을 유도해야 합니다.

3. 유소년 인구 감소에 따른 대응
교육 인프라 개선 : 유소년 인구의 감소에 대비하여 학교 통합을 고려하고, 남는 교육 인프라는 지역 커뮤니티 센터나 문화 시설로 활용하여 지역 사회의 활성화를 도모해야 합니다.

다문화 가정 지원 강화 : 다문화 가정의 자녀들이 교육과 사회에 잘 적응할 수 있도록 언어 교육, 문화 교류 프로그램 등을 제공하여 사회 통합을 촉진해야 합니다.

고령 인구의 증가 : 고령 인구의 비율이 증가하고 있으며, 이는 서울시가 점차 고령화 사회로 진입하고 있음을 시사합니다. 고령 인구의 비율은 2023년 기준으로 약 20.3%에 달하며, 이는 향후 복지, 의료 서비스 등에서 큰 영향을 미칠 것입니다.

3. 급격한 변화가 예상되는 연령대
30대 인구의 변화 : 30대 인구는 경제적, 사회적 변화의 중심에 위치한 연령대입니다. 특히 30대 여성의 경제적 참여도 및 출산율에 따라 서울시의 노동 시장과 주거 정책에 큰 영향을 미칠 수 있습니다. 현재 30대 여성 인구 비율은 10%로, 향후 증가하거나 감소하는 추이를 주의 깊게 살펴볼 필요가 있습니다.

◆ **정책 제안**
1. 고령 인구 증가에 따른 정책
노인 복지 서비스 강화 : 고령 인구가 증가하는 추세에 따라, 노인 요양 시설, 건강 관리 프로그램, 재가 복지 서비스 등의 확대가 필요합니다.

고령 친화적 도시 환경 조성 : 고령자들이 안전하고 편리하게 생활할 수 있도록 보행로 개선, 공공시설 접근성 개선 등이 요구됩니다.

2. 30대 인구 변화에 대한 대응
출산 장려 정책 : 30대 여성 인구의 출산율을 증가시키기 위한 지원 방안이 필요합니다. 육아휴직, 출산 장려금 확대, 보육 시설의 확충 등 다양한 지원 정책이 필요합니다.

주거 안정 지원 : 30대 인구의 주거 불안을 해소하기 위해 공공임대주택 공급을 늘리고, 청년층 및 30대 가구를 위한 전용 주택을 마련하는 등의 정책이 중요합니다.

	3. 청년층 및 유소년 인구에 대한 지원 **청년층 주거 및 고용 지원** : 청년 인구가 안정적으로 정착할 수 있도록, 주거 지원 및 고용 정책을 강화해야 합니다. 또한, 유소년 인구의 감소에 대비해 교육 시스템 및 문화 인프라를 활성화하는 것이 중요합니다. **다문화 가정 지원** : 다문화 가정의 자녀들이 교육과 사회에 잘 적응할 수 있도록 지원하는 정책을 확대해야 합니다.

5. 공기관 생성형 AI 도입 단계별 체크리스트

▶ 1단계 : 기획 및 준비 (Planning & Preparation)

1) 현황 분석 및 요구사항 정의

체크	항목	세부 내용
☐	업무 현황 분석	현재 업무 프로세스 및 문제점 파악
☐	AI 적용 가능 업무 식별	생성형 AI로 개선 가능한 업무 영역 선정
☐	기대효과 정량화	업무시간단축, 비용절감 등 구체적 목표 설정
☐	이해관계자 분석	내부사용자, 민원인, 관련부서 요구사항 파악
☐	위험 요소 식별	개인정보 보호, 보안, 윤리적 위험 사전 파악

2) 법적 · 제도적 검토

체크	항목	세부 내용
☐	개인정보보호법 검토	개인정보 처리방침 및 법적 요구사항 확인
☐	정보보안 규정 검토	기관내 정보보안 정책 및 지침 준수 방안 수립
☐	공공데이터 활용 규정 검토	공공데이터 개방 · 활용 관련 법령 확인
☐	AI 윤리 가이드라인 검토	국가 및 기관별 AI윤리원칙 적용 방안 수립
☐	조달 관련 규정 검토	공공조달 절차 및 요구사항 확인

3) 예산 및 자원 계획

체크	항목	세부 내용
☐	총 사업비 산출	도입, 구축, 운영, 유지보수 비용 산정
☐	단계별 예산 배분	연차별 예산 계획 수립
☐	인력 계획 수립	필요 전문인력 및 교육계획 수립
☐	인프라 요구사항 정의	서버, 네트워크, 보안 인프라 요구사항 정의
☐	ROI 분석	투자 대비 효과 분석 및 회수 계획 수립

▸ **2단계 : 설계 및 계획 (Design & Planning)**

4) 5.2.1 시스템 아키텍처 설계

체크	항목	세부 내용
☐	전체 시스템 구조 설계	생성형 AI 시스템의 전반적 아키텍처 설계
☐	데이터 플로우 정의	데이터 수집, 처리, 저장, 활용 흐름 설계
☐	통합 방안 설계	기존 시스템과의 연계 및 통합 방안 수립
☐	확장성 고려 설계	향후 기능 확장 및 사용자 증가 대응 방안

5) 5.2.1 시스템 아키텍처 설계

체크	항목	세부 내용
☐	데이터 수집 계획	학습 및 운영 데이터 수집 방안 수립
☐	데이터 품질 관리 체계	데이터 정제,검증,품질관리 프로세스 설계
☐	개인정보 비식별화 방안	개인정보 보호를 위한 비식별화 기법 적용
☐	데이터 거버넌스 체계	데이터 관리 조직, 역할, 책임 정의
☐	백업 및 복구 계획	데이터 백업, 재해복구 방안 수립

6) AI 모델 설계

체크	항목	세부 내용
☐	모델 선정 기준 정의	성능, 비용, 보안성 모델 선택 기준 수립
☐	파인튜닝 전략 수립	기관 특화 모델 구축을 위한 학습 계획
☐	프롬프트 엔지니어링 설계	효과적인 AI 활용을 위한 프롬프트 전략
☐	성능 평가 지표 정의	정확도, 응답시간, 만족도 등 평가기준 설정
☐	편향성 검증 방안	알고리즘 편향 탐지 및 완화 방안 수립

▶ 3단계 : 개발 및 구축(Development & Implementation)

7) 시스템 개발

체크	항목	세부 내용
☐	개발 환경 구축	개발, 테스트, 운영 환경 분리 구축
☐	AI 모델 구축	선정된 모델 기반 시스템 개발
☐	API 개발	외부 시스템 연동을 위한 API 개발
☐	사용자 인터페이스 개발	직관적이고 접근성을 고려한 UI/UX 개발
☐	관리자 도구 개발	시스템 관리 및 모니터링 도구 개발

8) 보안 구현

체크	항목	세부 내용
☐	접근 권한 관리 시스템	사용자별 권한 관리 및 인증 시스템 구현
☐	데이터 암호화	전송 및 저장 데이터 암호화 적용
☐	감사 로그 시스템	모든 활동에 대한 로그 기록 시스템 구현
☐	보안 모니터링	실시간 보안 위협 탐지 시스템 구축
☐	취약점 스캔	보안 취약점 정기 점검 체계 구축

9) 품질 관리

체크	항목	세부 내용
☐	단위 테스트	개별 모듈 기능 테스트 수행
☐	통합 테스트	시스템 간 연동 테스트 수행
☐	성능 테스트	부하, 스트레스, 안정성 테스트 수행
☐	사용자 수용 테스트	실제 사용자 기반 테스트 수행
☐	보안 테스트	모의 해킹, 취약점 점검 수행

▶ 4단계 : 시범 운영 (Pilot Operation)

10) 파일럿 테스트

체크	항목	세부 내용
☐	파일럿 그룹 선정	시범 운영 대상 부서 및 사용자 선정
☐	시범 운영 계획 수립	기간, 범위, 평가 기준 등 상세 계획 수립
☐	교육 프로그램 실시	파일럿 사용자 대상 교육 실시
☐	피드백 수집 체계 구축	사용자 의견 수집 및 분석 체계 마련
☐	모니터링 체계 구축	실시간 성능 및 오류 모니터링 체계 구축

11) 결과 분석 및 개선

체크	항목	세부 내용
☐	성능 지표 분석	정확도, 응답속도, 사용률 등 정량적 분석
☐	사용자 만족도 조사	사용 편의성, 유용성 등 정성적 평가
☐	문제점 도출 및 개선방안 수립	발견된 이슈에 대한 해결 방안 마련
☐	시스템 튜닝	성능 최적화 및 기능 개선 적용
☐	확산 계획 수립	전체 기관 확산을 위한 로드맵 수립

▶ 5단계 : 본격 운영 (Full Operation)

12) 전면 배포

체크	항목	세부 내용
☐	배포 계획 수립	단계적 확산 계획 및 일정 수립
☐	인프라 확장	전체 사용자 대응 인프라 확장
☐	전직원 교육 실시	전 직원 대상 사용법 교육 및 가이드 배포
☐	업무 프로세스 개편	AI 활용에 맞는 업무 절차 재설계
☐	변화관리 프로그램 운영	조직 구성원의 변화 적응 지원

13) 운영 체계 구축

체크	항목	세부 내용
☐	운영 조직 구성	AI 시스템 운영 전담 조직 및 역할 정의
☐	운영 매뉴얼 작성	상황별 대응 절차서 및 가이드 작성

체크	항목	세부 내용
☐	헬프데스크 운영	사용자 지원을 위한 고객지원센터 운영
☐	정기 점검 체계	시스템 상태 점검 및 예방 정비 체계 구축
☐	성과 측정 체계	정기적 성과 평가 및 개선 체계 구축

▶ 6단계 : 유지관리 및 고도화(Maintenance & Enhancement)

14) 일상 운영 관리

체크	항목	세부 내용
☐	일일 모니터링	시스템 성능, 오류, 사용량 일일 점검
☐	데이터 품질 관리	입력 데이터 품질 상시 모니터링 및 관리
☐	보안 관리	보안 이벤트 모니터링 및 대응
☐	백업 및 복구 관리	정기 백업 수행 및 복구 테스트
☐	사용자 지원	문의사항 응답 및 사용법 안내

15) 정기 점검 및 개선

체크	항목	세부 내용
☐	월간 성능 리뷰	월별 성능 지표 분석 및 개선사항 도출
☐	분기별 사용자 만족도 조사	정기적 사용자 피드백 수집 및 분석
☐	반기별 보안 점검	보안 취약점 점검 및 보완
☐	연간 시스템 점검	전체 시스템 종합 점검 및 업그레이드 계획
☐	AI 모델 재학습	최신 데이터 기반 모델 성능 개선

16) 고도화 및 확장

체크	항목	세부 내용
☐	신기능 요구사항 분석	사용자 요청 신기능 타당성 검토
☐	기술 트렌드 모니터링	최신 AI 기술 동향 파악 및 적용 방안 검토
☐	타 시스템 연계 확대	추가 시스템과의 연동 확대 방안 검토
☐	성능 최적화	시스템 성능 튜닝 및 최적화 작업
☐	차세대 시스템 계획	중장기 시스템 발전 계획 수립

▶ 7단계 : 거버넌스 및 품질관리(Governance&Quality Management)
17) AI 거버넌스 체계

체크	항목	세부 내용
☐	AI 윤리위원회 구성	AI윤리 및 가이드라인 준수 감독 조직 구성
☐	정책 및 지침 수립	기관별 AI 활용 정책 및 가이드라인 제정
☐	정기 감사 체계	AI 시스템 운영 적정성 정기 감사
☐	위험 관리 체계	AI 관련 위험 식별, 평가, 대응 체계 구축
☐	의사결정 투명성 확보	AI 의사결정 과정 설명 및 근거 제시 체계

18) 지속적 개선 체계

체크	항목	세부 내용
☐	성과 측정 지표 운영	KPI 기반 정기적 성과 측정 및 개선
☐	벤치마킹 체계	타 기관 우수사례 분석 및 벤치마킹
☐	혁신 제안 제도	사용자 아이디어 수렴 및 반영 체계
☐	교육 및 역량 강화	지속적 직원 역량 개발 프로그램 운영
☐	미래 준비 계획	차세대 기술 대응 및 준비 체계 구축

6. 공공부문 AI 활용 시 윤리적 고려사항
1) 데이터 관리

항목	개인정보보호 준수	중앙정부고려사항	지자체고려사항
데이터수집 및 사용목적명확화	데이터 수집 및 사용목적을 명확히 정의하고, 이에 대한 동의를 받습니다.	[ ] 데이터수집 및 사용목적 명확화 [ ] 동의절차 완료	[ ] 지역특성에 맞게 데이터 수집 및 사용목적정의 [ ] 주민동의 절차완료
데이터보안강화	데이터 암호화 및 접근제어를 통해 데이터 보안을 강화합니다.	[ ] 데이터 암호화 및 접근제어 완료	

| 개인정보보호 준수 | 개인정보보호법을 준수하며, 민감한정보처리를 최소화합니다. | [ ] 개인정보 보호법 준수
[ ] 민감정보 처리 최소화 | |

2) 투명성 및 책임성

항목	세부항목	중앙정부고려사항	지자체고려사항
AI 의사결정 과정공개	AI 의사결정 과정을 투명하게 공개하고, 주요결정에 대한 설명을 제공합니다.	[ ] 의사결정 과정 공개 [ ] 주요결정 설명 제공	[ ] 투명하게 공개 [ ] 주민에게 설명 제공
책임소재 명확화	AI 시스템의 오류나 잘못된 결과에 대한 책임소재를 명확히합니다.	[ ] 책임소재 명확화	
감사 및 기록 유지	AI 시스템의 작동기록을 유지하고, 정기적인감사를 실시합니다.	[ ] 작동기록 유지 [ ] 정기감사 실시	

3) 공정성 및 편향성

항목	세부항목	중앙정부고려사항	지자체고려사항
모델 편향성 검토	AI 모델이 특정 그룹에 대해 편향 되지 않도록 주기적으로 검토하고 수정합니다.	[ ] 모델 편향성 검토 및 수정완료	[ ] 지역특성에 맞게 모델검토 및 수정완료

항목	세부항목	중앙정부고려사항	지자체고려사항
다양성반영	다양한 배경을 가진 사람들의 의견을 반영하여 모델을 개발합니다.		[ ] 다양한 배경의 주민 의견반영
공정성평가	AI 시스템의 공정성을 평가하고, 필요시 개선 조치를 취합니다.	[ ] 공정성평가 및 개선조치 완료	

4) 인권보호

항목	세부항목	중앙정부고려사항	지자체고려사항
인권침해방지	AI 시스템이 개인의 권리를 침해하지 않도록 설계 및 운영합니다.	[ ] 인권침해 방지 설계 및 운영확인	[ ] 지역주민의 권리침해방지 설계 및 운영확인
차별방지	AI가 특정개인이나 집단에 대해 차별적인 결정을 내리지 않도록 주의합니다.		[ ] 지역내차별 방지를 위한 조치 확인

7. 본문 용어 찾아보기

1) 리터러시(Literacy)

　일반적으로 글을 읽고 쓸 수 있는 능력, 즉 문해력을 의미합니다. 하지만 현대 사회에서는 의미가 확장되어, 지식과 정보를 획득하고 이해하며, 분석하고 활용하여 문제를 해결하는 능력을 포괄하는 개념으로 사용됩니다. 디지털 리터러시, 데이터 리터러시, 미디어 리터러시 등 다양한 분야에서 리터러시라는 용어가 사용되고 있습니다.

2) 온프레미스(On-Premises)

IT 시스템이나 소프트웨어를 자체적으로 보유한 전산실이나 서버에 직접 설치하고 운영하는 방식을 의미합니다. 클라우드와 반대되는 개념으로, 모든 인프라를 자체적으로 관리하고 제어할 수 있다는 특징이 있습니다.

3) 비즈니스 프로세스 관리BPM(business process management)

비즈니스 전략과 프로세스를 발견하고, 모델링하고, 분석하고, 측정하고, 개선하며, 최적화하는 방법을 활용하는 것입니다.

4) 파이럿 테스트(Pilot Test)

새로운 제품, 서비스, 정책 등을 실제 환경에 적용하기 전에 소규모로 진행하는 시험 운영 또는 사전 테스트입니다. 이를 통해 잠재적인 문제점이나 개선점을 파악하고, 본 적용 전에 수정 및 보완하여 성공적인 결과를 얻을 수 있도록 합니다.

5) 환각 (Hallucination)

환각은 AI, 특히 대규모 언어 모델(LLM)이 사실과 다른 정보나 맥락에 맞지 않는 내용을 마치 사실인 것처럼 생성하는 현상입니다. 이는 학습 데이터의 한계나 모델의 불완전성 때문에 발생합니다.

6) PoC (Proof of Concept)

PoC는 새로운 기술이나 아이디어가 실제로 구현 가능한지, 그리고 효과가 있는지 간단하게 검증하는 작업입니다. 본격적인 개발에 앞서 리스크를 줄이기 위해 수행됩니다.

7) API (Application Programming Interface)

API는 두 개 이상의 소프트웨어가 서로 통신하고 데이터를 교환할 수 있도록 하는 인터페이스입니다. 마치 식당의 메뉴판처럼, 어떤 기능을 사용할 수 있는지 정의하고 그 사용 방법을 알려줍니다.

8) 모듈 (Module)

모듈은 소프트웨어의 특정 기능을 담당하는 독립적인 코드 블록입니다. 프로그램을 작은 단위로 나누어 개발하고 관리하는 데 사용됩니다.

9) 플랫폼 (Platform)

플랫폼은 다양한 서비스나 애플리케이션을 구동할 수 있는 기반 환경을 의미합니다. 운영체제(OS), 클라우드 서비스, 소셜 미디어 등이 플랫폼의 예시입니다.

10) 클라우드망 (Cloud Network)

클라우드망은 인터넷을 통해 원격 서버에 접속하여 자원(서버, 스토리지 등)을 사용하는 네트워크 환경입니다. 사용자는 별도의 하드웨어 없이도 필요한 자원을 유연하게 이용할 수 있습니다.

11) 망분리 (Network Separation)

망분리는 보안 강화를 위해 내부망과 외부망을 물리적 또는 논리적으로 분리하는 것을 의미합니다. 이를 통해 외부의 위협으로부터 내부 시스템을 보호합니다.

12) 내부망 인증 (SSO, Single Sign-On)

SSO는 한 번의 로그인으로 여러 개의 시스템이나 애플리케이션에 접속할 수 있도록 하는 인증 방식입니다. 사용자의 편의성을 높이고 보안을 강화합니다.

13) 망연계 인프라 (Network Interconnection Infrastructure)

망연계 인프라는 분리된 망과 망 사이의 안전한 통신을 가능하게 하는 시스템입니다. 보안 규칙을 적용하여 허가된 데이터만 교환하도록 합니다.

14) 데이터레이크 (Data Lake)

데이터레이크는 정형, 비정형 등 다양한 형태의 대규모 원시 데이터를 한 곳에 저장하는 중앙 집중식 저장소입니다. 데이터 분석의 유연성을 높입니다.

15) 게이트웨이 (Gateway)

게이트웨이는 서로 다른 통신 프로토콜을 사용하는 네트워크를 연결하는 장치나 소프트웨어입니다. 네트워크 간의 출입구 역할을 합니다.

16) 대시보드 (Dashboard)

대시보드는 중요한 정보나 데이터를 한눈에 파악할 수 있도록 시각적으로 정리한 화면입니다. KPI, 실시간 현황 등을 그래프나 차트로 보여줍니다.

17) 표준운영절차 (SOP, Standard Operating Procedure)

SOP는 특정 작업을 수행하기 위한 표준화된 절차와 방법을 문서로 정리한 것입니다. 일관성과 효율성을 높이고 실수를 줄이기 위해 사용됩니다.

18) 공공부문 AI 대전환 (Gov AX, Government AI Transformation)

종합대책 Gov AX는 공공 서비스와 행정 업무에 AI를 도입하여 행정 효율을 높이고 국민 편의를 증진하기 위한 정부의 종합적인 계획을 의미합니다.

19) PPP (Public-Private Partnership)

(민관협력)PPP는 정부와 민간 기업이 협력하여 공공 프로젝트를 추진하는 방식입니다. 민간의 기술력과 자본을 활용하여 효율성을 높입니다.

20) DPG (Data Publishing Guidelines)

DPG는 데이터 공개와 활용에 대한 지침이나 원칙을 의미할 수 있습니다. 문맥에 따라 다른 의미로 사용될 수 있습니다.

21) 상습 구역 (핫스팟, Hotspot)

핫스팟은 특정 현상이 자주 발생하는 지역을 의미합니다. 예를 들어, 교통사고가 자주 일어나는 지점을 '교통사고 핫스팟'이라고 합니다.

22) 파워쿼리 (Power Query)

파워 쿼리는 마이크로소프트 엑셀, 파워 BI 등에서 데이터를 가져오고 정리, 변환하는 기능입니다. 데이터 분석 전처리를 자동화하는 데 유용합니다.

23) 포트홀 (Pothole)

포트홀은 도로 표면에 움푹 파인 구멍을 의미합니다. 주로 물과 교통량 때문에 도로 아스팔트가 파손되어 생깁니다.

8. 궁금해요(Q & A)

1) chatGPT에서 생성한 시, 그림, 자료 등 저작권은 누구에게 있나요?

저작권의 소유자는 대부분의 국가에서는 AI가 생성한 콘텐츠에 대해 **AI 자체는 저작권을 가질 수 없다**고 보고 있습니다. 저작권은 인간 창작자에게만 부여되기 때문입니다. 따라서 **챗GPT가 생성한 시, 그림, 자료 등의 저작권은 사용자가 AI를 이용하여 생성한 콘텐츠에 대해 사용자에게 귀속될 수 있습니다.**

다만, 예외 사항으로 만약 생성된 콘텐츠가 기존의 저작물을 복제하거나 변형하는 경우, 저작권 침해 문제가 발생할 수 있습니다. 이 경우, 콘텐츠 생성자는 해당 저작권자와의 협의가 필요할 수 있습니다.

만약 AI가 사용자의 최소한의 입력(예 : "시 한 편 써줘"와 같은 단순 요청)으로 콘텐츠를 생성했다면, 해당 결과물은 **창작성이 부족**하거나 인간의 창작적 기여가 없다고 판단되어 **저작권이 인정되지 않을 수 있습니다.** 이 경우, 결과물은 퍼블릭 도메인에 가까운 상태로 간주될 가능성이 있습니다.

2) 생성형 AI 클로드, 제미나이, 그록 등의 저작권도 동일 한가요?

다른 AI 모델도 한국 저작권법 하에서는 비슷한 원칙이 적용됩니다. **AI 자체는 저작권의 주체가 될 수 없으며**, 저작권은 인간 사용자의 창작적 기여도에 따라 결정됩니다. 각 AI 서비스의 **이용 약관**에 따라 **소유권 관련 규정이 다를 수** 있으므로, 구체적인 차이는 아래와 같습니다.

Grok (xAI) : xAI의 이용 약관에 따르면, 사용자가 Grok을 통해 생성한 콘텐츠는 사용자가 소유할 수 있습니다. 하지만 한국 법상 저작권 인정 여부는 사용자의 창작적 기여도에 따라 달라집니다. 예를 들어, Grok으로 생성한 그림이나 텍스트에 사용자가 추가 편집을 했다면 저작권을 주장할 가능성이 높아집니다.

Claude (Anthropic) : Anthropic의 약관(2023년 기준)에서는 **생성된 콘텐츠의 소유권을 명시적으로 사용자에게 부여하지 않을 수 있으며**, 상업적 사용에 제약이 있을 수 있습니다. 한국 법상으로는 역시 사용자의 창작적 기여도가 중요합니다.

Gemini : Google의 약관은 생성된 콘텐츠의 소유권을 사용자에게 부여하는 방향으로 설정되어 있지만, **상업적 사용 시 라이선스 제한이 있을 수** 있습니다. 한국 법상 저작권은 여전히 사용자의 창작적 기여도에 따라 판단됩니다.

결론적으로 AI가 생성한 콘텐츠의 저작권은 한국 법상 AI가 아닌 사용자의 창작적 기여도에 따라 결정됩니다. 사용자가 구체적인 지시나 편집을 통해 창작성을 부여했다면 저작권을 주장할 수 있지만, 단순 생성물은 저작권이 인정되지 않을 가능성이 큽니다.

3) 생성형 AI 유료 구독하는 것이 좋은가요 ?

유료 구독은 일반적으로 더 강력한 기능, 높은 사용 한도, 우선 접근성을 제공하여 생산성을 높이고 작업 효율성을 극대화합니다. 주요 장점은 다음과 같습니다.

(1) 더 강력한 모델 접근 지원

유료 구독자는 최신 고성능 모델(예: ChatGPT의 GPT-4o, Gemini의 Ultra 1.0/2.0, Grok 3)에 접근 가능합니다. 무료 버전은 보통 이전 세대 모델(예: GPT-3.5, Gemini 1.5 Flash)에 제한됩니다.

(2) 더 높은 사용 한도

무료 버전은 사용량 제한이 엄격합니다(예 : ChatGPT 무료는 GPT-4o로 3시간당 약 15회 메시지 제한, Gemini는 월 500회 인터랙션 제한). 유료 구독은 더 많은 프롬프트와 응답을 처리할 수 있습니다(예 : ChatGPT Plus는 무제한 GPT-4 접근, Grok SuperGrok은 2시간당 100회 프롬프트)

(3) 고급 기능

이미지 생성 ChatGPT Plus는 DALL-E 3로 고품질 이미지 생성 가능, Gemini Advanced는 Imagen 2/3로 이미지 생성 제공(무료 Gemini는 제한적). Grok의 이미지 생성은 유료 구독에서 멀티모달 기능 유료 버전은 텍스트, 이미지, 음성, 코드 등 다양한 입력을 처리 지원 합니다.

(4) 고급 추론 및 연구

ChatGPT의 Deep Research, Grok의 DeepSearch, Gemini의 연구 에이전트는 유료 구독에서만 제공되며, 복잡한 연구나 다단계 추론에 유용합니다.

따라서, 무료 사용으로 단순한 AI 활용, AI 기능을 익히고 보다 고차원적인 접근이 필요한 시점에 유료 구독으로 전환하는 것을 추천드립니다.

4) 공공행정 및 공공기관에 AI 도입하면 어떤 이점이 있나요?

생성형 AI(ChatGPT, Grok, Gemini 등)를 한국의 공공행정 및 공공기관에 도입하면 업무 효율성, 시민 서비스 품질, 투명성, 경제적 효과 등 다양한 이점을 제공합니다.

(1) 업무 효율성 및 생산성 향상

• **반복 업무 자동화** : AI는 문서 작성, 데이터 입력, 민원 접수 등 반복적인 행정 업무를 자동화하여 공무원의 시간을 절약합니다. (예 : AI 챗봇은 민원 상담을 24/7 처리하며, 한국 행정안전부의 '민원 24' 시스템 통합을 가능하게 했습니다.)

• **데이터 처리 및 분석** : AI는 대량의 공공 데이터를 신속히 분석해 정책 결정, 예산 배분, 위기 관리(예 : 재난 대응)를 지원합니다. (예 : 서울시의 AI 기반 교통흐름 분석은 교통 혼잡을 15% 감소시켰습니다.)

• **사례** : 한국 국세청은 AI를 활용해 세금 신고 오류를 자동 검출하며, 처리 시간을 30% 단축했습니다.

(2) 시민 중심 서비스 개선

• **맞춤형 서비스 제공** : AI는 시민의 데이터를 분석해 개인화된 공공 서비스(예 : 복지 프로그램 추천, 맞춤형 교육)를 제공합니다. 예: 교육부의 AI 디지털 교과서(2023~2026년, 690억 원 투자)는 학생별 학습 수준에 맞춘 콘텐츠를 제공.

• **24/7 접근성** : AI 챗봇은 시간 제약 없이 민원 응대, 정보 제공, 신청 안내를 수행합니다. 한국어에 최적화된 LLM(예: KT의 초거대 AI)은 문화적 맥락을 반영한 정확한 응답을 보장.

• **사례** : 부산시는 AI 기반 민원 챗봇을 도입해 민원 처리 시간을 20% 단축하고, 시민 만족도를 85%까지 끌어올렸습니다.

(3) 투명성 및 책임성 강화

• **설명 가능한 AI(XAI)** : AI 의사결정 과정을 투명하게 공개하여 시민 신뢰를 높입니다. AI 기본법(2026년 1월 시행 예정)은 공공기관의 고위험 AI(예 : 복지 자격 심사)에 투명성을 요구합니다.

• **규제 준수** : 공공행정 기본법에 따라 AI는 법적 근거에 기반해 작동하며, 시민의 권리를 보호합니다. (예 : AI 기반 복지 신청 심사는 공정성을 유지하며 편향을 최소화.)

• **사례** : 법무부는 AI를 통해 법률 문서 분석을 자동화하고, 투명한 사법 행정을 구현 중입니다.

(4) 경제적 효과 및 혁신

- 비용 절감 AI 도입은 장기적으로 인건비와 운영비를 절감합니다. AI 전략(20xx) 예측 따르면, AI는 2030년까지 공공 부문에서 455조 원의 경제적 효과를 창출할 전망.
- **공공 데이터 활용**
국가정보화기본법에 따라 공공 데이터(법률, 의료, 환경 등)를 AI 학습에 활용 해 효율적인 서비스를 개발합니다. (예 : 국가정보사회진흥원(NIA)은 공공 데이터 기반 AI 솔루션을 지원.)
- 사례 : 한국전력공사는 AI를 활용해 전력 수요 예측을 개선, 연간 500억 원의 비용을 절감했습니다.

(5) 특정 분야 혁신

- **복지** : AI는 복지 신청 자격을 자동 심사하고, 취약 계층을 식별해 지원을 최적화합니다. 예: 보건복지부는 AI로 노인 돌봄 서비스를 개선.
- **재난 관리** : AI는 기상 데이터, CCTV, 센서 데이터를 분석해 재난(홍수, 지진)을 예측하고 대응합니다. (예 : 행정안전부는 AI 기반 재난 경보 시스템을 2024년 전후 추진.)
- **교통** : AI는 교통 흐름 최적화, 스마트 교차로 관리, 공공 교통 스케줄링을 지원합니다. (예 : 인천시는 AI로 버스 노선 효율성을 25% 향상.)
- 사례 : 서울시의 스마트 서울 비전 2030은 AI를 활용해 교통, 환경, 복지 서비스를 통합 관리하며 시민 삶의 질을 개선 목표.

5) 공공행정 및 공공기관 임직원 개개인이 AI를 배우면 어떤 이점이 있나요?

　(1) 업무 효율성 및 생산성 향상

　　• **시간 절약** : AI 도구를 활용해 문서 작성, 데이터 분석, 민원 응대 등 반복적이고 시간이 많이 소요되는 업무를 자동화할 수 있습니다. 예: AI로 보고서 초안을 작성하면 공무원이 편집과 검토에 집중할 수 있어 작업 시간이 20~30% 단축됩니다.

　　• **데이터 기반 의사결정** : AI를 사용해 대량의 공공 데이터를 신속히 분석하고 시각화하여 정책 제안, 예산 계획, 민원 통계 분석 등을 효율적으로 수행할 수 있습니다. (예 : Excel 데이터를 Gemini나 ChatGPT로 분석하면 복잡한 통계 작업이 간소화됩니다.)

　(2) 전문성 및 역량 강화

　　• **디지털 역량 개발** : AI 학습은 코딩, 데이터 분석, 프롬프트 엔지니어링 등 디지털 스킬을 향상시켜 임직원의 전문성을 강화합니다.

　　• **경쟁력 확보** : AI 활용 능력은 공공기관 내 승진, 프로젝트 리딩, 또는 민간 부문 이직 시 경쟁력을 높여줍니다. 예: AI 활용 경험이 있는 공무원은 스마트 시티, 디지털 뉴딜 프로젝트에서 선호됩니다.

　(3) 창의적 문제 해결 능력 증대

　　• **아이디어 생성** : AI 도구(예 : ChatGPT의 브레인스토밍, Grok의 DeepSearch)는 정책 아이디어, 민원 해결 방안, 혁신

적 서비스 제안을 지원합니다. (예 : 공무원이 AI로 시민 설문 데이터를 분석해 맞춤형 복지 정책을 제안할 수 있습니다.)

- **복잡한 문제 해결** : AI의 멀티모달 기능(텍스트, 이미지, 음성 분석)을 활용해 복잡한 민원(예 : 도시 계획 관련 시각화)이나 다차원적 문제를 해결할 수 있습니다.

(4) 시민과의 소통 개선

- **민원 응대 효율화** : AI 챗봇을 활용하거나 직접 AI로 민원 답변 초안을 작성해 시민과의 소통 품질을 높이고 응답 시간을 단축할 수 있습니다. 한국어 LLM(예 : KT의 초거대 AI)은 문화적 맥락을 반영한 자연스러운 응답을 제공.
- **다양한 채널 활용** : AI를 통해 문자, 음성, 다국어 응답을 생성하여 장애인, 외국인 등 다양한 시민의 접근성을 높일 수 있습니다. (예 : 법무부의 AI 챗봇은 장애인을 위한 법률 안내 접근성을 개선.)

(5) 경력 지속 가능성 및 적응력

- **미래 준비** : AI 도입이 가속화되는 공공 부문(AI 기본법 2026년 시행예정)에서 AI 활용 능력은 필수 역량으로 자리 잡고 있습니다. 이를 배우면 기술 변화에 적응하고 장기적 경력 지속 가능성을 높일 수 있습니다.
- **업무 대체 방지** : AI로 자동화되는 반복 업무를 넘어, AI를 활용한 고부가가치 업무(정책 설계, 데이터 기반 전략 수립)에 집중할 수 있어 일자리 안정성을 강화합니다.

6) AI 사용을 처음 시작하려면 어떻게 해야 하나요?

　AI를 처음 시작하려면 간단한 도구나 앱을 활용해 보는 것이 좋습니다. 예를 들어, AI 기반의 음성 비서나 자동화된 추천 시스템을 이용해 보고, 그 다음 chatGPT에 접속 7장의 프롬프트 예제의 내용을 그대로 따라 입력해 보고, 일상에서 오늘 날씨가 어떤지 GPT와 대화를 이어가면 사용 방식에 익숙해질 수 있습니다. 또한 스마트폰 AI 활용으로 chatGPT를 안드로이드 핸드폰은 play 스토어에서, 아이폰은 앱스토어에서 다운받아 설치하고 음성, 영상 대화를 활용할 수 있습니다.

　좀 더 자세한 AI 사용을 원한다면, 유튜브 AI 온라인 강좌을 통해 AI의 기본적인 개념과 활용 방법을 배우는 것도 좋은 방법입니다.

 유튜브 5060AI교실 온라인 강좌